本专著为河南省科技厅2019"科技发展计划"软科学项目"管理层权力、高管团队薪酬差距与企业风险承担研究"(项目编号:192400410385)的研究成果。

上市公司高管薪酬差距与企业风险承担研究

EXECUTIVES COMPENSATION GAP AND
FIRM RISK-TAKING

朱晓琳◎著

经济管理出版社
ECONOMY & MANAGEMENT PUBLISHING HOUSE

图书在版编目（CIP）数据

上市公司高管薪酬差距与企业风险承担研究/朱晓琳著 .—北京：经济管理出版社，2021.6

ISBN 978-7-5096-8097-1

Ⅰ.①上⋯ Ⅱ.①朱⋯ Ⅲ.①上市公司—管理人员—工资管理—研究—中国 Ⅳ.①F279.246

中国版本图书馆 CIP 数据核字（2021）第 121170 号

组稿编辑：胡　茜
责任编辑：胡　茜　詹　静
责任印制：黄章平
责任校对：董杉珊

出版发行：经济管理出版社
　　　　　（北京市海淀区北蜂窝 8 号中雅大厦 A 座 11 层　100038）
网　　址：www.E-mp.com.cn
电　　话：（010）51915602
印　　刷：唐山玺诚印务有限公司
经　　销：新华书店
开　　本：720mm×1000mm/16
印　　张：14.5
字　　数：260 千字
版　　次：2021 年 6 月第 1 版　2021 年 6 月第 1 次印刷
书　　号：ISBN 978-7-5096-8097-1
定　　价：78.00 元

·版权所有　翻印必究·

凡购本社图书，如有印装错误，由本社读者服务部负责调换。
联系地址：北京阜外月坛北小街 2 号
电话：（010）68022974　　邮编：100836

前　言

企业高管薪酬激励问题一直是学术界和理论界关注的热点。作为缓解管理者代理问题的一种重要治理机制，一套有效的高管薪酬激励机制对调动管理者工作积极性，协调管理层与股东利益目标一致性，从而创造更多的企业价值和股东财富具有重要意义。高管薪酬制度设计存在的焦点问题，就是如何确定高管薪酬的结构与水平，使管理者与股东利益在最大程度上保持一致。这也是长期以来困扰理论界和实务界的公司治理难题之一。其中，薪酬差距作为高管薪酬结构设计中的重要部分，对组织绩效的影响不可忽视。

企业薪酬分配制度不仅由企业内部治理环境与经营绩效决定，而且还受到企业外部宏观经济、行业特征及文化环境等因素的影响。由此，薪酬差距既可能反映在企业内部，也可能反映在企业外部。具体而言，企业内部薪酬差距既体现在高管团队内部，又体现在高管与员工的比较差距；企业外部薪酬差距则大多体现于地区间、行业间以及不同产权性质的企业之间等。总之，薪酬差距作为高管通过与企业内外部职位相似的管理者进行薪酬比较的结果，无疑会对高管心理感知与行为决策产生影响。那么，高管薪酬差距是否会对其风险态度施加影响，进而影响企业风险承担水平？具体影响表现为激励效应还是抑制效应？这正是本书的研究缘起和切入点。

自改革开放以来，我国逐步建立和完善了市场经济下的企业薪酬法规体系，为实现收入分配的效率、公平和发挥薪酬差距的激励作用提供了良好的制度基础。近年来，国有企业高管薪酬增速过快，急剧拉开了管理层与员工的薪酬差距。从广泛的意义上讲，企业薪酬差距不但作为一个经济问题直接反映了社会收入分配结构的状况，同时也已经演化成为一个至关重要的社会问题，成为一个表征社会公平与正义的风向标。因此，推进我国企业高管薪酬制度改革，对于制定更有效率、更加公平的薪酬契约，对实现居民收入与经济增长相同步、劳动报酬与劳动生产率提高同步有着重要意义。这从近几年一系列有针对性的限薪政策的相继出台也可以看出，薪酬管制凸显了市场调节与政府监管相结合，也兼顾了薪酬支付的效率性与公平性。另外，现阶段我国经济要实现"从要素驱动、投资驱动转向创新驱动"的目标，就必须重视企业创新能力和实现创新绩效的先决条件——企业承担风险的能力和意愿。合理建立针对企业高管的中长效激励机制，不仅可以缓解委托代理问题引发的管理者规避风险倾向，而且有利于经济体"公平与效率"的运行。因此，研究如何合理拉开企业高管薪酬差距、建立以晋升激励为基础的中长效激励机制，对培育企业家冒险精神、提升企业风险承担水平、促进企业发展意义重大。那么，企业高管薪酬制度以及由此引发的高管薪酬差距是否会影响管理者的风险态度，进而影响企业风险承担？非国有企业与国有企业不同的人事制度、薪酬制度是否对企业风险承担的影响存在差异？高管薪酬差距影响企业风险承担水平的路径与机理是什么？关于上述问题的探讨对提升企业风险承担水平、提高薪酬契约有效性具有重要的现实意义。

本书的研究目的在于：通过理论分析和实证检验探究企业高管内外部薪酬差距及高管—员工薪酬差距对企业风险承担的影响，以及两者间的中介传导机制，旨在分析企业薪酬差距对管理者风险态度与风险决策的影响，为企业薪酬激励制度的安排以及风险战略选择提供微观层面的理论支撑和实践依据。基于上述研究目的，本书首先基于委托代理理论、管理层权力理论、锦标赛理论及行为理论等，并结合现有文献，从理论层面分析企业薪酬差距对风险承担的影响机理；其次选择2008～2015年我国沪深A股上市公司为研究样本，重点实证检验高管内外部薪酬差距对企业风险承担的影响，进而以企业创新投入为切入点，遵循"薪酬差距—创新决策—风险承担"的逻辑框架，试图挖掘高管薪酬差距影响企业风险承担的作用机理，即探讨创新投入在高管薪酬差距和企业风险承担之间是否起着中介传导作用；最后在总结实证研究结论的基础上提出相应的政策建议。

目 录

第一章　绪论 ·· 1

　第一节　研究背景、问题提出与研究意义 ···························· 1
　　一、研究背景 ··· 1
　　二、问题提出 ··· 9
　　三、研究意义 ·· 11
　第二节　研究目的、思路与主要内容 ································ 12
　第三节　研究方法、技术路线与基本概念界定 ···················· 15
　　一、研究方法 ·· 15
　　二、技术路线 ·· 15
　　三、基本概念界定 ·· 16
　第四节　研究的创新点 ·· 19

第二章　文献综述与理论基础 ··· 21

　第一节　文献综述 ·· 21
　　一、关于企业高管薪酬差距的研究 ······························ 21
　　二、关于企业风险承担影响因素的研究 ························ 29
　　三、关于高管薪酬与企业风险承担的研究 ····················· 32
　　四、关于薪酬差距与企业创新的研究 ··························· 34
　　五、文献述评 ·· 37
　第二节　理论基础 ·· 38
　　一、委托代理理论 ·· 39
　　二、管理层权力理论 ·· 41

三、锦标赛理论 …………………………………………… 42

　　四、行为理论 ……………………………………………… 44

　　五、锦标赛理论和行为理论的对立和统一 ……………… 47

本章小结 ……………………………………………………… 48

第三章　我国企业高管薪酬制度背景与现实状况分析 …… 49

第一节　制度背景 …………………………………………… 49

　　一、初步建立社会主义企业薪酬制度（1949～1957年）…… 49

　　二、通过工资制度局部调整缓慢推进薪酬制度改革
　　　　（1958～1977年）………………………………………… 50

　　三、初步建立市场经济体制下的工资制度体系
　　　　（1978～1984年）………………………………………… 51

　　四、基本建立现代企业薪酬制度（1985年至21世纪初期）…… 52

　　五、新时期下国有企业高管薪酬制度改革 ……………… 55

第二节　我国企业高管薪酬与薪酬差距现状分析 ………… 62

　　一、数据来源与样本选择 ………………………………… 62

　　二、关键变量的具体界定 ………………………………… 63

　　三、全行业总体薪酬趋势分析 …………………………… 63

　　四、分行业薪酬趋势比较分析 …………………………… 67

　　五、分产权性质薪酬趋势比较分析 ……………………… 72

本章小结 ……………………………………………………… 75

第四章　高管团队内部薪酬差距与企业风险承担的实证研究 …… 76

第一节　理论分析与研究假设 ……………………………… 77

第二节　研究设计 …………………………………………… 80

　　一、研究样本与数据来源 ………………………………… 80

　　二、变量设计与检验模型 ………………………………… 81

第三节　实证检验 …………………………………………… 85

　　一、描述性统计 …………………………………………… 85

　　二、相关性分析 …………………………………………… 90

　　三、多元回归分析 ………………………………………… 92

　　四、进一步分析：考虑财务弹性 ………………………… 94

五、稳健性检验 …………………………………………………… 97
　本章小结 ………………………………………………………………… 101

第五章　高管外部薪酬差距与企业风险承担的实证研究 ……………… 103
　第一节　理论分析与研究假设 ………………………………………… 104
　第二节　研究设计 ……………………………………………………… 107
　　一、研究样本与数据来源 …………………………………………… 107
　　二、变量设计与检验模型 …………………………………………… 108
　第三节　实证检验 ……………………………………………………… 110
　　一、描述性统计 ……………………………………………………… 110
　　二、相关性分析 ……………………………………………………… 113
　　三、多元回归分析 …………………………………………………… 115
　　四、进一步分析 ……………………………………………………… 117
　　五、稳健性检验 ……………………………………………………… 121
　本章小结 ………………………………………………………………… 128

第六章　高管—员工薪酬差距与企业风险承担的实证研究 …………… 130
　第一节　理论分析与研究假设 ………………………………………… 131
　　一、高管员工薪酬差距对企业风险承担的促进效应 ……………… 132
　　二、高管员工薪酬差距对企业风险承担的抑制作用 ……………… 133
　第二节　研究设计 ……………………………………………………… 135
　　一、研究样本与数据来源 …………………………………………… 135
　　二、变量设计与检验模型 …………………………………………… 135
　第三节　实证检验 ……………………………………………………… 137
　　一、描述性统计 ……………………………………………………… 137
　　二、相关性分析 ……………………………………………………… 138
　　三、多元回归分析 …………………………………………………… 140
　　四、进一步分析 ……………………………………………………… 142
　　五、稳健性检验 ……………………………………………………… 149
　本章小结 ………………………………………………………………… 152

第七章　高管薪酬差距与企业风险承担关系中创新投入的中介效应 …… 153
　第一节　理论分析与研究假设 ………………………………………… 154

一、高管薪酬差距与企业创新投入 …………………………………… 155
　　二、企业创新投入的部分中介作用 …………………………………… 157
第二节　中介效应及其检验程序 …………………………………………… 158
　　一、中介变量和中介效应 ……………………………………………… 158
　　二、中介效应的检验方法与程序 ……………………………………… 159
第三节　研究设计 …………………………………………………………… 161
　　一、研究样本与数据来源 ……………………………………………… 161
　　二、变量设计与研究模型 ……………………………………………… 161
第四节　实证分析 …………………………………………………………… 163
　　一、描述性统计 ………………………………………………………… 163
　　二、多元回归分析 ……………………………………………………… 164
　　三、进一步分析 ………………………………………………………… 171
　　四、稳健性检验 ………………………………………………………… 175
本章小结 ……………………………………………………………………… 178

第八章　结论与建议 …………………………………………………… 180

第一节　研究结论 …………………………………………………………… 180
　　一、我国企业薪酬制度改革围绕建立市场调节与政府监管相结合、
　　　　兼顾效率性与公平性的薪酬体系展开 …………………………… 181
　　二、企业高管和员工薪酬水平都有所增长，同时内部
　　　　薪酬差距加大 ……………………………………………………… 182
　　三、高管内部薪酬差距对企业风险承担发挥着正向激励作用 ……… 184
　　四、高管外部薪酬差距与企业风险承担的关系受行业
　　　　薪酬均值影响 ……………………………………………………… 185
　　五、高管—员工薪酬差距负向影响企业风险承担水平 ……………… 186
　　六、创新投入在高管薪酬差距与企业风险承担之间
　　　　发挥着部分中介效应 ……………………………………………… 187
第二节　政策建议 …………………………………………………………… 188
　　一、建立科学的考评体系，将高管薪酬水平与个人
　　　　业绩紧密挂钩 ……………………………………………………… 188
　　二、加强企业高管薪酬信息披露的全面化和透明化 ………………… 189
　　三、企业应慎重而有选择性地拉大高管内外部薪酬差距 …………… 189

  四、针对国有企业高管薪酬的政策建议 …………………………… 191
  五、其他方面的建议 …………………………………………………… 193
 第三节 研究局限与未来展望 …………………………………………… 194
  一、研究局限 …………………………………………………………… 194
  二、研究展望 …………………………………………………………… 195

参考文献 …………………………………………………………………… 196

后　记 ……………………………………………………………………… 218

第一章 绪论

第一节 研究背景、问题提出与研究意义

企业高管薪酬激励问题一直是学术界和理论界关注的热点。委托代理理论认为激励是缓解管理者代理问题的一种重要治理机制,一套有效的高管薪酬激励机制,对调动管理者工作积极性,协调管理层与股东利益目标一致性,从而为企业和股东创造更多财富,都有着十分重要的意义(Jensen and Murphy,1990)。高管薪酬制度设计的焦点问题,就是如何确定高管薪酬的结构与水平,使管理者与股东利益在最大程度上保持一致。这也是长期以来困扰理论界和实务界的公司治理难题之一。其中,薪酬差距作为高管薪酬结构设计中的重要部分,对组织绩效的影响不可忽视。

一、研究背景

(一)理论背景

企业高管薪酬分配制度不仅由企业内部治理环境与经营绩效所决定,而且还受到企业外部宏观经济、行业特征及文化环境等因素的影响。由此,高管薪酬差距既可能反映在企业内部,也可能反映在企业外部。具体而言,企业内部高管薪酬差距既体现在核心高管与非核心高管之间,又体现在非核心高管之间;企业外部薪酬差距则大多体现于地区间、行业间以及不同产权性质的企业之间等。

1. 锦标赛理论与行为理论对高管内部薪酬差距竞争性的解释

Lazear 和 Rosen(1981)提出的锦标赛理论对企业高管内部薪酬差距给予了

新的解释：基于相对业绩排名的薪酬差距可以看作为管理者提供一种潜在的晋升机制——较低层级的高管职位晋升后，其薪酬水平也能相应获得提高，由于职位高低与个人相对业绩排名挂钩，因此管理者要想实现职位晋升，就要努力提升个人业绩，最终达到提升企业整体绩效——而不同层级高管间薪酬差距越大，上述晋升激励效果越强。基于锦标赛理论，企业高管内部薪酬差距被认为是源于管理者贡献度差异而给予的差别回报。对于掌握现代科技知识和管理知识、拥有经营能力和创新能力的高级管理者而言，一套依赖于其相对业绩的晋升激励机制，发挥着调动高管人员的工作积极性、缓解委托代理问题的重要作用。因此，基于薪酬差距激励作用的锦标赛理论强调的是企业对资源的最优配置，从而激发管理者高涨的工作热情，最大限度地提升组织整体效益。

与锦标赛理论不同，行为理论则认为，现实中人们不仅具有经济偏好，而且具有社会偏好，即人们在希望自身能力被客观正确评价的同时，还通过与他人的社会比较形成是否公平的社会认知（Festinger，1954；Ambrose et al.，1991；Gachter and Fehr，2002）。在行为理论分析框架下，过大的薪酬差距反而会引起管理者薪酬满意度下降、工作积极性被挫伤，进而对组织行为产生负面影响（比如加剧恶性竞争、破坏团队合作等），最终导致企业绩效降低（Cowherd and Levine，1992；Lee et al.，2008；张正堂，2008）。

还有学者认为，在解释薪酬差距对企业绩效的影响时，并不能单一使用锦标赛理论或行为理论，而应将上述两种理论相互协同与补充（Henderson and Fredrickson，2001）。

2. 参照点效应下高管外部薪酬差距影响企业价值与风险承担

在传统委托代理框架中，最优薪酬契约的设计以高管绝对理性为前提，而忽视了外部因素的影响（徐细雄、谭瑾，2014）。参照点作为决策者进行社会比较与评价的基准，对决策者施加着重要影响（Kahneman and Tversky，1979）。因此，对高管薪酬的研究不仅重视薪酬水平的直接激励作用，也要关注高管薪酬参照点效应对管理决策的影响。已有学者以行业薪酬基准为参照点，对外部薪酬差距与企业业绩的关系进行研究表明，企业董事会在制定高管薪酬的过程中一般会参照行业基准（李维安等，2010；江伟，2010；黎文靖等，2014），同行业间企业高管外部比较而产生的薪酬差距，也会直接或间接影响着管理层心理感知与行为决策。现有文献对我国企业高管外部薪酬差距与企业绩效展开了研究（Kaplan and Reishus，1990；吴联生等，2010；步丹璐等，2010；黎文靖等，2014），但经验证据与结论并不完全一致。本书认为，对高管外部薪酬差距经济后果的研究，需要将锦标赛理论、经理人市场理论以及风险决策视角结合起来进行全面分析，高管外部薪酬差距不但可以对企业业绩施加不同程度的影响，而且还不可避免地影响着高管风险态度，继而对企业风险承担在内的重要投资决策施加作用。

3. 企业风险承担与管理者风险规避假说

自金融危机以来，学术界对企业风险承担话题尤为关注。风险是指企业在经营和运作过程中面临的各种不确定性，这种不确定性正是企业利润的来源。因此，风险承担是企业投资决策的重要组成部分，合理的风险承担不但有助于企业获取市场和盈利机会，有助于未来业绩增长和价值增值，而且还能加快社会资本积累并促进技术进步，刺激宏观经济增长，甚至成为一个国家经济长期持续增长的根本动力（John et al., 2008）。因此，要想追求高额投资回报、提升企业绩效和股东财富、维持企业长期竞争优势，就需要管理者勇于承担风险，以提高企业承担风险水平。

现代企业作为一系列不完全契约的组合，通过缔约参与市场交易以取得利润，必然面临着一定的风险和不确定性。由于高风险项目一般具有更高的预期回报，因此利润则可以理解为对风险承担水平较高企业的一种补偿。不同管理者风险承担的意愿与能力不尽相同，不愿意承担风险的企业就存在市场进入障碍。然而，现代企业所有权与控制权分离的特征使管理者不可避免地以"自我效用最大化"代替"股东财富最大化"为目标进行决策，这种利益冲突使管理者出于私利有可能会占用企业现金流以获取私有收益，从而回避风险性项目，使企业风险承担水平下降。由于管理者的风险规避倾向，企业很可能错失净现值大于零的项目，甚至错过抢占市场先机和转型升级的机会。因而在公司财务与公司治理领域，风险承担不足被视为一种间接的代理成本，管理者"风险回避假说"得到验证（何威风等，2016）。

4. 高管薪酬差距、企业创新与风险承担

创新活动是宏观经济发展的原动力，是社会进步的灵魂。然而，企业作为创新的主体，其创新绩效为宏观经济增长奠定了坚实的微观基础，对我国全面实施创新驱动发展战略、深入推进供给侧结构性改革、加快宏观经济转型、振兴实体经济等都起着举足轻重的作用。但不可否认的是，由于市场的不可预期性以及企业创新活动本身的风险特征（前期投入大、研发周期长等），创新投入不像常规有形资产的投资，其失败率较高，且短期内往往难以创造效益。

高管是企业经营管理的核心人员，掌握着企业的战略决策权力，是创新研发的推动力，因此针对管理者的薪酬激励无疑是行之有效的手段之一。高管薪酬契约作为企业内部重要的制度安排，其水平和结构的合理性将直接影响高管努力程度和才能发挥，同时对高管的行为和决策产生重要作用。合理而有效的薪酬契约能起到激励管理者以企业长期价值最大化为目标进行战略决策，尤其是促进了管理者实施对企业长远发展至关重要的创新战略。加大对创新型项目的投入，则难免会引起企业业绩的波动，这就要求管理者承担相应的风险承担水平。因此，有必要厘清高管薪酬差距、创新投入与企业风险承担之间的关系，以合理评价我国企业高管薪酬制度、企业风险承担水平和创新战略等。

本书认为薪酬差距作为高管通过与企业内外部职位相似的管理者进行薪酬比较的结果，无疑会对高管心理感知与行为决策产生影响。那么，高管薪酬差距是否会对其风险态度施加影响，进而影响企业风险承担水平？具体影响表现为是激励效应还是抑制效应？创新投入在两者间的影响路径中是否起到中介传导作用？这正是本书的研究缘起和切入点。

(二) 制度背景

中华人民共和国成立 70 多年来，围绕着社会主义工资制度的确立、历次工资改革和调整，以及各个经济发展时期的薪酬制度改革等，国家相关部门制定了大量的法律法规和政策措施①。尤其是改革开放以后，逐步建立和完善了市场经济下的企业薪酬法规体系，为实现收入分配的效率、公平和发挥薪酬差距的激励作用，提供了良好的制度基础。

1. 改革开放后逐步建立起适应市场经济发展的企业薪酬法规体系

改革开放初期，尘封多年的收入分配制度开始启动，企业管理者与员工薪酬制度逐步加强，核心是为了适应经济体制改革需要，以真正体现"各尽所能、按劳分配、择优升级"。1984 年 10 月召开的党的十二届三中全会通过了《关于经济体制改革的决定》，允许国有企业提留部分利润用于提高员工福利或向具有较高生产力的员工发放奖金；随后 1985 年全国性薪酬改革的基本原则就是实行企业工资总额与经济效益相挂钩的自主分配机制，涉及面大，政策性强，由此拉开了后续国企薪酬改革的序幕，我国企业薪酬制度建设不断迈入正轨，并逐步建立起社会主义市场经济的工资与薪酬法规体系。

国务院于 1986 年 9 月颁布了《关于进一步加强和深化企业改革决定》，提出

---

① 1950 年 9 月，劳动部和全国总工会制定了《工资条例草案》，开始了第一次的工资改革，开始重视企业薪酬制度并很快实行了职工等级工资制。1956 年，全国进行了第二次工资制度改革，逐步实行货币工资制、差别化的等级工资制、计件工资制等，标志着我国正式开始建立起符合社会主义按劳分配原则的企业薪酬制度。但是，总体上，在计划经济体制下我国企业薪酬制度长期处于行政工资阶段，导致企业经营一直低效运行，也为我国高管薪酬制度发展埋下了隐患。

经理承包制具体实施规则,以及解决"放权让利"后,企业高层管理者"自主权"与"责任"不对等产生的代理问题。为进一步规范承包责任制下经理人收入分配,1992年发布的《关于改进完善全民所有制企业经营者收入分配办法的意见》,对全面完成任期内承包经营合同年度指标的企业经营者,分三个档次实行工资奖励,既避免薪酬差距过大,又要求合理拉开经营者与普通职工的薪酬差距。尽管自1992年以后,承包制因其内生缺陷[①]基本被放弃,但是相对于以往平均主义色彩的行政化分配制度,承包制初步实现了高管薪酬水平与企业绩效相挂钩,具备了薪酬激励机制的基本要素和薪酬合约的基本激励特点。

经过数年的试点推广后,劳动和社会保障部于2000年发布了《进一步深化企业内部分配制度改革的指导意见》,提出企业应积极试行年薪制,即以董事会、经理层成员职责与贡献来决定其年薪报酬。国资委2003年末又颁布了《中央企业负责人经营业绩考核暂行办法》,明确了年薪制的实施方案,并开始在全国范围内的189家中央直属企业普遍实施。年薪制根据责、权、利相一致原则,将经营者的收入与其经营成果和经营风险相挂钩,对经营者劳动付出与风险承担予以相应的补偿,突出了经营者在企业生产经营过程中的重要性。尽管实践中的年薪制很难称得上是真正的长期激励[②],但毕竟是市场经济条件下对经理人员人力资本进行间接定价的一种分配制度,为企业高管激励注入了新的概念,推动了国企高管薪酬激励体系的构建。2005年12月由证监会发布的《上市公司股权激励管理办法(试行)》,则明确了上市公司施行股权激励的一整套办法。随后,股权激励及其相关税务、会计等一系列法律法规相继出台,有力推动了股权激励制度的发展和规范。这对于企业薪酬制度的改革和完善意义重大,标志着我国企业高管薪酬制度已向现代薪酬制度看齐并逐步与国际接轨。

2. 新时期下以国有企业高管薪酬制度为核心的规范与改革

近年来,急剧增长的薪酬水平脱离了薪酬制度改革的良好初衷,导致国有企业管理层与企业员工的薪酬差距逐渐扩大,甚至直接加剧了社会分配不公。相关部门出台了一系列规章制度,目的是将高管与员工间薪酬差距控制在合理范围。

2009年8月,人力资源部和社会保障部与中央组织部等联合下发了被称为"限薪令2009"的《关于进一步规范中央企业负责人薪酬管理的指导意见》,首

---

① 例如,滋生了企业经理人操纵账面利润和过度使用剩余收益的动机。
② 因为以年度业绩为标准对企业高管考核,导致了经营者只关心与年度业绩有关的指标,而忽视了未在年度业绩中反映的指标,从而导致高管收入与付出、承担责任和风险不对等,助长了经营者过度追求当期利润等短期行为。

次明确了国企高管基本年薪应与上年度在岗职工的平均工资相联系，并从薪酬结构和水平、薪酬支付等多个方面，规范了央企负责人的薪酬制度。①

党的十八大尤其是十八届三中全会通过《中共中央关于全面深化改革若干重大问题的决定》以来，伴随着收入分配制度改革深化、严格落实"八项规定"、中纪委对央企巡视工作的深入推进，国有企业制度改革和机制创新开启了新的里程，国有企业负责人薪酬改革再度成为政策和舆论焦点。2014 年 8 月 29 日，中央政治局会议审议通过了《中央管理企业负责人薪酬制度改革方案》，全面明确了央企高管薪酬"差异化管控"这一核心原则。为进一步抑制央企高管获得畸高薪酬，从而缩小央企内部分配差距，使企业高管人员薪酬增幅低于职工平均工资增幅，在综合考虑国企高管当期业绩和中长期持续发展的基础上，重点对两类人的薪酬水平实行限高：部分垄断性的高收入行业的央企负责人和行政任命的央企高管人员②。2015 年 8 月，中共中央、国务院发布了《关于深化国有企业改革的指导意见》，要求建立并完善既符合企业一般规律又体现国企特点的分配机制，有激励又有约束、既讲效率又讲公平；工资决定和正常增长机制应与劳动力市场基本适应、与企业经济效益和劳动生产率挂钩；以业绩为导向，科学推进全员绩效考核与评价，合理拉开收入分配差距；国有企业领导人员实行差异化薪酬分配办法，即与选任方式相匹配、与企业功能性质相适应、与经营业绩相挂钩；明确企业内部的薪酬分配权是企业的法定权利，由企业依法依规自主决定。2016 年 12 月 12 日，国资委印发了《中央企业负责人经营业绩考核办法》，对业绩考核依据、考核对象、工作原则、考核方式等做出明确规定，坚持"业绩升、薪酬升，业绩降、薪酬降"原则，强化了业绩考核与激励约束的紧密衔接，明确了企业负责人薪酬由基本年薪、绩效年薪和任期激励收入三部分构成。③

自党的十八届三中全会以来，国有企业改革各项工作扎实推进，改革的"1+N"文件体系已经基本定型，当前围绕薪酬激励问题制定政策的重点是具体的操作规程。通过我国企业高管薪酬制度改革与变迁过程可以看出：①计划经济

---

① 但并未对国企高管基本年薪与上年度在岗职工平均工资的具体倍数做具体规定，只是强调了结合年度经营业绩与任期业绩考核结果来确定绩效年薪。

② 还明确了央企负责人薪酬将由过往基本年薪和绩效年薪两部分构成，调整为由基本年薪、绩效年薪、任期激励收入三部分构成。本次会议同时审议通过了《关于合理确定并严格规范中央企业负责人履职待遇、业务支出的意见》，实际取消了企业负责人"职务消费"，第一次将国有企业负责人履行工作职责过程中的工作保障和所发生的费用支出界定为企业负责人履职待遇、业务支出。

③ 绩效年薪以基本年薪为基数，根据年度经营业绩考核结果并结合绩效年薪调节系数确定；年度综合考核评价为不胜任的，不得领取绩效年薪。任期激励收入与任期经营业绩考核结果挂钩，在不超过企业负责人任期内年薪总水平的 30% 以内确定；任期综合考核评价为不胜任的，不得领取任期激励收入。

时期，国有企业管理者的薪酬水平主要由主管的政府部门统一负责。尽管按劳分配原则很早就被提出，但政府对管理层薪酬主要采取限制政策。②党的十三届三中全会后，"建立现代企业制度"为主要特点的所有权改革下，按劳分配原则凸显，但总体上企业管理层薪酬激励的绝对数量和奖励增长速度，仍然被限制在一个相对有限的范围内。以短期激励为主的年薪制很容易引发管理者的短期行为，从而牺牲了企业的长期发展。因此，企业高管激励方式的探索，开始转向将短期薪酬激励、中长期与任期绩效挂钩的薪酬激励以及股权激励相结合。③近年来，国有企业高管薪酬增速过快，急剧拉开了管理层与员工的薪酬差距，一系列针对性限薪政策相继出台，薪酬管制凸显了市场调节与政府监管相结合，也兼顾了薪酬支付的效率性与公平性。

(三) 现实背景

1. 国有企业高管薪酬差距过大引发社会不满，薪酬激励有效性备受质疑

我国一直以来就受"以和为贵，不患寡而患不均"思想的熏陶，改革开放前国有企业长期"大锅饭"式的分配制度对人们分配观念的影响也根深蒂固，这都使人们在关注自己收入的同时，还非常在意与他人的收入差距。

自改革开放40多年以来，我国的收入分配体制和格局都发生了根本性变化，初步形成了与社会主义市场经济相适应的收入分配制度。伴随着我国经济的快速发展，居民收入分配不公与差距持续扩大日益成为社会各界关注的焦点。过大的收入差距与党中央提出的"让改革发展成果更多更公平惠及全民，朝着实现全体人民共同富裕不断迈进"的目标相悖，又与新时代"坚持按劳分配原则，完善按要素分配的机制，促进收入分配更合理、有序缩小薪酬差距"的改革路径相悖。

特别是近年来，我国国有企业高管薪酬呈现出逐年上升的态势，核心高管与非核心高管之间、高管与普通员工之间的薪酬差距不断扩大。2007年中国平安董事长兼CEO马明哲税前薪酬高达6616万元，以此为导火索，"高管天价薪酬"事件在我国上市公司（尤其是国有上市公司）中频频发生，不断刺激着公众的神经，由薪酬差距引发的不满情绪渐趋高涨，也使高管薪酬激励的有效性备受质疑。

作为执行完成企业目标任务的国企负责人，是否可以最大限度地满足国企所有者的利益诉求，取决于两个方面：健全、有效的监督约束机制；与合理的激励机制密切相连。因此，国企负责人薪酬制度改革的意义十分重大。可是，众所周知，基于享受自然禀赋与政策支持等资源，国企（尤其是央企）很多时候的效

益被认为不是真正的经营红利，国企负责人拿着和民企、外企高管一样的超高薪水。另外，一些国企中的薪酬结构不合理、薪酬监管体制不健全等问题长期存在；有的高管薪酬与其经营业绩严重不符甚至在企业出现巨亏时不降反升。这些不仅违背了国有企业的本质定位，甚至加剧了社会分配不公，也脱离了国企薪酬制度改革的良好初衷，因而其一直备受公众争议和质疑。

2005年开始执行的上市公司高管薪酬强制披露制度使高管薪酬更公开透明，不同上市公司的高管通过进行社会比较，产生了对自身薪酬公平与否的认知，并据以调整自己的管理行为。例如，超出高管或员工心理承受范围的薪酬差距，在一定程度上会引起薪酬满意度下降、工作积极性被挫伤，进而引发高管或员工对组织目标漠不关心和企业凝聚力下降，无疑会对企业绩效产生负面影响。

从更广泛的意义上讲，企业薪酬差距不但作为一个经济问题直接反映了社会收入分配结构的状况，同时也已经演化成为一个至关重要的社会问题，成为一个表征社会公平与正义的风向标（方芳、李实，2015）。可见，推进我国企业高管薪酬制度改革，对于制定更有效率、更加公平的薪酬契约，对实现居民收入与经济增长相同步、劳动报酬与劳动生产率提高相同步有着重要意义。

2. 管理者风险承担意愿成为创新驱动战略的先决条件，有利于企业提升核心竞争力，促进企业长期可持续发展

我国经济发展进入新常态，尤其是在社会主要矛盾转化下的发展不平衡不充分的一些突出问题尚未解决，使经济发展质量和效益不高、企业创新能力不强。因此，大力推进以企业为主导的创新驱动战略极其重要。创新是企业竞争优势的来源和实现可持续发展的有效途径。在国际化竞争日益激烈的趋势下，企业获取核心竞争力的重要手段就是技术创新和管理创新。为在竞争中抢占先机，企业必须加大技术创新或管理创新的投入。但是，创新型项目的特点是高投入高风险、难度大而又周期长，企业必然承担相当程度的风险。所以，企业承担风险的能力和意愿，就成为提升创新能力、实现创新绩效的先决条件。然而，不可否认的是，数千年来我国"集体主义"和"中庸思想"根深蒂固的观念使人们对待风险避而远之，这在很大程度上导致了我国企业风险承担意识不强、风险承担水平整体不足，阻碍了企业长期发展和竞争能力的进一步提高。对于处于经济增长速度减慢，经济转型、产业结构升级阶段的中国而言，提升企业的风险承担水平，无疑是一剂"良药"。

企业高管薪酬制度以及由此引发的高管薪酬差距是否会影响管理者的风险态度，进而影响企业风险承担？非国有企业与国有企业不同的人事制度、薪酬制度

是否对企业风险承担的影响存在差异？高管薪酬差距影响企业风险承担水平的路径与机理是什么？关于上述问题的探讨对提升企业风险承担水平、提高薪酬契约有效性具有重要的现实意义。

二、问题提出

（一）高管团队薪酬差距是促进还是抑制了企业风险承担水平

在锦标赛理论框架下，企业高管团队薪酬差距通过发挥晋升激励效应，能起到缓解管理者"风险规避倾向"的作用，从而提升企业风险承担水平。虽然在企业组织结构中，核心高管（如总经理、总裁等）处于科层制度的顶点，其薪酬水平高于其他管理者，企业内部薪酬差距对其无激励效应（Baker et al., 1988），但是对于企业风险承担这样重大的财务活动，显然并非由核心高管做出，而是高管团队共同决定的结果。包括企业财务总监、营销总监等在内的非核心高管人数众多，他们既是决策者，又是政策的执行者，是企业的中坚力量（张兴亮、夏成才，2016）。因此，合理设计非核心高管的薪酬结构对于提升高管团队的生产力、促进高管团队承担风险至关重要。

在行为理论分析框架下，企业高管团队薪酬差距会导致薪酬较低的高管产生被剥削感，可能引发一系列负面反应。例如，高管团队成员在工作中相互推诿责任，导致工作效率低下，人际关系恶化，归属感和忠诚度降低。一些非核心高管可能"用脚投票"来表达不满，考虑到自身收益的稳定性，在执行风险决策时也存在执行力不强等问题。

针对上述两种理论对薪酬差距截然不同的解释，本书所要研究的第一个主要问题就是：高管团队薪酬差距究竟是促进还是抑制了企业风险承担水平？

（二）高管外部薪酬差距对风险承担水平的影响及其逻辑是什么

大量研究表明，人们的判断与决策过程往往参照一定标准（徐细雄，2014），即前景理论首次引用的参照点概念。作为决策参照点效应研究的新近成果，诺贝尔经济学奖获得者哈特（Hart）提出的参照点契约理论认为，现实中契约是不完全的，仅仅为缔约方的判断与决策提供了一种判断的参照基准。可见，参照点作为判断的比较基准，对决策者施加着重要影响。在传统委托代理范式下的最优薪酬契约以高管追求效用最大化而绝对理性为前提，忽视了外部公平因素的影响。在强调和谐与公平的中国社会中，薪酬高低并非是影响管理者行为的唯一因素，薪酬外部公平也应得到重视（张丽华、杨付，2011；覃予等，2013；祁怀锦等，2014）。那么，对高管薪酬的研究不仅要重视薪酬水平的直接激励效果，同时也要关注到高管薪酬参照点效应及其对管理决策的影响。

已有研究表明,企业董事会在制定高管薪酬的过程中一般会参照行业基准。例如,李维安等(2010)发现国际同行的薪酬基准对我国企业高管薪酬决策发挥着参照点效应;黎文靖(2014)进一步检验了行业薪酬增长对我国高管薪酬制定的具体影响。尤其是我国自古以来受"不患寡而患不均"等传统文化的熏陶,以及2005年起我国上市公司被强制要求披露每一位现任董监高人员的薪酬水平,都可能使行业薪酬均值的参照效应更加显著。可见,我国上市公司高管行业薪酬均值的参照点效应是否真的存在,并对管理者的行动策略产生何种影响是个值得研究的问题。

在为数不多的关于高管外部薪酬差距的研究中,主要围绕外部薪酬差距对企业业绩的直接激励效果而展开,鲜有文献从管理者风险决策角度探讨外部薪酬差距的经济后果。由此,提出本书要研究的第二个主要问题:我国企业高管外部薪酬差距是否对企业风险承担产生影响?其内在逻辑又是什么?

(三)高管—员工薪酬差距究竟对企业风险承担水平会产生何种影响

企业高级管理层及普通员工人力资本都发挥着越来越重要的价值(夏宁、董艳,2014)。贡献程度的差异决定了薪酬水平的差异性,适当的高管—员工薪酬差距强调的是资源分配的合理性,可以激发高管高涨的工作热情,进而达到提高企业绩效的效果。但是,如果高管与普通员工的薪酬差距过大则会使员工产生明显的不公平感,影响员工的工作满意度和工作绩效,反而对企业绩效有负面影响。企业内部高管—员工薪酬差距究竟是发挥着正向激励作用,还是引发了普通员工更强的不公平感从而对企业风险承担产生负面影响?

如果高管—员工薪酬差距对企业风险承担存在影响,那么潜在机制是什么?Kulik 和 Ambrose(1992)指出,薪酬的比较可能存在于同一企业的管理层和普通员工之间,也可能存在于同行业不同企业的管理层以及员工之间。因此,孔东明等(2017)将高管—员工薪酬差距进行分解为管理层薪酬溢价、员工薪酬溢价和行业薪酬差距三部分。本书将延续上述思路,深入探讨高管—员工薪酬差距对企业风险承担的影响机制。进一步地,考虑到管理层权力配置作为企业内部治理的重要方面,那么管理层权力是否会对高管—员工薪酬差距与企业风险承担的关系施加影响?

(四)高管薪酬差距影响企业风险承担水平的具体路径是什么

企业高级管理者拥有较高的人力资本,决定着企业战略的实施,是企业管理与生产经营等行为的直接决策主体。管理者的决策最终影响企业治理行为,需要通过一定的传导机制或"中间桥梁",诸如融资决策、投资决策、定价决策和多元化决策等(张兆国等,2013)。在研究高管内外部薪酬差距对企业风险承担的影响时,如果不考虑这些行为的传导作用,就难以揭示上述影响的途径和根源。由此,提出本书要研究的第四个主要问题:高管薪酬差距通过何种传导机制影响企业风险承担水平?

在诸多影响企业风险承担水平的战略决策中,创新投入既有可能为企业带来丰厚的创新绩效,又有可能因大量研发投入以及较长的开发周期而伴随一定风险。管理层作为主要决策者与参与者,在进行研发创新决策时,其通常会将研发失败的风险纳入决策决定因素。因此,企业的创新投入与高管的风险承担意愿息息相关。在所有权和控制权分离的现代企业中,管理层激励是缓解管理者短视与代理行为的重要机制之一。高管薪酬差距是否能促使管理者更多地参与到创新活动中,进而影响到研发创新活动投入,并最终对企业风险承担水平施加一定程度的影响?即创新投入是否在高管薪酬差距与企业风险承担中起到中介传导作用,是本书继续深入探讨的问题。

三、研究意义

现阶段,基于我国新常态下经济结构性减速的特征,要实现"从要素驱动、投资驱动转向创新驱动"的目标,就必须重视企业创新能力和实现创新绩效的先决条件——企业承担风险的能力和意愿。合理建立针对企业高管的中长效激励机制,不仅可以缓解委托代理问题引发的管理者规避风险倾向,而且有利于经济体"公平与效率"的运行。因此,研究如何合理拉开企业高管薪酬差距、建立以晋升激励为基础的中长效激励机制,对培育企业家冒险精神、提升企业风险承担水平,促进企业发展具有重要的理论与实践意义。

(一)理论意义

第一,拓展了高管薪酬差距经济后果的研究。本书基于企业高管内外部薪酬差距的公平性与竞争性,系统分析和检验了高管团队内部薪酬差距、高管外部薪酬差距对企业风险承担的影响,不但从锦标赛激励、行为认知等多个维度和视角全面分析了我国企业高管薪酬差距在企业风险承担方面的经济后果,而且还探讨了高管薪酬差距的风险承担效应在不同产权性质企业中的差异性。从而丰富了有关高管薪酬契约及其激励后果的文献研究和理论成果。

第二,丰富了有关企业风险承担影响因素的研究。在关于我国企业高管激励机制对企业风险承担的影响研究中,鲜有文献涉及高管薪酬差距的作用,本书通过研究高管薪酬差距对风险承担的影响,探讨其对风险的影响及其作用路径,不但补充和完善了相关研究,而且将有助于完善薪酬理论、风险理论以及公司治理理论的丰富和发展。

第三,探讨创新投入是否在高管薪酬差距与企业风险承担之间起到中介传导作用。在研究高管薪酬差距与企业风险承担直接效应的基础上,本书以企业创新投入为切入点继续将研究向前推进,即深入挖掘高管薪酬差距对企业风险承担的作用机理。厘清三者间的逻辑关系,不但进一步拓展和完善了现有风险承担与企业创新的研究,而且对制定企业创新投入激励机制起到一定理论支撑作用。

(二) 实践意义

第一,就微观层面而言,企业风险承担有助于企业把握投资机会、加快产品更新换代速度,为企业争取价值最大化。就宏观层面而言,企业风险承担可以在一定程度上推动宏观经济发展。本书研究高管薪酬差距对企业风险承担的影响,直面中国企业普遍风险承担不足的现状,有助于引起微观领域企业对风险承担的重视和关注,并从微观层面提出相应提升企业整体风险承担能力的对策建议。

第二,基于我国企业高管激励机制改革的特殊制度环境,从产权性质角度分别研究国有和非国有企业高管内外部薪酬差距对企业风险承担水平的作用,有助于认识现阶段薪酬差距的晋升激励效应在不同性质企业的适用性,进而从企业风险承担的视角为高管激励制度设计提供政策建议,同时也为深化国有企业高管薪酬制度改革提供政策建议。

第三,本书对企业创新的关注有助于建立与企业相适应的创新战略、激励制度和风险管理制度,提升企业的创新绩效与核心竞争力。随着我国经济增长模式步入"新常态",经济增长处于从要素与投资驱动转向创新驱动的关键时期。因此,本书的研究在"大众创业,万众创新"的时代背景下,对鼓励与支持企业技术改造与创新发挥着一定的实践意义。

第二节 研究目的、思路与主要内容

本书的研究目的在于通过理论分析和实证检验探究企业高管内外部薪酬差距与企业风险承担的关系,以及两者间的中介传导机制,旨在分析高管薪酬差距对管理者风险态度与风险决策的影响,为企业薪酬激励制度的安排以及风险战略选

第一章 绪论

择提供微观层面的理论支撑和实践依据。

基于上述研究目的，本书的研究思路为：首先，基于委托代理理论、管理层权力理论、锦标赛理论及行为理论等，并结合现有文献，从理论层面分析企业薪酬差距对风险承担的影响机理；其次，选择2008～2015年沪深A股上市公司样本，实证检验高管团队内部薪酬差距、高管外部薪酬差距以及高管—员工薪酬差距对企业风险承担的影响；再次，将企业创新投入纳入分析框架，探究高管薪酬差距影响企业风险承担水平的具体路径；最后，在总结实证研究结论的基础上提出相应的政策建议。具体内容安排如下：

第一章，绪论。该部分主要阐述本书选择企业薪酬差距与企业风险承担作为研究主题的理论背景、制度背景与现实背景，为后续探讨研究对象之间逻辑关系做铺垫。逐一明确研究意义、研究目的、研究思路与主要内容、研究方法与创新之处，并对研究涉及的重要概念做出界定。

第二章，文献综述与理论基础。文献回顾部分主要包括四个方面内容：首先，基于锦标赛理论与行为理论的视角，主要从企业内部薪酬差距对企业绩效的影响方面回顾了相关文献；其次，从高管外部薪酬差距衡量与其对企业绩效的影响两个方面对相关文献进行了梳理和总结；再次，回顾并总结了与企业风险承担影响因素相关的文献，其中包括管理层激励机制如何作用于企业风险承担的相关研究；最后，对关于高管薪酬与企业创新的研究进行梳理与总结。在理论基础部分，系统阐述了与本书内容相关的主要理论，包括委托代理理论、管理层权力理论、锦标赛理论以及行为理论等内容。

第三章，对我国企业高管薪酬制度背景进行系统梳理，并对高管薪酬与薪酬差距的现实状况进行描述性统计与分析。此部分研究内容主要包括两个方面：一方面，围绕对中华人民共和国成立70多年以来社会主义工资制度的确立、历次工资改革和调整以及各个经济发展时期的薪酬制度改革等，对国家相关部门制定了大量的法律法规和政策措施进行系统梳理，并重点对新时期下国有企业高管薪酬制度改革脉络进行回顾，尤其是对党的十八大以来央企负责人薪酬制度的深化改革进行梳理。另一方面，选取2005～2019年我国A股上市公司的样本数据，对上市公司高管薪酬及薪酬差距进行详细的描述性统计，并分行业、产权性质等维度进行比较分析。

第四章，对企业高管团队内部薪酬差距与企业风险承担的关系进行实证检验。该部分将高管团队内部薪酬差距分为企业CEO与非CEO高管间纵向薪酬差距、非CEO高管间横向薪酬差距两部分，从锦标赛理论与行为理论视角探讨了企业高管团队内部薪酬差距如何影响企业风险承担水平,同时还依据产权性质实证检验国有与非国有企业中上述两者关系存在的差异。研究发现,高管团队薪酬差距显著提升了企业风险承担水平。而且依据产权性质的分组回归发现:国有产权性质弱化了高管团队薪酬差距对企业风险承担水平的提升。进一步研究,本章还从企业财务弹性的角度考察企业高管团队薪酬差距对企业风险承担影响效应的异质性。

第五章,对高管外部薪酬差距与企业风险承担的关系进行实证检验。该部分以同产权性质、同行业高管薪酬均值为参照点,将高管薪酬划分为高于与低于均值两大类,分别研究外部薪酬差距对企业风险承担的影响,同时还考虑了产权性质的作用。研究结果表明,高于行业均值的高管外部薪酬差距能缓解管理者风险规避倾向,进而提升企业风险承担水平,但这种正相关关系只显著存在于非国有企业中;低于行业均值的高管外部薪酬差距能激发管理者冒险决策以寻求变革,同样提升了企业风险承担水平,而此时这种正相关关系只在国有企业中显著存在。本章还进一步将行业垄断纳入研究框架,将全样本分为垄断性行业与竞争性行业两个子样本,分组检验高管外部薪酬差距对企业风险承担影响的差异性。

第六章,对高管—员工薪酬差距与企业风险承担的关系进行实证检验。该部分首先检验了高管—员工薪酬差距与企业风险承担的线性关系,随后通过将企业高管—员工薪酬差距按高低分成三组来检验两者的非线性关系,检验结果证明了高管—员工薪酬差距对企业风险承担的负向线性关系。其次依据产权性质的分组研究表明:高管—员工薪酬差距对企业风险承担的负向影响在国有上市公司中更强烈。最后,通过将高管—员工薪酬差距进行分解为管理层薪酬溢价、员工薪酬溢价和行业薪酬差距,对上述影响机制进行探讨,结果表明:高管—员工薪酬差距对企业风险承担的抑制作用主要归因于企业管理者薪酬溢价;相反,一定程度的员工薪酬溢价和行业薪酬溢价对企业风险承担均具有相应的促进作用。

第七章,在上述对高管内外部薪酬差距与企业风险承担间关系实证研究的基础上,进一步探讨上述影响的作用机理,即挖掘高管薪酬差距通过何种传导机制对企业风险承担施加影响。该部分首先检验了企业高管内外部薪酬差距对创新投入的影响,其次依据Sobel中介效应检验原理检验了创新投入的中介效应。研究发现,企业高管团队内部薪酬差距与高于行业均值的外部薪酬差距均提升了企业创新投入水平;在高管薪酬差距提升企业风险承担效应中,创新投入只在非国有企业高管内部薪酬差距与企业风险承担的正相关关系中才表现出中介效应。在进一步研究中,以企业专利申请量来衡量创新绩效,得出了企业高管内外部薪酬差距与创新绩效呈正相关的结论。

第八章，研究结论、建议与展望。在对研究发现进行归纳总结的基础上提出政策性建议，并分析研究的局限性，提出未来进一步的研究方向。

第三节　研究方法、技术路线与基本概念界定

一、研究方法

为保证分析过程与结果的客观性与合理性，本书主要采用以下三种研究方法：

（一）文献研究法

在查阅大量相关的国内外文献并在对既有文献进行梳理的基础上，对相关理论的前沿研究以及具体的进展情况进行了全面梳理，并总结了现有研究的方向、路径及核心观点，重点分析了现有研究的局限性，尤其是观察了企业高管薪酬差距激励效应这一研究空白。

（二）规范研究法

以委托代理理论、管理层权力理论、锦标赛理论及行为理论为基础，结合我国企业职工薪酬制度背景，重点以规范研究方法分析了高管内外部薪酬差距影响企业风险承担水平的基本原理和影响路径，并在此基础上提出相关研究假设和基本模型，为实证检验奠定理论基础。

（三）实证研究法

以我国 2008~2015 年 A 股上市公司为样本，利用多元线性回归分析方法检验企业高管团队薪酬差距、高管外部薪酬差距与企业风险承担的关系，并在探讨高管内外部薪酬差距影响企业风险承担的作用机理部分，使用 Sobel 中介效应检验原理来检验企业创新投入在上述两者中的中介效应是否存在。具体实证研究法包括描述性统计、参数与非参数检验、多元回归分析、中介效应检验等。

二、技术路线

本书的技术路线如图 1-1 所示：

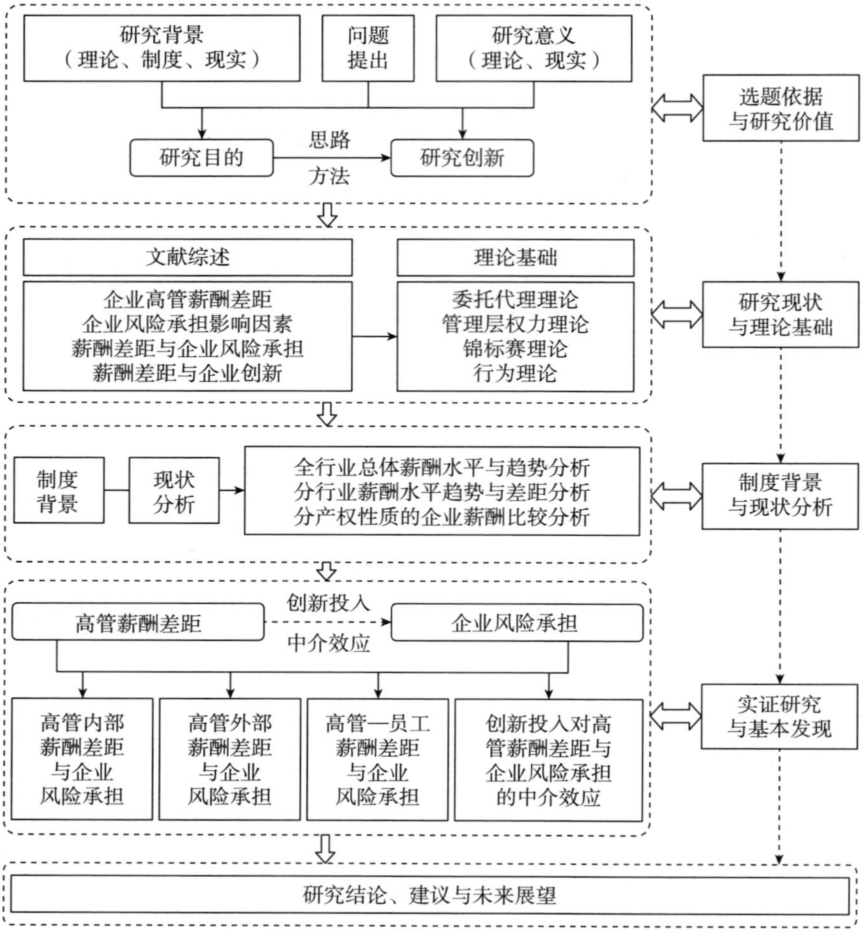

图 1-1 技术路线

三、基本概念界定

(一) 企业高管的界定

所谓企业高管，即"高级管理者"的简称，是企业最核心的人力资源。在现代公司制企业的委托代理关系框架下，董事会是企业最高权力机构，负责聘任高级管理人员，高管在董事会领导和授权下经营管理企业。因而，高管团队拥有董事会授予的经营管理权，高管团队能对企业的战略决策和主要经营活动施加绝对影响，是企业经营的核心，也是实现企业战略目标最重要的执行者。我国《公司法》第二百一十七条第（一）项对高管做出了明确的定义：公司高级管理人员是指公司的经理、副经理、财务负责人，上市公司董事会秘书和公司章程规定的其他人员。可见，高管处于企业组织架构金字塔的顶端，其工作性质具有创造性、风险性、不确定性和度量困难性。正是由于高管在企业经营管理中所扮演着重要角色，决定了其风险承担意愿与行为能够直接影响企业绩效。

本书主要研究高管薪酬差距与企业风险承担的关系，假设高管受董事会委托经营管理企业股东的财产，做出风险决策、实施投资行为。因此，借鉴权小锋（2010）、刘星等（2012）、王雄元等（2014）的研究，本书将高管界定为除企业行政和监督层面的董事会与监事会成员之外行使经营管理职能的人员。同时将职位信息披露中包含总经理、首席执行官（或CEO），以及总裁等字段的管理人员界定为"核心高管"，并统称为"CEO"；其余则为"非核心高管"，称为"非CEO"高管。

（二）高管薪酬的界定

企业高管薪酬是指薪酬契约中规定发放给高管的薪金与报酬。薪酬契约一般基于高管能力与努力程度而制定，其中既包括对高管物质需求的补偿，也包括对其精神需求的补偿。因此，高管薪酬又有狭义和广义之分。狭义的薪酬指工资、奖金、各种补贴、津贴等货币形式和可以转化为货币的报酬。广义的薪酬除了包括上述货币化的报酬外，还包括各种非货币形式的报酬，大多表现为员工福利，包括保障计划、带薪非工作时间和服务等。除了将高管薪酬划分为货币和非货币薪酬外，现有研究还将薪酬划分为短期和中长期薪酬：短期薪酬包括基本年薪和其他年度收益，中长期报酬一般指高管满足一定的业绩条件和服务年限后才能够获得股票期权和限制性股票①。

综上所述，在借鉴已有文献对高管薪酬的限定（方军雄，2009；辛清泉、谭伟强，2009），同时基于数据的可获得性，本书以货币薪酬为高管薪酬的替代变量，具体来源为国泰安数据库中披露的上市公司高管年薪，其中包括基本工资、各项奖金、福利、补贴、住房津贴及其他津贴等。

（三）企业高管薪酬差距的界定

国家宏观政策、地区、行业、文化等非人力资本因素都可能影响个体间的薪酬差距。宏观层面上的薪酬差距主要表现为城乡间、地区间、行业间的收入水平的不同，它主要受国家宏观政策、地区特征等因素的影响，通常并不直接涉及单

---

① 目前文献一般使用高管持股比例来衡量高管股权激励，而高管是否持股以及持股多少无法区分是高管获得的股权激励还是通过二级市场购买取得的股份。

个企业的比较。本书研究对象是微观企业的风险承担水平,因此主要涉及对微观层面上的企业薪酬差距问题的探讨,包括企业内部薪酬差距和企业外部薪酬差距,主要研究两类具体薪酬差距,即高管团队薪酬差距、同行业同产权性质中不同企业间高管薪酬差距(企业高管外部薪酬差距)。

1. 高管团队内部薪酬差距

根据管理者的不同层级,将其划分为核心与非核心高管。高管团队薪酬差距一方面体现在核心高管与其他非核心高管之间的纵向薪酬差距,另一方面则体现在非核心高管之间的横向薪酬差距。结合前述对高管与核心高管的界定,同时借鉴张洪辉和章琳(2016)的研究,本书将高管团队内部薪酬差距定义为CEO与非CEO高管以及非CEO高管之间的薪酬差距两部分。

2. 高管外部薪酬差距

理论研究和实践均表明,企业制定在同行业中具有竞争力的薪酬政策有助于吸引或留住高层次人才。同时,高管在进行外部薪酬比较时通常会参照行业薪酬基准——可见与行业薪酬基准之间的距离必然会影响薪酬激励效果。不仅如此,我国不同产权性质的企业在经理人市场、高管薪酬制定等方面存在显著的差异,使国有与非国有企业高管之间的薪酬不具有可比性,企业在制定高管薪酬时,还会参照同产权性质企业高管的薪酬水平。基于此,本书借鉴黎文靖(2014)的研究,以产权性质作为划分行业薪酬基准的标准,按照行业分别计算国有企业与非国有企业的行业平均薪酬。

3. 高管—员工薪酬差距

高管员工间的薪酬差距采用相对指标计量,反映高管薪酬相当于员工薪酬的倍数,高管—员工薪酬差距由高管人员平均薪酬除以普通员工的平均薪酬计算得来。高管人员薪酬总额以薪酬最高的前三名高管薪酬总额计量,将其除以3得到高管人员平均薪酬。员工薪酬总额基本数据通过现金流量表中"支付给职工和为职工支付现金总额"扣除薪酬最高的前三名高管人员薪酬总额后获得。

(四)企业风险承担的界定

企业风险承担行为意味着将较多的资源分配到不确定性项目中(Covin and Slevin, 1991),代表着企业对风险的容忍程度和把控力度,并最终反映在管理者投资意愿方面(Dess and Lumpkin, 2005)。由于高风险通常伴随着高收益,所以一定程度的风险承担是企业获取收益的前提(Li and Tang, 2010)。可见,企业风险承担是管理层风险决策的结果,是管理者在对预期收益和现金流不确定项目进行选择的结果(解维敏、唐清泉,2013),某种程度上反映了管理者愿意为了获得较好的市场机会而承担风险的程度。企业风险承担表现在从事风险投资的动机、决策和执行等各个方面，对企业生存和发展有着重要的作用，而管理者风险偏好不同，企业风险承担水平也各不相同。

虽然目前学术界对风险承担的测量方法尚存在一定争议，但鉴于"波动"被广泛用来度量资本市场中存在的风险，因此相当一部分国内外学者倾向于使用收益波动率来衡量企业风险承担。例如，股票收益的标准差、总资产收益波动率、市场收益波动率等都是常用指标（John et al.，2008；Faccio et al.，2016；Boubakri et al.，2013；何威风等，2016）。参考较多文献采用总资产收益率（ROA）这一财务业绩指标的波动率来度量企业风险承担的方法，本书同样采用滚动窗口期内 ROA 的波动率来度量企业风险承担，并选择三年为观测时间段；ROA 波动率越大说明观测期内公司 ROA 的离散程度也越大，公司风险承担水平相应越高。另外，借鉴李海霞和王振山（2015）的指标选取方法，沿用 Adam（2005）的计算方法，本书在实证部分的稳健性检验中还使用 ROA 的横向离散度衡量公司横向风险承担水平①。

（五）企业创新投入的界定

企业创新的根本是研究与开发活动，而研发活动的"规模"和"强度"又能够在一定程度上反映其科技实力和核心竞争力，因此研发投入是企业创新投入的主要部分。鉴于此，本书用"研发投资强度"来衡量企业创新投入。企业研发活动依赖于研发资金投入与研发人员投入。由于企业研发人员数据的不可获得性，且对于研发人员的投入最终也体现在资金方面的投入，因此资金投入是研发投入的关键（梁莱歆、张焕凤，2005）。本书以企业研发经费投入来衡量企业创新投入。

第四节 研究的创新点

第一，本书拓展了有关企业高管薪酬差距经济后果的研究。现有国内外关于高管薪酬激励的研究一般基于委托代理理论，以薪酬业绩敏感性为立足点，探讨高管薪酬激励对企业业绩以及管理层行为决策的影响。随着锦标赛理论的提出，

---

① 具体地，对 ROA 决定模型进行分年度分行业回归，模型残差拟合值的绝对值即反映出企业各年业绩偏离其当年正常业绩水平的幅度，也即企业横向风险承担水平。

部分学者将研究视角转移至高管薪酬差距的晋升激励作用，探讨了内部薪酬差距对企业业绩的影响，发现薪酬差距的晋升激励效应会导致高管实施更多的风险性投资，但这只是薪酬差距影响风险承担水平的间接证据。另外，目前对企业高管外部薪酬差距以及企业内部高管间薪酬差距的研究相对较少，本书系统分析和检验了高管团队内部薪酬差距、高管外部薪酬差距对企业风险承担的影响，从多个维度和视角分析了我国企业高管薪酬差距的风险承担效应，也进一步丰富了企业风险承担的研究。

第二，本书拓展了行为经济学范式下对高管薪酬契约的理论认知。本书将高管薪酬差距的风险承担效应拓展到企业外部经理人市场，一方面从晋升锦标赛理论和流动的经理人市场出发，探讨当高管薪酬高于行业均值时，外部薪酬差距对企业风险承担是否存在激励效应；另一方面基于行为认知和风险决策视角，考察当高管薪酬低于行业均值时管理者的风险决策行为。不仅研究了我国上市公司高管行业薪酬均值的参照点效应对企业风险承担的影响，而且拓展了行为经济学范式下对高管薪酬契约的理论认知。

第三，本书在研究高管内外部薪酬差距对企业风险承担直接效应的基础上，以企业创新投入为切入点继续将研究进一步向前推进，即挖掘高管薪酬差距对企业风险承担的作用机理。借鉴 Sobel 中介效应分析方法，本书设计创新投入中介效应检验模型并依次进行回归检验，研究发现，创新投入只在非国有企业高管内部薪酬差距与企业风险承担之间表现出中介效应。上述发现不但进一步拓展和完善了现有风险承担与企业创新的研究，而且对制定企业创新投入激励机制起到一定理论支撑作用。

第二章 文献综述与理论基础

第一节 文献综述

一、关于企业高管薪酬差距的研究

Adams（1963）基于社会比较理论指出，人们通过将自己和参照对象的投入与报酬水平相比较，从而形成对分配结果是否公平的感知。根据比较对象的不同，企业高管薪酬差距可分为两部分：一是企业高管团队内部不同层级间的薪酬差距；二是企业外部高管间薪酬差距。国内外学者对上述两类高管薪酬差距均给予了一定的关注与研究。

（一）关于企业高管团队内部薪酬差距的研究

自20世纪80年代起，企业内部薪酬差距问题引起学术界的关注，成为公司治理研究中的重要课题之一。国内外现有关于企业内部薪酬差距文献的研究集中关注于企业内部薪酬差距如何影响企业业绩或企业价值，并且在解释内部薪酬差距对企业业绩的作用机理方面形成了锦标赛理论和行为理论两种竞争性的观点。本书基于这两个理论，对已有关于企业内部薪酬差距的文献进行回顾与梳理。

1. 基于锦标赛理论视角的研究

Lazear 和 Rosen（1981）提出的锦标赛理论认为企业高管团队内部薪酬差距发挥着晋升激励的作用，能激励管理者为晋升到更高薪酬的职位而加大努力程度。锦标赛理论将企业高管团队成员视为锦标赛中的竞争者，企业通过设立不同层级管理者间的薪酬差距，使每轮锦标赛的胜出者获得更高水平的薪酬，而失败者则可能毫无所获。因此，高管团队成员间的薪酬差距相当于锦标赛奖金，能给竞争者带来巨大的动力，起到以晋升机会调动管理者积极性的作用。随着内部薪酬差距的不断增大，对较低层级高管的激励作用也不断增强，从而带来企业业绩的提升。这种基于业绩排名的激励模式，同时也有利于降低委托人的监督难度，缓解了委托代理问题。

实证研究支持了企业内部薪酬差距的增大对企业业绩与价值有积极影响的观点。Main 等（1993）以 200 家美国公司为样本，发现高管薪酬水平随着职位的提升而增大，而且薪酬差距及公司的股票市场回报与总资产报酬率都呈显著正相关，从而支持了锦标赛理论。相似地，Eriksson（1999）的研究认为，高管团队薪酬差距及薪酬变异系数与企业销售利润率存在显著正相关关系。同样，Henderson 和 Freaictson（2001）以及 Lee 等（2008）也实证支持了锦标赛理论。

近些年来，一些国内学者也关注到了我国企业高管薪酬差距的经济后果，为锦标赛理论提供了经验证据。林浚清等（2003）发现高管内部薪酬差距有助于企业未来绩效的提升，并认为企业董事会应适当提高管理者间的薪酬差距以维持足够的锦标赛激励能量。陈震和张鸣（2006）研究发现，高管内部薪酬差距与企业市场绩效存在显著正相关关系，尽管这种正相关关系在不同成长性公司中表现略有差异。鲁海帆（2011）与李绍龙等（2012）的研究均通过实证检验高管薪酬差距与企业绩效之间的关系，支持了薪酬差距的晋升激励效应。盛明泉等（2017）的研究同样证明了高管薪酬差距能显著提升企业竞争力。

2. 基于行为理论视角的研究

与上述锦标赛理论不同，行为理论从人们心理感知的角度探讨薪酬差距经济后果。行为理论强调人们更注重分配的公平性，认为较小的薪酬差距能够满足组织员工的公平偏好心理，继而促进成员间实质性合作，有利于形成共同目标，从而提升公司的整体效益和价值。因此，在行为理论框架下，过大的薪酬差距则会增加企业管理者不公平感知，很可能导致其薪酬满意度降低和嫉妒等负面情绪，进而还可能导致某些管理者破坏团队合作、耍弄政治阴谋等负面行为，从而影响企业整体绩效。国内外有不少学者关于企业内部薪酬差距的经济后果的研究支持了行为理论的观点。

Adams（1963）提出的公平理论认为个体会将自身投入所得与参照对象的投入所得进行比较，从而形成公平性的认知。Cappelli 等（1996）认为过大的报酬差距往往引发上述不公平感，不利于合作，进而影响组织的业绩（Lenine，1991）。相反，较小的薪酬差距能加强组织内合作共赢，从而有助于提升公司业绩（Akerlof et al.，1990）。Cowherd 和 Levine（1992）则认为，过大的薪酬差距容易使较低薪酬水平的高管产生被剥削感等负面情绪，导致其可能利用某些手段来消除或减少这种被剥削感（比如产生懈怠情绪、要求董事会加薪、影响其他管理者的工作情绪、对企业目标漠不关心，甚至离职等），最终导致团队合作被破坏、降低企业的凝聚力与企业绩效。Milgrom 和 Roberts（1998）从组织政治学角度认为，较大的薪酬差距可能激发员工为谋取私利而采取有损于组织利益的手段，从而牺牲了团队利益。Featinger（1954）认为当缺乏直接标准来判断收入水平时，人们会进行相互比较以直观评价收入水平的高低。因此，薪酬差距为社会比较提供了外在参照点，与薪酬参照点之间过大的差距容易滋生员工的不满情绪，对组织绩效产生负面效应。O'Reilly 等（2005）通过对 105 家美国公司进行研究，得出了高管团队内部薪酬差距与企业价值负相关的结论。

以国内上市公司为研究对象，张正堂等（2007，2008）同样得出高管团队薪酬差距对组织未来绩效存在负向影响的结论，而技术复杂性、企业人数具有正向调节作用，因此建议当企业技术复杂、规模较大时，应适当拉大管理者薪酬差距，以有效发挥薪酬差距的锦标赛激励作用，推动企业未来绩效。步丹璐和白晓丹（2013）从员工离职率角度分析高管与员工间薪酬差距对企业业绩的影响，并认为员工与高管的薪酬差距越低时，员工离职率也越低；相反，过大的薪酬差距有损于公司未来的会计业绩，同样支持了行为理论的观点。魏芳和耿修林（2020）从企业违规行为的视角研究了高管团队垂直薪酬差距的经济后果，他们认为高管团队垂直薪酬差距在激励高管努力工作的同时，也可能影响高管的自利动机和风险敏感性，进而导致企业违规等组织不当行为。实证检验结果表明，高管团队垂直薪酬差距与企业违规行为呈显著正相关，环境动态性削弱了两者之间的关系。同时，相比于国有企业，这种效应在非国有企业中更为显著。

由上述文献回顾可以看出，锦标赛理论和行为理论分别就企业内部薪酬差距与企业绩效之间的关系给出了竞争性的解释。总体而言，锦标赛理论基于效率原则认为薪酬差距越大越能调动管理者的积极性；而行为理论则基于公平性原则认为薪酬差距越小越有利于公司内部的团队合作和公司业绩的提高。同时，两种观点均得到了相应实证结果的支持，这也说明上述两种理论可能各自存在一定的适用范围，在解释薪酬差距的经济后果时，锦标赛理论与行为理论应相互补充。

3. 基于锦标赛理论与行为理论协同作用的研究

有学者认为，仅仅从单一的锦标赛理论或行为理论角度出发，并不能对薪酬差距与企业绩效的关系给出完美解释，这两种竞争性的理论在解释薪酬差距对企业绩效的影响时是相互补充的（Hendrso and Fredrickson，2001），即保持锦标赛激励与行为理论协同作用更能促进公司绩效的提高。

延续这一思路，不少学者实证结果发现高管团队内部薪酬差距与企业业绩的关系并非线性，而呈现出"倒 U 形"关系，即较低水平的薪酬差距能促进企业未来绩效的提高，但当薪酬差距超过一定程度时，则对企业未来绩效存在负面影响。例如，石永拴和杨红芬（2013）研究发现高管团队内薪酬差距与公司未来绩效之间呈"倒 U 形"关系。缪毅和胡奕明（2014）研究证明上市公司不同层级间高管适当的薪酬差距的确能产生正面激励效应，但差距过大则会产生负面作用，同时还强调薪酬差距激励作用还受到晋升机遇、产权性质的影响。刘美玉和姜磊（2019）从投资效率的角度检验了高管内部薪酬差距的作用，研究发现，高管内部薪酬差距与企业投资效率呈正相关，并存在"倒 U 形"关系。高管的投权激励水平提高了企业的投资效率，但是弱化了高管内部薪酬差距对投资效率的提升作用。这说明股权激励已经成为替代高管内部薪酬差距的重要形式。

还有学者认为锦标赛理论或行为理论的成立需要一定条件或受某些因素的影响。例如，徐细雄（2012）认为高管团队薪酬差距的经济后果受到管理者晋升机会的影响：当副总晋升机会较大时，薪酬差距的锦标激励效应占主导地位，而当副总晋升机会较小时，薪酬差距的利益剥夺效应占主导。以 CEO 是否是高管中薪酬最高者为切入点，李子彪等（2016）研究发现，仅当 CEO 是高管中薪酬最高者的情况下，CEO 与其他副总间的薪酬差距才对公司绩效有正向作用，而当 CEO 薪酬并非最高时，薪酬差距反而对公司绩效产生负向影响。常健（2014）认为只在员工薪酬比较高的企业中，高管与普通员工的薪酬差距对公司绩效的促进作用才更显著。类似地，陈胜军等（2017）以内部平均薪酬为标准，认为当员工薪酬高于平均薪酬时，其所在团队内部薪酬差距的增加有利于任务绩效的提升；相反，当薪酬低于平均薪酬时，其团队薪酬差距的增加不利于任务绩效的提升。将管理层权力纳入研究框架，佟爱琴和陈蔚（2017）认为探讨高管薪酬差距的经济后果，不能忽略管理层权力因素，并从薪酬差距中分解出权力性差距，研究发现权力性薪酬差距对企业未来绩效有负向影响，并且在国有企业中负向激励效应更为强烈。

（二）关于企业高管外部薪酬差距的研究

关于劳动者收入差距及分配是否公平的探讨由来已久，然而对高管外部薪酬差距的研究却在近几年才得到重视，国内在这方面的研究文献并不多，且在研究视角、研究对象、研究结论方面都有较大差异。

1. 关于企业高管外部薪酬差距衡量的研究

现有文献对高管外部薪酬差距的衡量方法主要有四种：①基于问卷调查法以高管对薪酬的满意度来衡量外部薪酬差距引发的公平性（Sweeney et al., 1993；Covin et al., 1993；Cropanzano and Rupp, 2003；DeConinck and Stilwell, 2004；Tekleab et al., 2005）。这种方法基于高管的主观感受，缺乏一定的客观性和可比性。②用高管超额薪酬来反映高管外部薪酬差距。Core 等（1999）在分析并得出管理层薪酬决定模型后，对模型进行分年度分行业回归并将模型残差定义为高管超额薪酬，以此作为高管薪酬的不公平程度的替代变量。吴联生等（2010）在 Core 等（1999）的薪酬决定模型基础上，将此残差定义为超额薪酬，并根据其符号正负将高管薪酬外部公平性分为正向额外薪酬和负向额外薪酬，这种方法避免了问卷调查的主观性，考虑到了薪酬差距的合理性。但其也存在一定不足：一方面，拥有正向超额薪酬的高管未必一定有公平认知感；另一方面，薪酬模型设定本身受变量选择和不同国家制度背景的影响较大，因此以残差代表的超额薪酬对模型的设定依赖性较强，对现实中社会薪酬的公平性代表性不够。③用相对分位数法来量化薪酬外部薪酬差距。祁怀锦等（2014）借助该思路具体定义高管薪酬外部公平性为本公司高管薪酬与同行业最高薪酬的比值。虽然该定义很好地体现了不同行业间高管薪酬差距，但并没有体现出与报酬所对应的高管努力投入程度的差别。④以高管薪酬与行业薪酬基准之间的距离作为外部薪酬差距的替代变量（黎文靖，2012）。已有研究认为，行业薪酬基准一定程度上在高管薪酬制定过程中发挥了参照点作用，高管在进行外部薪酬比较时通常会参照行业薪酬基准（Bizjak et al., 2008；Faulkender et al., 2010），因此与行业薪酬基准之间的距离所反映的外部薪酬差距对高管心理感知与决策行为都有一定影响。从上述研究可见，由于高管外部薪酬差距提点变量选择的不同，相关研究结论存在着明显差异。

2. 关于高管外部薪酬差距对企业业绩影响的研究

近些年来，国内部分学者开始关注我国上市公司高管外部差距薪酬对企业业绩的影响，并从社会比较理论、管理人才理论、经理人市场等角度分析其作用机理，然而所得经验证据不完全一致，对高管的外部薪酬差距是否能够提升企业业绩与效率尚未取得清晰的认识。

吴联生等（2010）研究认为，具有正向超额薪酬的高管会自发与低于其薪酬水平的高管进行比较，这种下行社会比较带来的优越感能起到激励作用，最终达到提升公司业绩的效果；相反，具有负向超额薪酬的高管自发进行的上行比较反而会带来挫败感和不公平感，最终对公司业绩并无显著影响，但是该结论仅在非国有企业中成立。黄辉（2012）借鉴吴联生（2010）用额外薪酬大小作为高管外部薪酬差距的替代变量，却得出相反的结论：当企业高管拥有正向额外薪时，其外部薪酬差距不利于经理人激励从而降低了企业绩效；当企业高管拥有负向额外薪酬时，外部薪酬差距反而与企业绩效呈正相关。

步丹璐和张晨宇（2012）认为总体而言，外部高管薪酬差距与企业业绩存在正相关关系，且在非国有企业中激励效果更好。张丽平和杨兴全（2013）同样发现高管外部薪酬差距与公司业绩呈显著正相关关系。祁怀锦和邹燕（2014）则采用相对分位数思路，用高管薪酬水平与同行业同地区内最高薪酬的比值来计量，检验结果证明了高管薪酬外部公平性对企业业绩有着正向影响。常健（2016）同样得出高管外部薪酬公平性正向影响公司绩效的结论，且企业发展前景强化了这种影响。

Bizjak 等（2008）和 Faulkender 等（2010）研究表明，董事会在制定企业高管薪酬契约时，一般会参考同行业企业高管薪酬基准。以我国资本市场中上市公司为研究对象，江伟（2010）也发现了类似现象。李维安等（2010）认为，国际同行的薪酬基准对我国企业高管薪酬制定发挥着参照点效应。因此，要分析高管外部薪酬差距与企业业绩之间的关系，就无法绕开高管行业平均薪酬的影响。黎文靖（2012）以高管行业薪酬均值为参照点，研究发现：当高管薪酬高于行业薪酬均值时，外部薪酬差距对企业业绩存在正向激励作用，且仅在非国有企业中显著，而由于国有企业外部经理人市场受管制，因此高管外部薪酬差距无法对国有企业高管带来正向激励作用。

还有研究认为，高管薪酬外部公平性与企业业绩的关系并非简单的线性关系，而是存在着"倒 U 形"关系（石永拴、杨红芬，2013）。覃予和靳毓（2015）进一步以 2008 年金融危机为背景，认为相对于经济繁荣期，紧缩期时的"倒 U 形"曲线变得更为陡峭，处于"拐点"的高管薪酬公平最优分位数也明显减小。

3. 关于企业高管外部薪酬差距其他经济后果的研究

除了上述关于外部薪酬差距对企业绩效的研究之外，当前已有学者还关注到薪酬差距对高管个人行为的影响。

徐细雄（2014）研究了外部薪酬差距对在职消费与高管离职行为的影响后发现，当高管薪酬水平低于同行业、同地区高管薪酬均值时，管理者将产生自我利益被剥削的消极感知，进而很可能通过在职消费等途径寻求补偿。同时，企业高管主动离职行为的发生概率也明显升高。王浩和向显湖（2015）关注了外部薪酬差距对企业业绩预告行为的影响，认为在一定界限内，外部薪酬差距能提高企业业绩预告决策的有用性，体现为高管协同动机，而超过一定界限后，随着外部薪酬差距的增大，则对企业业绩预告产生负面影响，表现为业绩预告信息质量降低、及时性减弱、决策有用性降低等。张蕊等（2016）研究发现高管薪酬差距为高管侵占型职务犯罪提供了压力和借口，而企业高管外部薪酬差距越小，实施侵占型职务犯罪的可能性越低。

（三）关于企业高管—员工薪酬差距的研究

1. 基于锦标赛理论视角的研究

张正堂（2008）以2001~2005年我国沪深两地上市公司为样本，检验了内部薪酬差距与未来企业绩效间的关系，研究发现：管理层与员工间的薪酬差距对组织未来绩效的影响在总体上是不显著的。但当企业技术复杂性较高、企业规模较大时，扩大高管员工薪酬差距则有助于企业未来绩效的提升。刘春和孙亮（2010）以2001~2007年2965个国有上市公司为样本对我国国有企业内部薪酬差距与企业绩效之间的关系进行了实证检验，研究结果表明，国企高管和员工间的内部薪酬差距与企业绩效呈显著正相关，支持了锦标赛理论。胥佚萱（2010）以1999~2007年沪深A股非管制类上市公司为样本，从相对薪酬差距角度研究了薪酬业绩敏感性，实证结果表明：高管团队内部薪酬差距以及高管员工薪酬差距与业绩呈显著正相关，同样支持了锦标赛理论。周权雄和朱卫平（2010）的研究表明，我国地方国有上市公司薪酬差距与公司绩效呈显著正相关，而与地方政府行政干预和共同代理问题的严重程度呈显著负相关，主张大多数国有企业应当适度提高薪酬差距以维持足够的锦标赛激励能量，但也指出激励同时受到政府行政干预和共同代理问题的制约。

梁上坤等（2019）以我国2005~2014年沪深A股上市公司为样本，研究了公司生命周期对内部薪酬差距与公司价值关系的影响。结果显示，总体上公司内部薪酬差距有利于公司价值，支持了锦标赛理论，结合生命周期考察，内部薪酬差距对公司价值的提升作用在成长期最强，在衰退期最弱，即随着时间的推移，内部薪酬差距对公司价值的提升作用逐渐减弱。陈汉文和黄轩昊（2019）通过实证检验内部控制对企业内部薪酬差距的影响，得出内部控制质量越高，管理层与员工间的薪酬差距越大的结论，且内部控制质量越高，薪酬差距对企业价值的正向影响越显著。从侧面支持了锦标赛结论。

2. 基于行为理论视角的研究

罩予（2013）的研究表明，高管薪酬激励能促进企业业绩增长，但高管员工薪酬差距过大所产生的正向不公平会阻滞业绩提升，降低高管薪酬激励效率，而且在宏观经济从上升期转向回落期会引发企业员工对薪酬正向不公平更加敏感，从而使其对企业业绩的阻滞作用增强、高管薪酬激励效率的减弱作用更加明显，这种情形在更为偏好公平的国有企业中尤其显著。薪酬差距过小会产生负向不公平，则有助于提升企业业绩，且不受宏观经济波动和企业公平偏好强度的影响。叶康涛等（2013）的研究可能从侧面也支持了薪酬差距对绩效激励的负效应。他们利用我国上市公司1999～2009年的数据，考察了劳动者工资对企业绩效的影响。结果表明，劳动者工资越高，公司市场价值也越高，且未来业绩越可能上升，指出提高劳动者工资不仅符合社会公平目标，也符合经济效率目标。聚焦到国有企业内部，刘张发等（2017）研究认为，国有企业内部高管与职工薪酬差距作为国有企业改革的重要内容之一，薪酬差距扩大不利于提升生产效率，并且相对于地方国有企业，薪酬差距的负面作用对中央国有企业生产效率的影响更大。

徐高彦等（2018）以如何在危机中有效激励员工为出发点，探究高管—员工薪酬差距对企业反转的作用。他们认为从情绪管理视角来看，较小的薪酬差距在增强员工正面情绪的同时，也帮助提升员工应对危机的抗逆性并消解负面情绪。实证研究同样证明了，在危机情境中，薪酬差距对企业反转具有显著的负向影响。

3. 基于锦标赛理论与行为理论协同作用的研究

折中或综合的研究还有一些研究者认为，薪酬差距的激励并非线性关系，而是呈现出曲线特征。当薪酬差距不大时，扩大差距具有较好的激励效果，但当薪酬差距扩大到一定程度时，将会对企业绩效产生负效应，使薪酬差距与企业绩效呈现出"倒U形"曲线关系。Eriksson（1999）以1992～1995年丹麦的6501家大中型企业为样本研究发现，白领员工间的薪酬差异程度与生产率呈显著的"倒U形"曲线关系。王怀明和史晓明（2009）以2002～2007年我国5429家A股上市公司为样本，实证分析了高管员工薪酬差距对企业绩效的影响，结果表明：薪酬差距对企业绩效的影响存在区间效应，随着薪酬差距的扩大绩效先是上升而后下降，大致呈"倒U形"曲线关系。陈丁和张顺（2010）以2005年沪深1275家上市公司的横截面数据检验了高管团队薪酬差距与企业绩效间的关系，实证结果表明两者间呈"倒U形"曲线关系。覃予（2009）以及王永乐和吴继忠（2010）也认为薪酬差距与企业业绩呈曲线关系，但他们的实证研究结果表明：目前还没有迹象表明已经靠近曲线的拐点，两者关系还处于正相关阶段。赵睿（2012）也认为，薪酬差距对企业绩效的激励效应应以锦标赛理论和行为理论联合解释，他们对高管员工薪酬差距与企业绩效关系的检验结果表明：薪酬差距与企业绩效之间呈现"倒U形"曲线的关系，且这一关系并不因企业控股性质和所在地区而有所差异。黄辉（2012）提出，内部薪酬差距的锦标赛理论和行为理论的作用效果，依赖于薪酬的外部公平性为前提，研究发现薪酬外部不公平性直接影响内部薪酬差距的激励效果，对薪酬正向外部不公平企业将显著降低其激励效果，负向外部不公平企业则与其存在替代关系。石永拴和杨红芬（2013）的实证研究也表明，公司高管薪酬差距与公司未来绩效呈"倒U形"关系，薪酬差距是先促进公司未来绩效的提高，但当差距超过一定程度时，则会阻碍未来绩效的提高。昌峻（2014）将员工薪酬差距分为激励性差距和约束性差距，研究发现：薪酬差距和企业绩效（财务绩效/市场绩效）呈"倒U形"关系。

陈胜军等（2017）基于企业文化视角探讨团队内部薪酬差距与工作绩效的关系。研究表明：对于"薪酬不低于团队内部平均薪酬"的员工，其与所在团队内部平均薪酬差距的增加有利于任务绩效的提升；对于"薪酬低于团队内部平均薪酬"的员工，其与所在团队内部平均薪酬差距的增加不利于任务绩效的提升。郭新华和刘辉（2018）以352家家族企业为样本，通过门限面板模型考察了家族企业内外部薪酬差距对其企业成长性的影响。研究发现，家族企业内部薪酬差距对企业成长性具有正向影响，且呈现出非线性的"倒U形"变动趋势，并且当高管与普通员工的相对薪酬差距维持在3.778～7.870倍时，企业成长性表现最佳。

二、关于企业风险承担影响因素的研究

企业风险承担是投资决策中的一项重要内容。由于高风险项目比低风险项目更能带来高水平的预期收益，管理者为追求盈利机会而承担一定风险也是企业生存和发展的主要基石。John等（2008）研究发现，风险承担水平不仅显著提升了企业的资产增长率、销售收入增长率，而且还能够加快整个社会的全要素生产率与资本积累，是一个国家经济持续增长的支柱。影响企业风险承担水平的因素众多，已有文献分别从宏观经济波动与微观企业特征等方面进行了具体研究。

（一）宏观经济与企业风险承担

宏观经济波动会影响到企业风险承担水平。当宏观经济处于繁荣期时，经济增长预期较高，外部资本容易获得，投资者情绪高昂，这一系列外部环境都有助于企业获得更低的融资成本以及富裕的资源和技术，管理者为了迎合企业的高水平投资，往往会做出增加风险性投资项目的决策（Habib and Hasan，2015；Arif and Lee, 2014; Wright, 1996)。相反，当经济衰退、市场低迷时，信贷政策紧缩，投资者情绪低迷都会增加外部融资成本，企业投资决策更为保守，风险承担水平较低（McLean and Zhao, 2014）。

（二）投资人保护与企业风险承担

在投资人保护方面，管理者作为代理人为了追求私利而选择保守性投资策略，而更好的投资者保护能抑制管理者的风险厌恶倾向，使企业承担更高的风险水平（John et al., 2008）。李冬昕等（2016）提出媒体监督有利于强化企业管理者在投资决策中的风险偏好，促使其承担更多风险，而且这种影响在投资者保护好的环境下更加突出。但同时也有研究指出，债券契约在提供良好债权人保护的同时，使企业破产成本上升，企业为保护自身利益，很可能增加资本性支出和减少研发投入，从而对企业风险投资造成潜在不利影响（Chava and Roberts, 2008；Nini et al., 2009；Acharya et al., 2009；King and Wen, 2011）。

（三）控股股东、股权集中度与企业风险承担

控股股东性质和股权集中程度对企业风险承担水平也会产生影响（Faccio et al., 2011a；Boubakri et al., 2011）。由于大股东监督与约束管理层的动机，能在一定程度上抑制管理层风险规避倾向从而引起间接代理问题，所以控股股东的存在对企业风险承担行为有积极效应（Attig et al., 2013；何威风等，2016）。大股东持股的分散化程度越高，即大股东多元化投资程度越高，其通过增加风险型项目来提高企业收益的动机越强烈（Paligorova, 2009；Faccio et al., 2011）。然而，大股东也有可能存在着追求私有收益的动机，此时就倾向于选择较为稳健的投资项目（John et al., 2008）。特别是股权较为集中的控股股东，更有可能出于私利去侵占中小股东的利益，降低企业风险承担水平（王振山、石大林，2014）。然而，企业存在多个大股东会形成股东制衡机制则又会相应提升公司风险承担（Mishra, 2011）。Koerniadi 等（2014）发现，企业股权制衡机制提升了新西兰企业的监管水平，促进了企业对高风险高收益项目的选择。还有研究认为，股权集中度与企业风险承担存在着"U形"关系，即控股股东在企业的现金嵌入程度与企业风险承担水平呈负相关，而达到某一拐点后，随着控股股东现金嵌入程度提升，企业风险承担也有所提升（薛有志、刘鑫，2014；朱卫东、许赛，2016）。

（四）产权性质与企业风险承担

在产权性质层面，相对于非国有企业，国有企业要为政府分担更多的社会职能，担负着一定的政策性负担（Lin et al., 1998）。同时，政府官员对非国有企业的寻租成本相对较高（Shleifer and Vishny, 1994），这就意味着在非国有企业

中政府官员向企业寻租的可能性较小。因此，非国有企业在投资决策中能更多地以企业价值最大化为目标，更积极地选择那些风险高但预期 NPV 为正的投资机会（Boubakri et al.，2013）。在对中国产权性质和风险承担关系的研究中，Huang 等（2013）发现，国有企业风险承担显著低于家族企业，而国有企业民营化之后，风险承担能力显著提高（余明桂等，2013b）。这主要由于过高的风险承担水平不利于国企实现政府的社会稳定和增加就业目标（薛有志，2014；李文贵，2012）。进一步地，苏坤（2016）指出，国有金字塔层级的延长降低了政府干预程度，有助于提高企业决策权和经营活力，提升国有企业风险承担水平。

（五）董事会治理与企业风险承担

董事会成员在做出风险决策时，难免会考虑到自身职业的稳定性，因此他们往往呈现出风险厌恶倾向，甚至可能调动公司的资源用来分散自身风险（Amihud et al.，1981）。而董事持股机制能够将董事个人利益与企业价值相挂钩（Minow and Bingham，1993），有利于促使董事会成员与股东的利益趋于一致，进而有效抑制董事会成员的风险厌恶偏好。Bhagat（1999）在研究中也认为董事持股机制简单而有效，然而过高的持股比例可能会导致董事会成员过度在职消费，并利用盈余操纵等机会主义行为谋取私利，对公司的价值造成消极的影响。

在董事会规模方面，众多研究表明：小规模的董事会更能进行较多的风险型投资，从而提升企业风险承担水平（Cheng，2008；Wang，2012）。其原因是，较大规模的董事会加重了董事会成员行为规范失效问题，同时也降低了董事会团队决策效率，使一些风险倾向型的董事会成员容易妥协于保守的投资项目。通过对我国证券市场的研究发现，规模较大的董事会对极端决策更难达成一致，整体咨询与监督的效率降低，导致倾向于选择风险相对较小的项目，企业风险承担水平也就越低（苏坤，2016；郑晓倩，2015；关伯明、邓荣霖，2015）。Nakano 和 Nguyen（2012）对日本企业的研究则得出了与上述相反的结论，认为日本企业董事会成员大多由内部选拔而来，同质性较高，加之日本文化中个人主义较为淡薄，因此得出有别于其他欧美国家的结论，即董事会规模增加会提高企业风险承担水平。

（六）管理者特征与企业风险承担

根据高阶理论，高层管理者的个体特征会对其经营决策产生影响（Hambrick and Mason，1984）。

（1）在管理者异质性特征方面。由于管理者性别、年龄、经历等个体特征存在差异，其认知能力与风险承担意愿也不尽相同（Harjoto et al.，2014；

Serfling，2014；Faccio et al.，2015）。吕文栋等（2015）分析了管理者性别对企业风险承担的影响：女性管理者相对保守，而男性 CEO 在制定投资决策时往往偏向于风险程度高的投资组合，其所在的企业普遍有着较高的风险承担水平。刘鑫和薛有志（2016）、吕文栋等（2015）发现，年龄越大的管理者越保守，并且会限制企业选择风险性较高的项目。Roussanov 和 Savor（2014）则发现，单身 CEO 在投资决策中表现出较强的风险偏好。

（2）在管理者能力特征方面。何威风等（2016）基于管理者风险回避假说认为，能力越强的管理者出于自我保护意识和谋取私利动机，越倾向于较为保守的投资行为，导致企业更可能呈现出较低的风险承担水平。

（3）在管理者权力特征方面。董事长和 CEO 两职合一使 CEO 权力过于集中，削弱了董事会的监督和咨询功能，管理层因机会主义而放弃高回报且高风险的投资项目（Fama and Jensen，1983）。Kim 和 Buchanan（2011）以美国企业为样本，验证了上述观点。Lewellyn 和 Muller（2012）、张三保和张志学（2012）、李海霞和王振山（2015）都发现管理者权力与企业风险承担呈正相关关系。相反，何威风等（2016）认为当管理者拥有更多权力时，其可能是更多的权力用于私利，用于基于收入和职业安全回避风险项目。Chintrakarn 等（2014）将 CEO 薪酬差额作为衡量 CEO 权力的代理变量，发现薪酬差距与企业风险承担呈现"U 形"关系。

（4）在高管心理特征方面。传统决策理论以决策者绝对理性为假设前提，而行为金融学则融合了行为理论与金融学理论，认为管理者的某些心理认知偏差（如过度自信、风险偏好、心理账户等）均会影响个体的风险偏好，进而影响企业风险承担水平（Kahneman and Tversky，1979）。例如，过度自信的管理者往往表现出较强的风险偏好，更倾向于选择风险与收益较高的投资项目（Gervais et al.，2003；Li and Tang，2010；Baker and Wurgler，2012；余明桂等，2013a）。

三、关于高管薪酬与企业风险承担的研究

在现代企业委托代理关系下，管理者很可能为了追求私有收益而选择保守性的投资策略，而企业股东和董事会则可以通过设计恰当的薪酬激励机制来强化管理者的风险偏好。如果薪酬分配机制使管理者的财富与企业资本市场表现的敏感程度更高，管理者则会倾向于更具风险的投资决策（Coles et al.，2006）。货币薪酬作为较为传统的激励手段，不仅有助于解决股东—管理者代理关系引发的管理者风险规避倾向，还能激发高能力管理者的冒险创新意识（张瑞君等，2013；

何威风等，2016）。除了薪酬水平会对企业风险承担产生直接影响外，由薪酬分配制度导致的企业高管间的薪酬差距也会对企业风险承担产生一定影响。本书将企业内部高管团队间薪酬的比较引发的薪酬差距定义为高管团队内部薪酬差距，将同一行业相同产权性质间企业高管薪酬的比较引发的薪酬差距定义为高管外部薪酬差距，并从这两方面对已有关于高管薪酬差距对企业风险承担影响的研究进行回顾。

(一) 关于高管团队内部薪酬差距与企业风险承担的研究

如前文对关于企业内部薪酬差距文献的回顾所述，目前主要从锦标赛理论和行为理论两个视角展开研究，而现有对高管内部薪酬差距与风险承担关系的研究主要建立在锦标赛视角之上，认为高管内部薪酬差距能对高管提供一种晋升激励，从而缓解委托代理问题引发的风险规避问题，对企业风险承担水平有一定提升作用。

Baker 等（1988）认为虽然在企业组织结构中，CEO 处于科层制度的顶点，晋升激励对其无效，但是包括风险承担行为在内的企业决策并非由 CEO 一人做出，而是高管团队共同决定的结果。对于非 CEO 高管而言，薪酬差距的晋升激励是存在的。实施高风险但 NPV 为正的投资项目，提高风险承担水平有助于企业自身发展壮大和股东财富增值，也是企业高管提升业绩的重要途径。

Goel 和 Thakor（2008）通过理论模型分析了薪酬差距的锦标赛激励与公司风险承担之间的关系指出，高管可以通过投资风险更高、收益更大的项目来提高最后获胜的概率，而在锦标赛的最后，个人业绩优异的高管将会获胜。实施锦标赛最后获得均衡的结果就是高管团队的薪酬差距越大，则高管能够接受的风险水平也会越高。存在锦标赛激励的薪酬差距，导致所有的高管愿意承担更大的风险，模型的最终均衡是所有高管接受的风险会随着竞赛奖金的提升而提升。Kini 和 Williams（2012）通实证分析证实了 Goel 和 Thakor（2008）的推论。

国内关于企业高管内部薪酬差距与风险承担的研究成果并不多。张兆国等（2014）从晋升激励对管理者风险决策入手，研究发现薪酬差距起到的晋升激励作用能够提高企业的研发投资水平、抑制多元化投资。张洪辉和章琳一（2016）通过以内部薪酬差距作为晋升激励的替代变量，考察其与风险承担之间的关系，得出晋升激励能够提高企业风险承担水平的结论，但晋升激励的有效性只存在于民营企业中。

与上述观点不一致，刘思彤等（2018）基于前景理论就高管团队内部薪酬差距对企业风险承担的影响进行分析，发现当 CEO 和关键高管的薪酬高于团队其他成员时，CEO倾向于重视既得利益而规避风险。基于异质性理论，能力强的管理者具有风险承担能力，管理者能力能够改善高管内部薪酬差距与企业风险承担之间的负向关系。类似地，董维维和潘金晶（2020）基于社会比较理论，认为在较小的高管团队薪酬差距情形下，企业CEO会认为自身的地位与收益不相匹配，他们会认定为损失，可能会成为"冒险家"，选择高风险高收益项目，从而增加企业风险承担水平。

（二）关于高管外部薪酬差距与企业风险承担的研究

在企业高管外部薪酬差距与风险承担的关系方面，目前并无文献直接进行探讨。但是关于人们的风险决策行为如何受到社会比较的影响，很早就被学者们所关注。

Kahneman和Tversky（1979）提出的前景理论首次以现状为参照点，区分获益和损失两种状态，成为经济、金融和行为决策领域中最为著名的理论。随后，学者们展开了参照点对人们行为决策影响的研究。Lopes（1987）进一步分析认为选择偏好是由决策者的抱负水平及"底线安全"与"潜在高回报"的相对关系所决定的。借鉴上述"底线安全"与"潜在高回报"概念，March和Shapira（1992）提出了"存活"和"成功"两类参照点。

得益于前景理论及Lopes（1987）、March和Shapira（1992）的参照点模型，Wang和Johnson（2012）提出的风险决策中三参照点理论（TRP理论）认为，人们在决策时会同时考虑现状（SQ）、目标（G）和最低要求（MR）三个参照点，并探讨了人们如何利用风险分布信息来增加达到目标的可能性和降低低于最低要求的可能性。Hill和Buss（2010）同样发现风险决策受到社会比较结果的影响：如果某一风险决策能够使决策者在社会比较中占有优势，那么该决策被实施的可能性就会变大。另外，主观态度或决策环境的不同会对人们选择参照点产生一定影响，当事人的行为会受到与多个参照点比较结果的影响（Ordonez et al.，2000；谢晓非、陆静怡，2014；袁卓群等，2015）。董维维和潘金晶（2020）认为，当高管薪酬水平高于行业平均标准时，外部薪酬差距有助于提升企业风险承担水平；当高管薪酬水平低于行业平均标准时，外部薪酬差距为负将不利于提升企业风险承担水平。

四、关于薪酬差距与企业创新的研究

企业未来发展离不开创新能力与创新绩效作为支撑。Belloc（2012）指出，创新的核心是劳动者将其人力资本与企业资源相整合的过程。高管作为企业战略的决策者和执行者，其相关决策很大程度上决定了企业能否组织和推动资源有效配置，因此高管的创新意愿对企业创新活动的开展和培植起着至关重要的作用。

然而，学术界和实务界普遍认为由于企业创新活动前期投入大、研发周期长、产出高度不确定性等特点，因而具有高风险性（Covin and Slevin，1991；Holmstrornm，1989；Durnev et al.，2004）。这种高风险性不可避免地阻碍了管理者的创新意愿，而管理者的风险偏好是影响企业创新决策与投入水平的关键因素。那么，想要维持企业的核心竞争力和发展趋势，就需要建立一种风险补偿或超额利润共享机制，以引导与调动高管的创新积极性（赵湜，2013）。而且，高管薪酬激励机制恰恰能为管理者提供相应激励，是实现引导高管致力于企业研发创新活动的重要手段（Lazonick，2003）。例如，Lin 等（2011）研究发现，高管薪酬激励对企业的研发支出和新产品销售额都具有显著的促进作用。李春涛和宋敏（2010）认为给予 CEO 相应的薪酬激励不但能促使其发起与参与企业创新活动，还能扩大创新投资的规模，创造更多创新成果。王燕妮等（2011）研究认为高管显性薪酬激励方式与研发强度呈正相关关系，企业应当充分利用好这一种关系，促进企业创新能力的培育。

事前的薪酬契约可以鼓励高管关注企业的长期发展而注重创新投资，而薪酬激励机制除涉及高管薪酬水平之外，还包括设计合理的薪酬结构。薪酬结构同样对组织成员的心理感知和行为动机产生重要影响，因此也已成为组织人力资本管理的重要问题之一。近些年来引起国内外学者广泛关注的锦标赛理论将高管薪酬激励的范围拓展到薪酬差距的激励作用，随之也涌现出不少文献对高管薪酬差距如何影响企业研发创新的探讨。

（一）高管团队薪酬差距与企业创新

在高管薪酬差距对企业创新的影响方面，如前文对锦标赛理论相关文献的回顾可知，Lazear 和 Rosen（1981）提出的锦标赛理论认为企业内部薪酬差距为企业高管与各层级员工提供锦标赛奖励，起到调动员工为争取得到晋升机会而付出更多努力的作用。基于锦标赛理论，Jia 等（2016）研究认为非 CEO 高管间的薪酬差距起到锦标赛奖励作用，有助于企业研发创新活动的开展。对中国企业的研究方面，孙凯（2019）和朱芳芳（2017）认为，CEO 与非 CEO 核心高管之间的薪酬差距对非 CEO 核心高管产生一定的激励作用，激励非 CEO 核心高管为晋升CEO、获取更高的薪酬而努力工作，进而支持与股东利益一致且有助于企业长期发展的技术创新活动，最终改善企业的创新过程与企业创新绩效的产出。侯静茹和黎文靖（2017）研究认为高管团队薪酬差距激励高管进行有效的创新决策，显著推动了企业创新绩效，尤其作用于高质量的发明专利产出，其原因是高管团队垂直薪酬差距会激发非 CEO 核心高管参与到对 CEO 职位的争夺，这增加了 CEO 的忧患意识。孙慧和任鸽（2020）基于 2011～2016 年中国高新技术上市企业进行研究，研究结果表明：高管团队垂直薪酬差距对企业创新绩效具有显著的正向影响，其中国际化战略在高管团队垂直薪酬差距与企业创新绩效间发挥了中介作用。程博等（2020）考察了信任文化与薪酬差距对公司创新的交互影响，研究结果表明信任文化对公司创新水平有显著的促进作用；扩大高管团队/员工内部薪酬差距对公司创新水平有正向激励作用，且增强了信任文化与公司创新之间的正相关关系。

在近期的研究中，还有学者认为高管薪酬差距对企业创新的作用受到企业经营风险的影响。比如，康华等（2020）基于"不患寡而患不均"的文化背景，考察了我国企业高管之间内部薪酬差距对企业研发投入的影响以及经营风险对上述关系的调节效应。研究发现：随着经营风险由低到高，CEO 与 VP 级高管的薪酬差距对企业研发投入的影响呈"U形"，即当公司经营风险较高时，CEO 与副总经理级高管的薪酬差距与研发投入呈显著正相关，符合锦标理论；当经营风险较低时，CEO 与副总经理级高管的薪酬差距与研发投入呈显著负相关，符合公平理论。

（二）高管外部薪酬差距与企业创新

学者们对高管薪酬差距与创新活动的关注不止局限于企业内部，罗宏和秦际栋（2020）认为高管薪酬的外部可比较性为验证攀比心理如何影响高管行为提供了理想的场景，当高管上一期薪酬低于同行业可比公司高管薪酬越多，高管受薪酬攀比心理影响越大。杨坚（2017）将研究视角拓展到企业外部高管薪酬比较引发的公平性，并基于风险收益视角实证研究高管额外薪酬与企业研发投入的关系。研究发现，正向额外薪酬与企业研发投入呈负相关，而负向额外薪酬激发了管理者通过加大对研发创新活动的投入而改变自身薪酬结构的动机，进而促进了企业创新投入。

（三）高管—员工薪酬差距与企业创新

解维敏（2017）与孔东民等（2017）认为，不仅高管团队间薪酬差距起到晋升激励作用，而且企业内部高管与普通员工间的薪酬差距同样发挥着锦标赛效应，其实证结果也相对一致。具体地，两者研究结果都整体上支持锦标赛理论，即薪酬差距对创新产出存在正向影响。但这种正向效应并非一直存在，当高管—员工薪酬差距在较低水平上时，锦标赛激励强度的提升能够促进企业的创新，而当高管—员工薪酬差距超过一定水平时,扩大薪酬差距对企业创新反而有负向作用,这意味着行为理论起到主要作用。与之相似,彭镇等(2020)认为外部薪酬差距对企业创新效率有显著正向影响,即与同群企业相比,企业提供的薪酬越具有竞争力,其创新效率也会越高,但这种激励效果仅体现在普通员工方面,对高管团队的激励效果并不显著。傅颀等(2020)在高管员工薪酬差距对企业创新存在正向激励的研究基础上指出,这种激励作用会在企业生命周期动态迭代的进程中表现出差异。同时,市场竞争强度加剧了薪酬差距对企业创新的激励作用。

考虑到产权性质对高管—员工薪酬差距创新效应的影响,刘张发(2020)研究得出:中央国有企业内部薪酬差距对创新产出、创新投入和创新效率的影响均不显著;地方国有企业内部薪酬差距对创新产出存在正向影响,且这种正向影响主要是由内部薪酬差距对创新投入存在正向影响所导致;民营企业内部薪酬差距对创新产出存在正向影响,且这种正向影响主要是由内部薪酬差距对创新效率存在正向影响所导致。

综上,无论是高管显性薪酬激励,还是高管薪酬差距提供的隐性锦标赛激励,已有研究都对其与企业的创新活动的关系给予合理的解释与实证支持,为本书对此的进一步研究做出理论铺垫和证据支持。

五、文献述评

自从 Lazear(1981)提出锦标赛理论后,国内外关于企业内部薪酬差距的研究开始兴起,并且主要围绕其缓解第一类股东—经理人委托代理问题以及作用于企业绩效等经济后果方面展开。从现阶段来看,尽管国内外学者关于企业内部薪酬差距的研究已经相当成熟,但是在很大程度上还停留在理论构建层面,相应的实证研究大多仅从公司业绩角度检验了经济后果。关于企业风险承担问题的研究伴随着风险—收益模型长久以来是学者关注的热点,特别是自 2008 年全球金融危机以后更是引起了理论界、实务界和相关政策部门的关注。本章从企业高管团队内部薪酬差距、企业高管外部薪酬差距、企业风险承担的影响因素、高管薪酬与企业风险承担、企业创新之间的关系五个方面梳理了国内外相关文献。从现有文献来看,对于高管薪酬差距与企业风险承担、企业创新等方面的研究仍然存在些许薄弱点,主要表现在以下四个方面:

(1)国内外学者主要采用两种代表性观点解释企业内外部薪酬差距,即锦标赛理论与行为理论。然而,单一用锦标赛理论或行为理论去解释高管薪酬差距的经济后果,缺乏说服力。然而将两种理论整合起来分析高管薪酬差距的影响的文献还相对较为缺乏，其实证证据也有待后续研究进行补充。

（2）现有关于企业内部薪酬差距对管理者决策影响以及其经济后果的研究中，大多数文献探讨的是高管团队内部薪酬差距与企业绩效的关系，几乎没有文献回答薪酬差距如何影响风险承担的问题。虽然 Kini 和 Williams（2012）发现，薪酬差距的晋升激励效应会导致高管实施更多的风险性投资，但这只是薪酬差距影响风险承担水平的间接证据。另外，目前对企业内部不同层级之间以及高管与普通员工之间薪酬差距的研究较少。

（3）目前关于高管外部薪酬差距的研究，主要集中于外部薪酬差距、企业业绩的激励效果方面，鲜有文献从管理者风险决策角度探讨外部薪酬差距及其经济后果。具体到我国上市公司，高管外部薪酬差距是否会对管理者的风险决策产生影响，进而影响企业风险承担水平，值得进一步探讨。

（4）结合前文对相关文献的回顾与梳理，即使学术界对高管薪酬差距对企业风险承担与企业创新的影响都有所关注，但鲜有文献将三者联系起来并探讨三者间存在何种逻辑关系。因此，有必要进一步将高管薪酬差距、企业风险承担与企业创新纳入同一研究框架，厘清三者间的关系，以建立合理有效的高管薪酬分配体系，进而推动企业创新绩效。

第二节　理论基础

企业的激励机制是一种促使员工充分释放其内在能量为企业所用的管理方式，在良好的激励环境中，员工潜能的 80% 都可以被激发出来。相反，在缺乏激励的环境下，员工较为被动地工作，通常只能发挥其潜能的 20% ~ 30%（Douganthony，2001）。激励理论的一个重要目的在于确定影响人行为的因素及其对周边环境（包括其他人的行为）中刺激因素的反映方式。显而易见，在复杂的组织环境中员工会受到多种因素的影响和驱动，这些影响包括自我识别和评价被组织和其他人识别和评价等。激励理论自 20 世纪初发端以来，至今已有 100 余年的历史，研究内容涉及心理学、经济学、管理学及社会学等诸多领域。从激励理论发展过程看，薪酬是最早被识别出来的激励要素并对其以经济人假设建构了多种激励理论；之后，学者们又探讨了更多其他的激励要素，突破了"经济人"假设，开始关注人的心理和行为，产生了内容型激励理论和过程型激励理论；随着激励理论的进一步发展，有学者又开始整合现已发现的激励因素，尝试建构多因素激励模型，不同激励理论有了某种融合的倾向。本节将系统阐述本书研究的主要理论基础，包括委托代理理论、管理层权力理论、锦标赛理论及行为理论等。

一、委托代理理论

（一）委托代理理论的基本观点

新古典经济学家认为，市场是唯一的资源配置机制，企业是一个可行的生产计划集，所有企业内部的交易活动都是依靠市场来完成，企业的性质一直被视为"黑箱"或"空匣子"。1937年科斯（Coase）在《企业的性质》中率先提出企业是一系列长期契约关系与交易成本的组合，打破了市场机制无交易成本的古典经济思想。科斯认为企业是在以节省交易成本为目的、要素市场取代产品市场的过程中产生的。企业的规模取决于市场交易费用和企业的组织管理费用的比较，只要企业管理费用比市场交易费用低，企业就会取代市场进行生产要素的交易。由于人的有限理性、交易费用的存在、信息的不对称性和契约语言使用的模糊性等原因，都会导致企业契约的不完全性，这就必然会导致企业要素交易中机会主义行为的出现，其最主要的表现就是委托代理问题。

Jensen 和 Meckling（1976）提出的委托代理理论是现代经济学和管理学研究中最重要的基本理论。随着企业规模和经营范围的逐渐扩大，经营管理活动日益复杂。所有者受到自身的知识、能力及精力等条件限制，很难兼顾企业的所有经营管理活动，于是就需要聘请具备专业管理才能的经营者代理其经营企业——所有者委托授权经营者行使自己的部分权力，并通过契约来约束经营者管理一定的生产经营活动，而经营者也因此获得相应报酬，即所有者作为委托人保留剩余索取权，经营者作为代理人获取经营权，"委托代理关系"油然而生。委托代理关系本质是一种契约关系——委托人与代理人通过预先达成的契约将各自的权利义务做出明确约定，保证企业经营管理任务的顺利展开。

（二）委托代理关系引发的两类代理问题

管理者在内部经营情况与对未来经营的判断方面具有信息上的优势，所有者只能掌握部分经营成果，而无法完全观测到管理者的努力程度，两者之间存在信息不对称。而且契约期限越长，管理者的经营成果越有可能受到政治、经济环境等其他不可控因素的影响，所有者更难以对管理者的努力程度有一个真实而全面的判断。在委托代理关系下的信息不对称主要引发两类代理问题：一是道德风险，二是逆向选择。

在现代公司制企业中，所有者和管理者都是追求各自利益最大化的理性人，双方效用函数各不相同，往往存在着利益冲突。所有者（即企业股东）以企业价值与自我价值为目标，而管理者作为代理人通常以自我效用最大化为目标。股东委托管理者管理企业的日常生产经营活动，管理者很可能利用信息优势做出损害委托人利益的行为，这种风险被称作"道德风险"。"道德风险"主要表现在两个方面：一是偷懒行为，即由于企业股东无法监控管理者的真实努力程度，导致管理者有可能在工作中存在偷懒行为；二是机会主义行为，即管理者经营决策的目的是为了增加自身利益，如增加在职消费、侵蚀企业自有现金流、构建商业帝国等行为。这些行为无益于增加企业价值，甚至有损于所有者权益。

委托代理关系引发的另外一种代理问题是"逆向选择"。逆向选择是指在契约签订前，所有者无法全面准确地掌握管理者的教育水平、工作能力等信息，而管理者则充分了解自身的禀赋条件、行为能力和个人风险偏好等信息，其可能有意向所有者隐瞒自己的实际情况。这就容易导致一方面所有者不一定能雇佣到工作能力真正高的管理者；另一方面具有信息优势的管理者更倾向于签订有利于自身利益的协议，从而使所有者的利益受损。

（三）委托代理理论下管理者风险规避假说

不可忽视的是，委托代理理论假设代理人是风险厌恶的。由于所有者（股东）可以通过投资多元化来分散风险，而代理人（管理者）的人力资本高度集中于任职企业，收入与企业业绩密切相关，管理者的冒险行为引起的业绩波动必然会威胁到职位安全和收入稳定。因此，股东往往表现为风险偏好或风险中性；相反，出于追求私有收益的动机、职业生涯及声誉的关注，为降低自身面临的风险，管理者在决策过程中往往会表现出风险规避倾向，即"代理人风险规避"假说（Cole et al.，2011）。不仅如此，考察高风险投资项目需要耗费管理者较大的时间和精力成本（张洪辉、张琳一，2016；王菁华、茅宁，2015；苏坤，2016）。由于管理者收入和职位稳定与企业业绩密切相关，基于成本效益以及声誉和职业发展考虑，管理者很有可能宁可选择保守的低收益项目，也不愿投资于净现值为正的风险项目。这种因管理者规避风险而导致的企业风险承担不足被视为一种间接代理成本。

（四）委托代理理论要求重视高管薪酬契约设计

针对上述由于信息不对称造成的管理者机会主义行为，委托代理理论特别关注了如何处理上述冲突，即如何设计有效的契约以解决由所有权与控制权分离所引起的所有者（委托人）与管理者（代理人）之间的利益冲突，以避免代理人道德风险和逆向选择行为。委托代理理论认为，合理的监督和激励机制可以减少契约中的机会主义行为，监督结果还可以作为奖惩依据。特别是通过签订有效的激励合同确定双方认可的与企业目标相一致的目标，以限制经营者偏离企业目标的行为，控制代理风险，使代理成本最小化。激励则可以从根本上有效地统一代理人和委托人之间的目标利益。监督与激励共同组成控制契约正常实施的约束条件，不但有助于发现代理人的谋私行为，而且有利于提高资源配置效率。

总之，委托代理理论被认为是迄今为止研究所有权和控制权分离下的管理层激励问题最有效、最通用的理论依据，也是目前设计高管激励机制的主要理论基础。本书研究的重点是探讨如何激励管理者以防范其风险规避风险的问题，因此委托代理理论是本书的理论基石。

二、管理层权力理论

（一）管理层权力的概念

在最优契约的框架下，董事会设计高管薪酬激励契约的目的是减少由股东与管理者间委托代理关系而引起的代理问题。然而，在现实环境下，高管具有的信息优势使其在薪酬契约的谈判中往往具有较高的议价能力，并可能利用这种权力争取到对自己有利的薪酬契约条款。Bebchuk 和 Fried（2003）把这种企业管理层对董事会或其下属的薪酬委员施加影响、从而决定薪酬决策过程的能力称为管理层权力。管理层权力与高管个人能力、禀赋相关，同时又受到公司治理结构（董事会结构与股权结构）的影响。

（二）管理层权力与高管薪酬契约

作为理性经济人的管理者有追逐个人利益最大化的动机，管理层权力势必引起高管人员以权谋私、忽视企业利益，出现机会主义行为。在对薪酬制定的影响方面，由于管理层权力的存在，企业高管有可能凌驾于公司治理机制之上，通过控制董事会设计出符合自身利益最大化的薪酬方案。这种权力越大，对薪酬决策的影响能力也就越大，从而弱化来自股东、董事会、监事会以及员工等各方面的约束和监督。由管理层权力带来的机会主义行为，导致报酬激励的有效性遭受怀疑。

由于管理者实际拥有的巨大权力和寻租动机的存在，传统委托代理理论下的最优薪酬契约并不能很好地解释现实生活中的高管激励问题，反而成为代理问题的一部分。Aggarwal 和 Samwick（2003）、潘飞等（2006）、卢锐（2008）等国内外学者的研究成果已经证实了这一点。企业管理层权力失控同样也是导致近年来核心高管与非核心高管及高管人员与普通员工薪酬差距倍增的主要原因。因此,针对高管薪酬契约的研究就有必要将管理层权力对薪酬契约的影响纳入进来,这样才能够真正把握公司高管薪酬契约的形成与激励效果。

三、锦标赛理论

(一)锦标赛理论下高管薪酬制定机制

委托代理理论认为监督是缓解代理成本的主要途径之一,然而由于针对每个高管的监控难度很大,成本较高且监控结果不一定可靠,在这种情况下,企业几乎不可能仅仅依赖于监督去解决高管偷懒的问题,而给予高管必要的激励则是另一个可行的方法。对于计件工人而言,企业可以根据其生产产品的数量给予薪酬或奖励,即当监控成本比较低廉时,确定最优努力水平是依据代理人的边际产出确定薪酬。然而对于企业高管而言,很难将其边际产出在短期内准确计量出来,单独将高管的边际产出作为决定其薪酬水平的要素变得不太可行。

20世纪80年代,Lazear和Rosen提出的锦标赛理论构建了一个由一个委托人和两个代理人参与的静态模型,并假定参与人风险偏好都是中性的,他们发现在企业经营活动中,随着监控难度的增加,代理人层级间的薪酬差距可以降低监督成本,提高代理人的努力水平,从而使代理人以委托人利益最大化为原则进行决策。由此,Lazear和Rosen认为按照边际产出的相对排序来设置管理者薪酬,而非依据测量其具体边际产出的绝对值,不但更易准确度量,而且当存在委托代理问题时,这种高管薪酬设置手段降低了委托人的监控成本,比以绝对绩效为依据的薪酬激励更行之有效。

(二)锦标赛理论下薪酬差距的晋升激励作用

传统的经济学理论认为薪酬水平由边际产出决定,难以对此进行解释。但是,若将代理人看作晋升竞争中的比赛者,而且这是个"连续排除对手的竞赛"(Sequential Elimination Tournament),赢家将获得全部奖金,则这个现象就可以得到合理的解释,即Lazear和Rosen不但解释了根据边际产出的排序设置差异化薪酬的合理性,而且还阐述了薪酬差距的晋升激励作用。他们将高管团队中的每位高管作为锦标赛参与者,如果高管想要在职位竞赛中获得更高的薪酬水平,就需要通过职位晋升来获取。由于职位晋升与个人相对业绩挂钩,只有相对业绩排名有所提升才有可能成为竞争中的获胜者。因此,内部薪酬差距能起到鼓励高管团队成员进行内部竞争,追求个人业绩,进而有效提升企业价值的效果。随着报酬差距的扩大，代理人的投入水平也随之增大，薪酬差距的晋升锦标赛作用更为明显。这种组织内存在的晋升和与之相伴的奖励就像是一场要连续排除对手的竞赛，最后的赢家会获得职务晋升和奖励，该理论因此被称为锦标赛理论。

锦标赛理论主张通过设置相对较高的获胜奖金，即增大不同层级间高管的薪酬极差来激发企业管理者的工作热情和积极性，从而付出更多努力，进而使企业整体业绩得以提升。在基于锦标赛理论的薪酬方案中，高管薪酬取决于其业绩排名，即相对业绩比较，而非业绩本身。或者说，薪酬并不取决于某一次竞争的产出水平，而是事先预定的。锦标赛理论的提出引起了学术界的极大关注，它突破了传统经济学把薪酬水平视为由边际产出决定而无法解释经理人由于职位的晋升薪酬水平在一夜之间暴涨的现象。Green 和 Stokey（1983）、Malcomson（1984）、Rosen（1986）、Gibbons 和 Murphy（1990）等随后的研究又进一步丰富和发展了锦标赛理论。

锦标赛理论认为，通过将代理人的绩效和相似条件下其他代理人的绩效进行比较，在一定程度上能发现代理人的努力程度。由于不同职位之间的薪酬差距以及晋升到更高职位可以带来的预期收益，这种安排将能对高管人员提供充分激励。在设置经理人的初始绩效时，将其与类似经理人的初始绩效水平进行比较，考虑该初始绩效的挑战性以及激励程度，才能设置出具有竞争性的标准以及奖惩制度。他们同时认为，普通员工晋升到经理的过程如同买彩票，希望获得的奖励越大，需要投入的也越多，当预期所获奖励超过其投入成本时，员工就会产生足够动力谋求晋升获取差距薪酬。Rosen（1986）指出，当晋升能使普通员工获取超额的奖励时，那么就能对其产生足够的激励效应，使其树立更高的目标，追加更多的投入，所以应随着职务的提高设计不断增大的薪酬制度，诱导雇员投入更多的努力。与此相关，Jensen 和 Meekling（1976）以及 Gibbons 和 Murphy（190）的研究也都显示，为了薪酬与晋升而进行的竞争可以激发代理人努力工作，预防可能出现的偷懒和"搭便车"的行为。概括来看，锦标赛理论认为在晋升和奖励制度下，内部薪酬差距的激励直接作用于代理人的努力投入水平，薪酬差距（竞赛奖金）越大参与人的竞争动力也会越大，足够大的薪酬差距将能激励代理人增加投入进而会对其绩效产生正向激励作用。

总之，锦标赛理论认为，与个人相对业绩排名而非绝对业绩挂钩的薪酬差距能够有效发挥晋升激励作用，并在一定程度上缓解委托代理问题。锦标赛理论旨在强调企业应设计出依据职位逐级提升的高管薪酬模式，鼓励高管团队内部良好有序的竞争行为。

四、行为理论

与锦标赛理论相对立,行为理论认为跨层级的薪酬差距不但影响企业员工心理感知,还影响到企业内部政治环境。该理论强调高管团队内不应存在过大的薪酬差距,而应注重薪酬分配的公平性,从而鼓励高管人员之间进行更多合作,减少不良竞争和恶意破坏行为,追求企业业绩与企业价值的提升。行为理论中有四个分支理论分别从不同角度对薪酬差距给予了解释:相对剥削理论、组织政治学理论、公平偏好理论以及社会比较理论。尽管解释角度不同,但都一致认为较小的薪酬差距有助于组织成员合作和组织绩效提升。

(一) 相对剥削理论与企业薪酬差距

在较早期的研究中,相对剥削感被描述为"个体对实际与期望之间差异性的消极反应"(Crosby,1984)。Martin(1981)较早将相对剥削理论应用在组织情境中,认为企业员工在关注自己薪酬的同时,也会同组织其他人员的薪酬作比较。当员工感觉到他们没有得到应得的薪酬时,就会产生被剥削感,进而引发一系列消极心理和行为,如压力、埋怨、缺勤率上升以及辞职行为等,甚至导致员工对组织目标的漠不关心和企业凝聚力下降等一系列现象。Martin(1981)在关于相对剥削理论的论述中,特别解释了代理人薪酬满意度问题。事实上,企业高管和全体员工的薪酬满意度,特别是层级代理人的薪酬满意度,是影响企业薪酬体系运行效果的关键。薪酬满意度作为企业薪酬投入与代理人价值产出之间重要中介变量,影响着企业价值创造。

根据相对剥削理论,个体不仅会将个人薪酬与组织内其他员工以及自身历史收入水平相比较,还会将实际所得与目标或渴望薪酬相比。如果其实际与目标薪酬水平差距过大,同样会引起薪酬满意度的降低,进而导致相对被剥削感形成。

(二) 组织政治学理论与企业薪酬差距

组织政治学理论认为,参与竞争的企业员工在激励中一般面临三种选择:①选择自身的总体努力程度;②选择将自身的努力在利己与团队协作两个极端之间进行分配;③选择自身行使的政治行为(Milgrom and Roberts,1988)。成员之间的薪酬差距会影响行为主体的每一个选择。大的薪酬差距会增加较低层级员工的努力投入(选择①),但员工也可能选择以减少合作的方式来增加利己的努力水平(选择②),而且并不能排除员工运用政治阴谋①等手段来增加对个人有益,

---

① 所谓政治阴谋指阻止上级管理者获得信息,挑起恶性竞争等来美化自己,而非通过提高实质性努力投入来提高个人产出与企业价值的行为。

但却可能有损于团队的努力行为（选择③），而且薪酬差距越大，越能激发这种利己努力行为。

Milgrom 和 Roberts（1988）研究认为，当团队协作扮演着越来越重要的角色时，在企业高管与员工的内部晋升中，耍弄政治手段的行为对于合作产生破坏的负面作用，更是超过了其他团队成员付出更大努力所产生的收益。因此，组织政治学认为，为促进团队有效协作，应当相对缩小企业内部员工间的薪酬差距。特别是对于企业高级管理层而言，为了促进高管团队合作，更应当相应减少核心高管与非核心高管间的薪酬差距。

（三）公平偏好理论与企业薪酬差距

随着激励实践发展，人们逐步认识到薪酬激励，包括各种鼓励工资及奖金项目，并非总是能为雇主换来员工的兴趣、承诺、工作热情和相应的贡献。然而在第二次世界大战后，伴随着行为理论的迅速发展，激励理论也开始关注心理和行为因素对员工的影响，并形成了新的激励理论。概括来看，新的激励理论摒弃了"经济人"假设，关注人到底追求什么以及行为的方向和渠道是什么。前者旨在寻找促使个体努力工作的具体因素，形成了所谓的内容型激励理论学派，如马斯洛的需求层次理论、奥尔德弗的 ERC 理论、赫茨伯格的激励—保健理论和麦克利兰的学习需要理论。后者则试图探寻个体行为的方向或渠道，寻找员工激励的动力所在，形成了所谓的过程型激励理论学派。该学派重视从外在诱因入手研究激励问题，认为激励在人的心理上是个相当长的过程，激励过程需要考虑从动机的产生到采取具体行动的心理过程，并侧重研究人们选择其所要做的行为过程以达到组织预定的目标。过程激励学派较有影响的理论包括弗洛姆的期望理论、斯金纳的强化理论、亚当斯的公平理论以及洛克的目标设置理论等。其中，亚当斯的公平理论对后续以行为视角研究薪酬差距激励效应的学者产生了深刻影响，为大量实证研究提供了理论分析框架。

美国著名心理学家 Adams（1963）基于组织行为学角度对公平偏好问题进行了开创性研究，提出的公平理论（Equity Theory），从收入分配结果是否公平的角度研究激励，为分配公平的激励效应研究做出了开创性的贡献。

公平一般是描述资源分配的一种理想状态，由于在判断上没有统一标准，也就没有绝对的公平而只是一种主观判断或感受，因此公平也被称为公平感。当一种行为结果被大多数人认可时，公平就实现了（Cropanzano and Greenberg，1997）。公平理论中的分配公平是建立在社会交换理论以及社会比较理论概念框架下的。Adams 认为个体不仅会关心自身努力成果所带来报酬绝对值，而且还关心报酬与付出的相对比较结果：①报酬水平与付出程度相当，则员工会感到公平；②报酬水平小于付出程度，员工会感到不公平；③报酬水平大于付出程度，员工会感到满足，但这种满足感一般会随着时间的推移而消失。在分析上述个体不公平感存在原因及其规律的基础之上，Adams认为消除不公平感有助于调动个体的积极性。在企业中，对分配结果的公平程度评估后，员工会根据所获信息做出反应，激励机制应予以关注。

就企业高管薪酬差距设置及其经济后果方面，公平偏好理论着重强调公平与合作，认为企业内部员工间不应存在较大的薪酬差距，甚至主张平均主义的薪酬分配。在公平偏好理论下，较小的薪酬差距可以提高员工的薪酬满意度，有利于组织凝聚和团队协作，并且能降低员工通过政治阴谋手段破坏其竞争对手业绩的可能性。相反，过大的薪酬差距容易滋生员工的不满情绪，对企业的业绩产生消极的影响。

根据公平偏好理论，企业董事会在决定个体薪酬水平时，应优先考虑员工的公平感知，而非员工边际贡献的大小或边际贡献的排序。特别是在以下情况下，企业更应强调平均主义：①社会稳定与和谐极其重要时；②员工个人边际产出难以衡量时；③团队内成员间的竞争关系导致成员耍弄政治手段，而非进行团队协作时；④团队协作相对重要时。在以上几种情况下，企业应当依据"不会导致薪酬获得者滋生不满"为前提来设置员工薪酬。概括地看，为有效实施激励，公平理论所揭示的意义在于，要保障员工对分配结果的公平感，否则将导致产出效率和效果的损失。后续研究中也有一些探讨公平对激励作用的成果，如Dur和Glazer（2004，2008）的研究表明，员工由利他不平等引发的嫉妒心理会提高报酬契约的激励强度，降低员工的努力水平，从而降低雇主的期望收益值。蒲勇健等（2010）的研究也发现，公平是激励机制中的一个重要因素，以公平为基础的委托代理模型可以很好地解释普遍存在于委托人和代理人之间的互惠性合作关系，基于公平偏好的最优激励更加具有效率，能为契约双方带来更高的利润。

（四）社会比较理论与企业薪酬差距

1954年，美国社会心理学家Festinger最早提出了社会比较理论。Festinger认为，人们通过与其他个体进行比较，来准确客观评价自身观点和能力等，而这种比较过程被称为社会比较。社会比较是一种普遍存在的社会现象。根据所选参照点的不同，社会比较可被划分为上行比较、平行比较和下行比较三种类型。上行比较是指与比自己优秀的人进行比较（Wheeler，2002）；将自身与相似个体进行的比较则为平行比较；下行比较是指与不如自己优秀的人进行比较。比较产生的效果，由社会比较分为对比与同化两种截然不同的效应：对比效应是自我评价与对比目标背离，同化效应是指自我评价与对比目标趋同（Collins，1996）。

在同一企业内部或不同企业之间，企业员工在关注自己薪酬的同时，也会与其他职位相同或相似的员工进行薪酬比较，以此来评价自己收入的合理性。当员工薪酬高于比较对象时，下行社会比较使其处于"社会获益"状态，往往伴随着较高的薪酬满意度；反之，当员工薪酬水平低于比较对象时，上行社会比较使其处于"损失状态"，这种对自我认知的威胁往往会引发负向情绪和不公平感，进而激发管理者改变这种不公平的欲望。

总之，行为理论强调企业应该制定较少的锦标赛获胜奖金，并主张薪酬差距不应过大，鼓励企业营造公平、和谐、合作共赢的氛围，最终实现员工满意度与企业价值的同步提升。

五、锦标赛理论和行为理论的对立和统一

薪酬差距作为一种激励机制，不同激励理论给予其的解释也不同。与薪酬差距激励相关的激励理论主要包括锦标赛理论和公平理论。锦标赛理论认为，在不同雇员之间设立差异化薪酬，以经济收入的相对差距来吸引雇员参与竞争，由此可以激励雇员提高其投入水平（结果会带动产出的增加），这是从"经济人"假设角度对薪酬差距激励机制的理解。但是，关注人行为和心理因素的激励理论认为，雇员除了受经济利益引导外，还具有其他心理需求，如公平偏好，公平理论对薪酬差距激励机制的理解采用的正是这样的视角。该理论指出，人们会对薪酬进行比较，若比较结果显示存在薪酬不公平，雇员则可能因此减少投入甚至实施反生产行为（结果会导致产出减少）。薪酬差距可能意味着不公平，进而其对产出的激励可能是负向的。

锦标赛理论和公平理论对立和统一的不同激励理论所关注的影响人行为动机的因素往往不同，实际上，在激励理论发展的这么多年里，大多数激励理论都主要侧重于研究人类行为动机模式中的一个或几个环节，而对整体的人类行为动机模式疏于探讨。自进入20世纪90年代以来，不断有学者在以往激励理论的基础上，开始对不同激励因素进行整合，探索更为一般化的综合激励模式，如波特和劳勒提出的包括努力、绩效、奖励、满足等变量的整合模型，哈里·E. 威尔金森等在修正了诸多现存的激励观念基础上提出的集合模型等。

在高管员工薪酬差距激励机制中，锦标赛理论虽侧重研究经济因素，而公平理论则侧重于研究行为和心理因素，两种激励理论虽侧重点不同，但其对人行为动机的影响却并不一定是对立的。相反,锦标赛理论所强调的竞争和公平理论所强调的公平在同时激励高管员工时是可以达成统一的,它们具有内在的互补性。

对薪酬差距激励机制的不同理解,在一定程度上反映了不同激励理论的冲突,但如同不同激励理论可以进行融合一样,这种对于薪酬差距激励效应的理解冲突似乎也有化解的可能。因为实际上,单纯从上述两个角度分别理解薪酬差距的激励效应似乎都有所偏颇,在薪酬差距激励产出过程中,对竞争和公平的要求应该可以是统一和相容的。实际上,公平理论所论述的公平对激励的意义首先是保障性的,继而才是促进性的。而且任何竞赛的前提都应该是公平的,所以锦标赛理论所论述的竞争对于激励的意义必须建立在公平的基础之上。因此,本书试图联合考察公平和竞争在激励中的作用,这样的分析思路可能有助于进一步深化对薪酬差距激励机制的认识。

本章小结

本章采用文献分析法,对国内外有关企业高管内外部薪酬差距与企业风险承担及企业创新的相关研究进行了回顾与梳理;分析了现有研究的基本视角、规律、研究方法、结论和存在的不足,提出了本书研究的切入点。在此基础上,对传统的与企业薪酬差距及风险承担相关的理论进行系统梳理与阐述,主要包括委托代理理论、管理层权力理论、锦标赛理论与行为理论,重点分析了上述理论在解释企业薪酬差距的影响因素和激励效果方面存在的合理性及局限性,为后续研究做了理论铺垫。

第三章 我国企业高管薪酬制度背景与现实状况分析

第一节 制度背景

自1949年以后,从《共同纲领》到历次宪法的修订,国家对劳动报酬的基本要求都做了原则规定。中华人民共和国成立70多年来,围绕着社会主义工资制度的确立、历次工资改革和调整以及各个经济发展时期的薪酬制度改革等,国家相关部门制定了大量的法律法规和政策措施。

一、初步建立社会主义企业薪酬制度(1949~1957年)

中华人民共和国刚成立时,外有经济封锁与抗美援朝,内要肃清残敌、发展经济。此时我国工业基础薄弱、财政困难、百废待兴,企业薪酬制度相应较为混乱。

1950~1952年,全国进行了第一次工资制度改革,重点为把以供给制为主的分配制度改为工资制,各大行政区分别建立了新的职工工资等级制度。1950年9月,劳动部和全国总工会制定了《工资条例草案》。通过这次改革,建立了基本符合社会主义按劳分配原则的工资制度。

自1952年起,我国开始实施国民经济建设五年计划,正式进入计划经济时期。这一时期几乎所有企业都直接为国家所拥有,企业利润完全由中央政府汇集与分配,职工薪酬则依照行政工资标准由政府决定。1952年,劳动部和全国总工会发布了《国营企业提取企业奖励基金暂行办法》和《关于奖励工资制中若干问题的指示（草案）》等法规规定，在全国统一以"工资分"为工资计算单位。具体地，国营企业职工工资实行八级工资制（少数企业实行六级或七级工资制）。为了体现不同产业的工资差距，各大行政区按照各个产业在国民经济中的地位、重要程度、技术复杂程度、劳动条件、劳动强度等，确定了产业的工资顺序。实行职工等级工资制，标志着我国对企业薪酬制度已经开始重视。

1956年，全国进行了第二次工资制度改革，相继发布了《关于工资改革的决定》《关于工资改革中若干具体问题的通知》《关于工资改革方案实施程序的通知》等一系列文件。这次全国范围的工资改革取消了"工资分"和物价津贴制度，即彻底清除原工资制度中的实物供给因素，实施直接的货币工资制；强调各产业部门结合实际生产，根据部门生产技术特征，制定合理工资标准，完善津贴和奖励制度。另外，统一并改进了企业职工工资等级制度，即在制定和修改工人技术等级标准的基础上，实行差别化职务工资制。同时，推广改进计件工资制，截至1957年底，全国实行计件工资制的工人达到310万，约占生产工人总数的42%。这一时期，实行货币工资制、建立等级工资制度、推广计件工资制等，标志着我国正式开始建立起符合社会主义按劳分配原则的企业薪酬制度。

二、通过工资制度局部调整缓慢推进薪酬制度改革（1958~1977年）

始于1958年的"大跃进"以及1966年起的十年"文化大革命"，在一定程度上影响了按劳分配和计件工资制度的实施，导致1958~1978年，企业职工工资制度只得到局部调整与改革，而未有实质性改革与进展。

1961年1月，党的八届九中全会批准了对国民经济实行"调整、巩固、充实、提高"的方针，开始对国民经济进行全面调查。在深入调查研究、吸取工业企业各类人员意见的基础上，1961年9月中共中央颁发了《国营工业企业工作条例（草案）》（即"工业七十条"），这是当时整顿工业企业的一个重要文件，也是我国第一部关于企业管理方面的章程。① 该条例指出应克服平均主义，国营企业的工资、奖励制度必须体现按劳分配原则，劳动报酬水平应当依据职工的技术熟练程度与劳动的数量质量来决定。但是由于当时混乱的经济背景，"工业七十条"仍只对工资制度作了一些局部调整和改革试点。

1962~1964年，劳动部先后颁布了《企业计时奖励暂行条例》《企业计件工资暂行条例（草案）》，恢复了计件工资制，生产秩序进一步稳定。

---

① 刘金田，张爱茹. 影响世界改变中国的邓小平　中共党史非常时期的重大历史事件［M］. 台北：台湾出版社，2014：120.

1958~1977年,我国企业剩余索取权和控制权几乎完全为政府所有,生产、投资和收入分配也几乎都由中央计划决定,国家对企业统收统支,企业没有生产经营自主权与分配自主权。普遍存在着企业吃国家的"大锅饭"、职工吃企业的"大锅饭"等现象,不但失去了企业应有的生产活力,而且也无法激发职工生产热情。企业经理人严格来讲更像是"车间主任",经营目标并非盈利,而是完成政府下达的目标,主要任务是对普通员工进行协调和监督(吴敬琏,1994)。总之,在计划经济体制下,我国企业薪酬制度长期处于行政工资阶段,导致企业经营能力水平不高、一直处于低效率状态,为我国高管薪酬制度发展埋下了隐患。

三、初步建立市场经济体制下的工资制度体系(1978~1984年)

1978年十一届三中全会提出要把党的工作重点转移到经济建设上来,标志着我国正式进入改革开放的新时期。改革开放初期,国务院发布了一系列扩大企业自主权、实行利润留成等文件,在理论上肯定了社会主义工业企业是国民经济的细胞,是相对独立的商品生产者和经营者,应成为自主经营、自负盈亏的经济实体。尘封多年的收入分配制度也开始启动,企业管理者与员工薪酬制度也得到逐步加强;一方面原有行之有效的各项工资制度得以恢复;另一方面为了适应经济体制改革和当时形势的需要,建立了一系列新的工资制度。

1978年5月,《人民日报》发表题为"贯彻执行按劳分配的社会主义原则"的特约评论员文章,文中重点阐明了按劳分配的性质与作用。同年同月,国务院颁布了《关于实行奖励和计件工资制的通知》,正式恢复和改进了暂停十余年的奖励制度和计件工资制度,并通过试点逐步扩大。

1979年10月国务院发布《关于职工升级的几项具体规定》,指出对于经营管理好、经济效果显著、对国家贡献大的单位,升级面应当大一些。同年11月,国务院发布了《关于调整工资区类别的几项具体规定》,调整了职工工资和部分地区工资区类别。上述两个《规定》都真正体现了"各尽所能、按劳分配"的原则,择优升级,反对平均主义。1980年4月,国家计委同原国家经委、国家劳动总局联合发布《关于实行国营企业计件工资暂行办法》(草案)。1980年7月,国务院发布《中外合资经营企业劳动管理规定》,规定了中外合资经营企业的工资水平和工资制度。

然而,国有企业掌握资金分配自主权也意味着所有权与管理权逐渐分离,这就迅速激化了委托代理问题,管理层资金滥用等问题也浮出水面,使所有者财富蒙受损失。为了规范企业工资与奖金发放,国务院在1981~1984年相继出台了一系列规章制度。1981年1月国务院发布《关于正确实行奖励制度，坚决制止滥发奖金的几项规定》。1982年4月，国务院发出了《关于严格制止企业滥发加班加点工资的通知》，具体规定了企业加班加点工资问题。1984年5月，国务院批转原劳动人事部发布的《关于企业合理使用奖励基金的若干意见》。

1984年10月，党的十二届三中全会通过的《关于经济体制改革的决定》（以下简称《决定》），肯定了企业承包经营的经验，指出劳动工资制度要进行的与经济体制相配套的改革。《决定》允许国有企业提留部分利润用于提高员工福利或向具有较高生产力的员工发放奖金，一定程度上扩大了企业自主权，保证劳动者在企业中的主人翁地位。《决定》后来被称为在中国经济发展史上继十一届三中全会之后的又一座里程碑。此后，我国企业薪酬制度的修订与改革不断迈入正轨，逐步适应市场经济发展的需要。

四、基本建立现代企业薪酬制度（1985年至21世纪初期）

（一）1985年全国性薪酬改革

1985年至21世纪初，我国薪酬制度改革的主要对象是国有企业，主要表现形式为不断制定新的、完善和废止旧的工资法规，以适应经济体制改革向纵深发展，逐步建立社会主义市场经济的工资与薪酬法规体系。

根据《关于经济体制改革的决定》精神，为增强企业活力，充分发挥企业和职工的主动性、积极性和创造性，克服企业工资分配中的平均主义、吃"大锅饭"的弊病，1985年初，国务院发布《关于国营企业工资改革问题的通知》，明确指出，国家将企业的内部工资分配权还给企业，企业在自主经营、自负盈亏的条件下有权建立符合自身经济效益与生产发展特点的薪酬制度，以更好地贯彻按劳分配的原则。1985年制定的企业薪酬改革规范性文件还有《国营企业工资改革试行办法》《国营企业工资调节税暂行规定》《国营企业奖金税暂行规定》和《工资基金暂行管理办法》等多项规定。1985年全国性的薪酬改革涉及面大、政策性强，其基本原则是在国家宏观调控政策的指引下，实行企业工资总额与经济效益相挂钩的自主分配机制关系到发展生产力和每个职工的切身利益，也拉开了后续国有企业薪酬改革的序幕。

（二）承包经营责任制下企业薪酬制度

自《关于经济体制改革的决定》肯定了企业承包经营经验，并提出建立以承包为主的多种经济责任制以来，企业承包经验责任制在全国范围内迅速推广和发展起来。1986年9月，国务院颁布《关于进一步加强和深化企业改革决定》，提出经理承包制具体实施规则，以及解决"让权放利"后，企业高层管理者"自主权"与"责任"不对等产生的代理问题。1986年12月，国务院颁布了《国务院关于深化企业改革增强企业活力的若干规定》，全面推行厂长（经理）经营责任制，给经营者足够的经营自主权。

按照所有权与经营权分离的原则，承包经营者（一般为厂长或经理）与企业主管部门或政府代表协商确定包含责、权、利的承包制合同。政府考核企业的主要标准是利润，经理承包责任制明确规定承包人需在一定期限内完成合同规定利润基数，无论盈亏都必须上交该部分最低限额。企业可以自由支配超出合同规定的剩余利润，既可以作为经理或职工的激励报酬，也可以作为留存利润。承包经营责任制"包死基数""超收多留""欠收自补"的原则不仅保证了国家财政收入的稳定与增长，而且也促使经理人有动力追求更高的经济利润。可见，承包责任制下的企业经理人薪酬制度已具备薪酬合约基本的激励特点。

为进一步规范承包责任制下经理人收入分配，1992年劳动部、国务院经济贸易办公室发布《关于改进完善全民所有制企业经营者收入分配办法的意见》，对全面完成任期内承包经营合同年度指标的企业经营者，分三个档次实行工资奖励，既避免薪酬差距过大，又要求合理拉开经营者与普通职工的薪酬差距。

然而，承包责任制同时也滋生了企业经理人操纵账面利润和过度使用剩余收益的动机，由于其内生缺陷难以继续再发挥作用，受到改革实践者和理论者严厉批判，1992年以后承包制已经基本被放弃。尽管如此，相对于以往平均主义色彩的行政化分配制度，承包经营制无疑是我国企业薪酬制度的一次重要变迁。承包制从搞活企业、调动管理者积极性出发，初步实现高管薪酬水平与企业绩效相挂钩，具备了薪酬激励机制的基本要素。

（三）企业高管年薪制的推进与完善

在借鉴国外薪酬实践经验基础上，我国于1992年起率先在上海尝试推行企业高管年薪制。年薪制指以企业一个生产经营周期（一般以年度）为单位，确定经营者的基本报酬（固定年薪），同时根据经营成果的浮动来发放不确定的绩效工资。随后，深圳市于1994年出台《企业董事长、总经理年薪制试点方法》。北京、江苏、四川等省市也相继展开年薪制试点工作。

经过数年的试点推广后，原劳动部于1997年印发了《关于"九五"时期企业工资工作的主要目标和政策措施》，明确提出要在具备条件的国有企业中积极稳妥推行高管年薪制。2000年，劳动和社会保障部发布《进一步深化企业内部分配制度改革的指导意见》，提出要在具备条件的企业积极试行年薪制，以董事会、经理层成员职责与贡献来决定其年薪报酬。2004年6月国资委发布了《中央企业负责人薪酬管理暂行办法》，对年薪制的相关实施方案作了明确规定，指出央企负责人的薪酬包括基础薪酬、绩效薪酬和中长期激励薪酬（其中基本薪酬是指年度的基本收入，由企业的经营规模、经营管理难度等因素综合决定，绩效薪酬采取与经营业绩挂钩的方式确定，中长期激励主要指股票期权方式），并规范了兼职报酬与职位消费以及经理人招聘市场化等问题，国有企业薪酬制度的改革取得了实质性进展。2016年12月，国务院国资委印发了新的《中央企业负责人经营业绩考核办法》，规定企业负责人的薪酬由基本年薪、绩效年薪、任期激励收入三部分构成，更突出了董事会对经理层的考核职权和薪酬分配决定权。2006年后，国资委相继出台了《中央企业综合绩效评价管理暂行条例》《关于规范中央企业负责人职务消费的指导意见》和《中央企业负责人年度经营业绩考核补充规定》等法规，逐步完善了年薪制下的薪酬激励机制。

年薪制根据责、权、利相一致原则，将经营者的收入与其经营成果和经营风险相挂钩，并与职工的收入相分流，突出了经营者在企业生产经营过程中的重要性。对经营者劳动付出与风险承担予以相应的补偿，从而更好地体现按劳分配、多劳多得的社会主义分配原则。年薪制是在市场经济条件下对经理人员的人力资本进行间接定价的一种分配制度，为企业高管激励注入了新的概念，推动了国企高管薪酬激励体系的构建。然而，在实践中，年薪制中的问题也层出不穷。例如，年薪制以年度业绩为标准对企业高管考核，这就导致经营者只关心与年度业绩有关的指标，而忽视了未在年度业绩中反映的指标；导致了高管收入与付出、承担责任和风险不对等问题，这无疑会助长经营者过度追求当期利润等短期行为，很难称得上是真正的长期激励。

（四）股权激励制度的初步探索

着眼于统一管理层与股东利益、激励管理层关注企业长远发展，股权激励制度相应而生。虽然早在1984年企业股份制改造时内部员工股概念就被提出，随后具有中国特色的高管股权激励试点实践于20世纪90年代逐步展开，但我国关于上市公司股权激励真正意义上的法规却到2005年才出现。2005年12月，我国证监会发布了《上市公司股权激励管理办法（试行）》，明确了上市公司施行股权激励的一整套办法，由此将我国的股权激励推向了一个规范和发展的新阶段。自2005年起，我国关于股权激励的一些法律法规相继出台，有关税务、会计的法规也相继颁布，有力地推动了股权激励制度在我国的发展。

我国高管股权激励制度确立与发展，对于企业薪酬制度的改革和完善具有重大意义，标志着我国企业高管薪酬制度已向现代薪酬制度看齐，并开始逐步与国际接轨。

五、新时期下国有企业高管薪酬制度改革

国有企业改革是中国经济体制改革的中心环节，也是自改革开放以来政府经济工作的重点和难点。作为国有企业运营的核心人物，企业负责人是完成企业目标的执行者，而其能否最大限度地满足国有企业所有者的利益要求，则取决于健全、合理、有效的监督、约束与激励机制。可见国有企业负责人薪酬制度改革意义重大。

（一）国有企业经营者薪酬管制的初步规范

享有着自然禀赋与政策支持等资源的国有企业一般处于行政垄断行业，一些国企负责人还拥有比较高的行政级别，因此国有企业管理者薪酬水平一直备受争议。尤其是近年来，急剧增长的薪酬水平脱离了薪酬制度改革的良好初衷，导致国有企业管理层与企业员工的薪酬差距逐渐扩大，甚至直接加剧了社会分配不公。相关政府部门不得不直接针对国有企业管理层薪酬，出台一系列规章制度以将高管与员工间薪酬差距控制在合理范围。

其实，早在1994年，劳动部和国家经贸委发布的《关于加强国有企业经营者工资收入和企业工资总额管理的通知》，就明确指出国有企业经营者不得自己给自己涨工资，涨工资必须经有关部门审批。1997年，劳动部颁发的《关于"九五"时期企业工资工作的主要目标和政策措施》的通知，强调要根据完成企业经营目标确定经营者的工资收入，对工资增长超过弹性工资的地方给予通报批评，同时要控制并适当缩小经营者与职工平均工资差距。该通知虽然提出要试行年薪制，但是对构成年薪收入的基本收入和效益收入都做出了限制性规定。2002年，中国开始推行国企高管年薪制，规定高管年薪不得超过职工平均工资的12倍。不过，此后伴随着中国经济的发展和国企盈利的增长，这一数字早已被突破。

2009年2月，财政部印发的《金融类国有及国有控股企业负责人薪酬管理办法（征求意见稿）》明确规定，国有金融企业负责人最高税前年薪为280万元人民币，且必须依法缴纳个人所得税。同时该《办法》约束金融企业负责人基本年薪的最大值为70万元人民币，最小值为5万元人民币。而且与金融企业绩效评价结果挂钩的绩效年薪则以基本年薪为基数，一般控制在基本年薪的3倍以内。

2008年美国爆发金融危机并蔓延至全世界，随后迅速由虚拟经济传导至实体经济。在此背景下，中国企业整体上经营情况出现恶化，表现为出口减少、生产放缓、利润增速下降。然而，与此同时却出现"天价薪酬"现象，这引起了社会的普遍关注和质疑。为建立健全中央企业负责人收入分配的激励和约束机制，2009年9月16日，由人保部会同国资委等六个部门共同下发了《关于进一步规范中央企业负责人薪酬管理的指导意见》（以下简称《意见》），再次明确了中央企业负责人薪酬中不同薪酬组成部分的确定基础和内容。此《意见》被社会称之为"限薪令2009"，从薪酬结构和水平、薪酬支付等方面，进一步对中央企业负责人薪酬管理做出了规范。《意见》首次明确规定国企高管基本年薪与上年度中央企业在岗职工平均工资"相联系"，但并未对国企高管基本年薪与上年度在岗职工平均工资的具体倍数做具体规定，只强调了结合年度经营业绩与任期业绩考核结果来确定绩效年薪，并要求地方政府控股企业根据该文件精神参照调整并执行。这是金融危机后首次对国有企业高管薪酬进行限制，是中央政府首次针对国企高管的"限薪令"。除此之外，该文件还具体规定了薪酬管理适用的原则和范围、薪酬总额确定基础和组成比例、补充保险、薪酬支付方式、在职消费以及实施的具体措施。总体而言，年薪制在国有企业中确立以来，随着经济环境的变化，国家相关政策也在不断地调整并进一步加大改革力度，在年薪制的确定基础、监督管理和支付模式方面都有了更加明确的制度规定。

（二）党的十八大以来央企负责人薪酬制度改革深入推进

掌握核心资源的央企，许多效益被公众认为并非真正意义上的经营红利。因此，央企领导像外企、民企的高管那样拿超高薪水一直备受争议。尤其是近年来，一些国企、央企负责人既拥有比较高的行政级别，又领取高薪酬。在一些沿海发达地区，能到国有企业或者央企担任负责人被认为是一种重用或"福利待遇"，致使一些人甚至动用关系"铺路子""走后门"。这些变味的做法都脱离了央企薪酬制度改革的良好初衷，需要大力纠偏。此外，一些国有企业中还长期存在薪酬结构不尽合理、薪酬监管体制不够健全等问题。有的高管薪酬与其经营业绩不相符，一些国企高管的待遇甚至在企业出现巨亏时不降反升。这些做法不仅违背央企的国有资产定位，甚至直接加剧了社会分配不公。

党的十八大以来，伴随着收入分配制度改革和中纪委对国有企业巡视的推进，国有企业负责人薪酬改革再度成为政策和舆论焦点。2012年12月中央政治局审议的《关于改进工作作风、密切联系群众的八项规定》（简称"八项规定"）以及后续的"六条禁令"，对包括国有企业管理层在内的党政领导干部的在职消费进行了限制性规定。2013年11月,党的十八届三中全会通过《中共中央关于全面深化改革若干重大问题的决定》,明确提出要"健全协调运转、有效制衡的公司法人治理结构。建立职业经理人制度,更好发挥企业家作用。建立长效激励约束机制",由此开启了国有企业制度改革、机制创新的新里程。作为十八届三中全会之后国企改革的重要组成部分,央企高管薪酬制度改革一直是舆论热议的对象。

2014年,高管薪酬限薪再次成为从中央到社会各界普遍关注的问题。2014年8月29日中共中央总书记习近平主持召开政治局会议,明确深化中央管理企业负责人薪酬制度改革,要从我国社会主义初级阶段基本国情出发,适应国有资产管理体制和国有企业改革进程,逐步规范企业收入分配秩序,实现薪酬水平适当、结构合理、管理规范、监督有效,对不合理的偏高、过高收入进行调整。会议审议通过了《中央管理企业负责人薪酬制度改革方案》(以下简称《方案》),并于2015年1月1日正式执行。《方案》最核心的内容是明确央企高管薪酬将采用差异化薪酬管控的办法,综合考虑国企高管当期业绩和中长期持续发展,重点对行政任命的央企高管人员以及部分垄断性的高收入行业的央企负责人薪酬水平实行限高,以此来抑制央企高管获得畸高薪酬,缩小央企内部分配差距,使央企高管人员薪酬增幅低于企业职工平均工资增幅。具体地,央企主要负责人薪酬水平不超过央企在岗职工平均工资的12倍,应保持在7~8倍。其中,国资委监管央企高管平均年薪在60万~70万元,而非国资委监管金融类央企高管薪酬则普遍在百万元以上。改革首批将涉及72家央企的负责人,包括中石油、中石化、中国移动等组织部门任命负责人的53家央企,以及其他金融、铁路等19家企业。《方案》明确央企负责人薪酬将由过往基本年薪和绩效年薪两部分构成,调整为由基本年薪、绩效年薪、任期激励收入三部分构成。

多年来,国资委、财政部等部门积极推进规范中央企业负责人职务消费工作,取得一定进展,但仍然存在一些企业按负责人职务设置消费定额并量化到个人、报销应由个人承担的费用、业务招待铺张浪费等突出问题,社会反映强烈,亟待解决。2014年8月29日的中央政治局会议还同时审议通过了《关于合理确定并严格规范中央企业负责人履职待遇、业务支出的意见》,实际取消了企业负责人"职务消费",第一次将国有企业负责人履行工作职责过程中的工作保障和所发生的费用支出界定为企业负责人履职待遇、业务支出。"履职待遇"明确为公务用车、办公用房、培训三项,"业务支出"则被明确为业务招待、国内差旅、因公临时出国(境)、通信四项。明确除国家规定的履职待遇和符合财务制度规定标准的业务支出外,国有企业负责人没有其他的"职务消费"。《意见》同时提出四条禁令,对按照职务为企业负责人设置定额消费、支付履行工作职责以外,企业负责人向子企业和其他有利益关系的单位转移各种个人费用支出,企业为退休或调离的企业负责人提供履职待遇、业务支出等行为明令禁止。

2015年8月,中共中央、国务院发布了《关于深化国有企业改革的指导意见》(以下简称《指导意见》),对深化国有企业改革做出了重大部署。其中明确提出实行与社会主义市场经济相适应的企业薪酬分配制度。企业内部的薪酬分配权是企业的法定权利,由企业依法依规自主决定,完善既有激励又有约束、既讲效率又讲公平、既符合企业一般规律又体现国有企业特点的分配机制。建立健全与劳动力市场基本适应、与企业经济效益和劳动生产率挂钩的工资决定和正常增长机制。推进全员绩效考核,以业绩为导向,科学评价不同岗位员工的贡献,合理拉开收入分配差距,切实做到收入能增能减和奖惩分明,充分调动广大职工积极性。对国有企业领导人员实行与选任方式相匹配、与企业功能性质相适应、与经营业绩相挂钩的差异化薪酬分配办法。

2016年12月12日,国务院国资委印发了《中央企业负责人经营业绩考核办法》(国资委令第33号)(以下简称《考核办法》),对业绩考核的基本问题做出了原则性、框架性政策规定,对考核依据、考核对象、工作原则、考核方式等做出明确规定。《考核办法》坚持"业绩升、薪酬升,业绩降、薪酬降"原则,强化了业绩考核与激励约束的紧密衔接。明确企业负责人薪酬构成由基本年薪、绩效年薪和任期激励收入三部分构成。绩效年薪以基本年薪为基数,根据年度经营业绩考核结果并结合绩效年薪调节系数确定;年度综合考核评价为不胜任的,不得领取绩效年薪。任期激励收入与任期经营业绩考核结果挂钩,在不超过企业负责人任期内年薪总水平的30%以内确定;任期综合考核评价为不胜任的,不得领取任期激励收入。

自党的十八届三中全会以来,国有企业改革各项工作扎实推进,改革的"1+N"文件体系已经基本定型,当前围绕薪酬激励问题制定政策的重点是具体的操作规程。

1. 关于中央企业工资总额的管理

为建立健全与劳动力市场基本适应、与企业经济效益和劳动生产率挂钩的工资决定和正常增长机制,增强企业活力和动力,促进企业实现高质量发展,推动国有资本做强做优做大,国资委按照《国务院关于改革国有企业工资决定机制的意见》(国发〔2018〕16号)精神,对现行中央企业工资总额管理相关制度办法进行了修改和完善，于 2018 年 12 月印发了《中央企业工资总额管理办法》（国资委令第 39 号，以下简称《办法》）。《办法》明确对中央企业工资总额实行分类管理和分级管理。对主业处于充分竞争行业和领域的商业类中央企业工资总额预算原则上全部实行备案制管理，由企业董事会在依法依规的前提下，自主决定年度工资总额预算，国资委由事前核准转变为事前引导、事中监测和事后监督；对主业处于关系国家安全、国民经济命脉的重要行业和关键领域，主要承担重大专项任务的商业类中央企业和以提供公共产品或服务为主的公益类中央企业，工资总额预算继续实行核准制管理；对开展国有资本投资、运营公司或者混合所有制改革等试点的中央企业，提出可以探索实行更加灵活高效的工资总额管理方式。同时，国资委负责管制度、管总量、管监督，中央企业负责管内部自主分配、管预算分解落实、管具体操作执行。《办法》明确规定中央企业工资总额预算主要按照效益决定、效率调整、水平调控三个环节决定：①中央企业工资总额预算与利润总额等经济效益指标的业绩考核目标值挂钩，并且根据目标值的先进程度确定不同的预算水平，引导中央企业通过完成高质量发展目标，带动职工工资总额合理有序增长。②工资增长还应当通过人工成本投入产出效率、劳动生产率等指标对标进行调整，进一步协调不同效率的企业之间的工资分配关系，提高企业工资总额决定机制的科学性与有效性。③注重收入分配公平。国资委将按照国家有关部门发布的工资指导线和对非竞争类国有企业的工资调控要求，对部分工资水平偏高、过高的行业与企业，尤其是主业不属于充分竞争行业和领域的企业工资增长过快的情况进行适当约束，确保企业职工工资的水平与增长幅度更加公平合理、规范有序。同时，对中央企业承担重大专项任务、重大科技创新项目等特殊事项的，也明确将予以适度支持。《办法》在从宏观层面完善国家、企业和职工三者工资分配关系，加大出资人向中央企业董事会授权的同时，也同步对责任落实和制度配套进行了规定：一是强调企业作为内部分配的责任主体，应当持续深化内部三项制度改革，构建企业内部管理人员能上能下、员工能进能出、收入能增能减的市场化劳动用工和收入分配管理机制，切实承担起搞好、搞活企业内部分配的职责。二是加强监督检查，明确界定企业违规责任，并将企业工资总额管理情况纳入各项监督检查范围，与审计、巡视等工作形成合力，确保实现权责对等，监管到位。

2. 中央企业控股上市公司股权激励工作

就中央企业控股上市公司股权激励工作而言，根据党中央、国务院确立的生产要素按贡献参与分配的原则，从适应资本市场发展和企业改制上市的需要出发，按照履行出资人职责的要求，国有控股上市公司实施股权激励的有效机制一直在积极探索和不断完善。自党的十九大以来，中央企业控股上市公司实施股权激励的数量快速增长，目前已有53家中央企业控股的119家上市公司有效实施了股权激励，取得了明显进展。但总体上，中央企业控股境内外上市公司只有不到30%实施了股权激励，覆盖面还有待提高。

为了积极支持中央企业控股上市公司建立健全长效激励约束机制，充分调动核心骨干人才的积极性，推动中央企业实现高质量发展，国资委于2019年10月出台了《关于进一步做好中央企业控股上市公司股权激励工作有关事项的通知》（国资发考分规〔2019〕102号），就股权激励计划的制定、完善股权激励业绩考核、支持科创板上市公司实施股权激励、健全股权激励管理体制等做出具体安排，标志着中央企业控股上市公司实施股权激励的政策体系已经基本定型。通知明确中央企业应当结合本集团产业发展规划，积极推动所控股上市公司建立规范、有效、科学的股权激励机制，综合运用多种激励工具，系统构建企业核心骨干人才激励体系。股权激励对象应当聚焦核心骨干人才队伍，应当结合企业高质量发展需要、行业竞争特点、关键岗位职责、绩效考核评价等因素综合确定；鼓励上市公司根据企业发展规划，采取分期授予方式实施股权激励，充分体现激励的长期效应。上市公司应该依据公司业绩考核与薪酬管理办法，结合公司经营效益情况，并参考市场同类人员薪酬水平、本公司岗位薪酬体系等因素，科学设置激励对象薪酬结构，合理确定激励对象薪酬水平、权益授予价值与授予数量；应当建立健全股权激励业绩考核及激励对象绩效考核评价体系；应当制定规范的股权激励管理办法，以业绩考核指标完成情况为基础对股权激励计划实施动态管理。

党的十九届四中全会明确提出，要健全生产要素由市场评价贡献、按贡献决定报酬的机制。中共中央、国务院于2020年3月印发了《关于构建更加完善的要素市场化配置体制机制的意见》也指出，要全面贯彻落实以增加知识价值为导向的收入分配政策，充分尊重科研、技术、管理人才，充分体现技术、知识、管理、数据等要素的价值。基于此，为建立健全生产要素由市场评价贡献、按贡献决定报酬的机制，推动中央企业实施中长期激励，国资委在总结中央企业控股上市公司股权激励工作的基础上，于2020年4月制定并发布了《中央企业控股上市公司实施股权激励工作指引》（以下简称《指引》），汇总梳理了国有控股上市公司实施股权激励的相关政策规定和前期中央企业开展此项工作的实践经验，着力从微观操作层面细化对中央企业的工作指导，进而推动中央企业扩大控股上市公司实施股权激励的覆盖面，构建科学、规范的中长期激励机制，推动企业高质量发展。《指引》根据中央企业控股上市公司实施股权激励的各方面政策规定，从股权激励计划的内容要点、考核体系、管理办法和实施程序等方面，进行了政策梳理、系统集成，对上市公司股权激励实践规范逐一明确阐释：①重点介绍了实施股权激励的政策依据、适用范围，实施股权激励的条件、原则及相关要求；②对股权激励计划中的激励方式、激励对象范围、权益授予数量、授予价格、时间安排、激励收益等的内涵要义、政策规定、操作规范进行详细阐释；③从强化公司业绩考核、健全激励对象绩效考核评价、科创板上市公司实施股权激励的考核等方面明确出资人的导向和要求，引导企业注重价值提升，实现高质量发展；④将规范股权激励管理办法、责任追究与特殊情形处理、财务处理和税收规定等方面的要求和规定进行了梳理明确；⑤归纳了各级国有股东的职责，对股权激励计划的决策、申报、实施、终止等程序事项予以梳理，并重申监督管理、信息披露等要求。

可以说，国资委和中央企业在上市公司股权激励实践方面共同努力、积极探索，结合国有企业实际情况和境内外市场实践经验，逐步形成了出资人指导下的适合中国国企特点的股权激励机制，有效发挥了股权激励作为市场化长期激励工具的积极作用，一些好的做法已逐渐被市场普遍采纳：一是激励实施与绩效考核相同步，要求企业健全绩效考核体系，股权激励的实施要与公司业绩与激励对象个人绩效考核相挂钩，考核目标要有利于促进企业提高价值创造水平，实现持续健康发展。二是授予数量与薪酬水平相关联，参照国际惯例及市场实践，统筹薪酬结构与薪酬水平，股权激励授予价值控制在薪酬总水平的40%以内，实现平稳规范起步，但对股权激励行权收益不再进行控制。三是激励方式与公司特点相匹配，指导上市公司根据所处行业、发展阶段等特点，科学选择激励工具，并可以结合市场情况探索创新激励方式。四是行权安排与激励约束相统筹，引导企业分期实施股权激励，权益授予后至少锁定两年，解锁后在不低于三年内分批生效，体现长效激励约束。五是公司治理与管理提升相协同，推动企业持续完善公司治理，不断健全经营管理、绩效考核、劳动用工和收入分配等企业基础管理制度。

通过对我国企业高管薪酬制度改革与变迁的系统梳理，可以总结出我国企业高管薪酬制度改革的路径。在计划经济时期，国有企业管理者的薪酬水平主要由主管的政府部门统一负责。尽管按劳分配原则很早就被提出，但由于受到平均主义思想的影响，政府对管理层薪酬主要采取限制政策。党的十三届三中全会后，随着改革开放新时期的到来与全国性经济改革的不断推进,在以"建立现代企业制度"为主要特点的所有权改革阶段,按劳分配的原则得以凸显,国有企业管理层年薪制被提上日程,但总体上企业管理层薪酬激励的绝对数量和奖励增长速度,仍然被限制在一个相对有限的范围内。随着年薪制迅速在全国企业中推广,其弊端也日益暴露出来。这种以短期激励为主的薪酬激励措施很容易引起管理者的短期行为,从而牺牲了企业的长期发展。因此,对企业高管激励方式的探索开始逐渐将短期薪酬激励与中长期和任期绩效挂钩的薪酬激励以及股权激励相结合转化。近年来,政府对企业放权让利使高管薪酬增速过快,急剧拉开了企业管理层与企业员工的薪酬差距。基于此背景,一系列针对国企高管的限薪政策相继出台,薪酬管制成为当前我国国有企业薪酬机制的主要特征,其不仅凸显了市场调节与政府监管相结合,而且兼顾薪酬支付效率性与公平性。

第二节 我国企业高管薪酬与薪酬差距现状分析

一、数据来源与样本选择

为更直观、明确地了解我国上市公司高管薪酬与企业内部薪酬差距的总体情况,本章选取我国上市公司作为研究样本,进行宏观数据分析。通过对我国上市公司从业者的薪酬水平及薪酬差距进行描述性统计分析,从而能更明确、更直观地了解我国企业从业者的薪酬水平和薪酬差距的变化情况,同时还能了解各行业、不同产权性质之间的企业高管薪酬水平和薪酬差距的对比情况。由于证监会从2005年开始强制要求上市公司必须披露每一位高管的个人薪酬,因此本章以下部分的薪酬趋势分析的时间年限为2005~2019年。

描述性统计选取了2005~2019年沪深两市所有的A股上市公司作为研究样本,原始数据均来自国泰安(CSMAR)金融经济数据库的上市公司研究系列模块。为了保证所需数据的完整性和分析结果的可信性,样本的具体筛选原则如下:

(1)剔除在2005~2019年中样本数据指标存在缺失值的企业。

(2)剔除前三位高管薪酬,其他高管薪酬、董监高薪酬或员工薪酬为零或负值的企业。

(3) 剔除企业前三位高管薪酬均值小于非前三位高管薪酬均值的企业。

(4) 剔除董监高薪酬均值小于员工薪酬均值，或者前三位高管薪酬均值小于员工薪酬均值的企业。

二、关键变量的具体界定

（一）薪酬水平

1. 高管薪酬水平

(1) 总经理薪酬。手动从国泰安（CSMAR）数据库里筛选出上市公司总经理（即 CEO），其薪酬水平即为总经理 CEO 薪酬。

(2) 副总经理薪酬。将上市公司高管团队中除总经理（即 CEO）以外的高管团队成员认定为副总经理，其薪酬均值即为副总经理薪酬。

(3) 高管前三薪酬均值。高管前三薪酬均值 = 高管前三名薪酬/3。

2. 员工角度水平

员工薪酬均值 = 企业一般员工薪酬总额/一般员工人数。其中，企业一般员工的年度总薪酬由现金流量表中"支付给职工以及为职工所支付的现金"项目减去公司年报中所披露的"董事、监事及高管薪酬总额"估算得到；一般员工人数 = 企业总员工数 – 董事、监事及高管总人数。

（二）薪酬差距

1. 高管团队内部薪酬差距

(1) 绝对薪酬差距：上市公司 CEO 薪酬 – 副总经理薪酬均值。

(2) 相对薪酬差距：上市公司 CEO 薪酬/副总经理薪酬均值。

2. 高管——员工薪酬差距

(1) 绝对薪酬差距：上司公司高管前三薪酬均值 – 员工薪酬均值。

(2) 相对薪酬差距：上司公司高管前三薪酬均值/员工薪酬均值。

三、全行业总体薪酬趋势分析

（一）全行业高管薪酬与薪酬差距变化趋势分析

1. CEO 与副总经理薪酬

图 3 – 1 给出了 2005 ~ 2019 年所有行业全部上市公司年度 CEO 与副总经理平均薪酬的变动趋势。可以看出，近十几年来，我国上市公司的高层管理者的薪酬水平呈现逐年增长趋势，且 CEO 薪酬水平普遍高于副总经理薪酬水平，到 2018 年 CEO 平均薪酬突破 100 万元，2019 年则增长到近 113 万元。

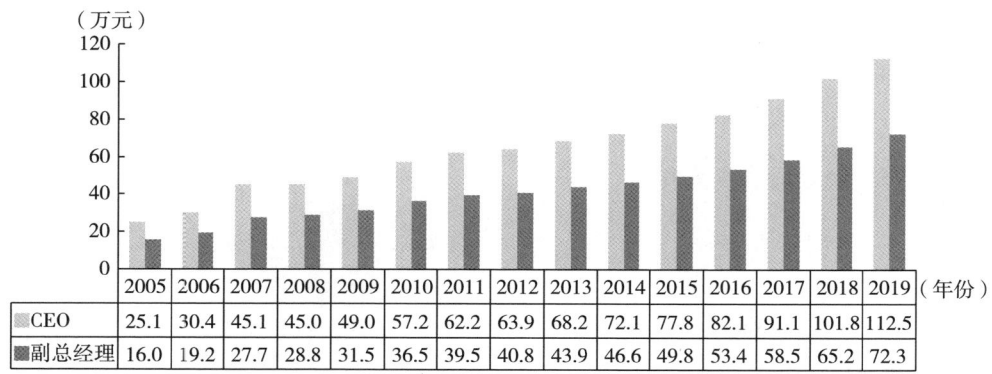

图 3-1 2005~2019 年 CEO 薪酬、副总经理薪酬全行业均值变化趋势

2. 高管团队薪酬差距

图 3-2 列示了 2005~2019 年高管团队薪酬差距的变化趋势。从图 3-2 中可以看出，高管团队绝对薪酬差距呈现出上涨趋势，其中 2007 年相对之前年度增长幅度较大，但随后增长放缓。从 2016 年开始，高管团队薪酬差距的数值稳定上升。但与绝对薪酬差距相对应的是，高管团队相对薪酬差距的变化呈现出"一波三折"。具体表现为：2005~2008 年大幅上升，2008~2010 年小幅下降，2010~2012 年上升较为显著，而 2012 年以后又有一波下降趋势，直到 2015 年以后才趋于稳定在 1.6 倍左右。上述表现的可能原因是，2009 年的限薪令政策存在滞后性，而 2014 年限薪令的出台则稳定了高管团队内部的相对薪酬差距，达到了很好的政策效果。

3. 总经理两职兼任与高管团队薪酬差距

相对于非两职兼任的情况，总经理兼任董事长时具有更大的话语权和信息优势，在经理人报酬契约谈判中往往具有很高的讨价还价能力，可能会利用自己的权力干涉董事会或薪酬委员会的薪酬决策过程，从而获取对自己有利的报酬契约条款。总经理兼任董事长可以利用其"召集和主持会议"的"形式"职权，决定决议的"实质"内容；当总经理兼任董事长时，便会对其自身薪酬难以进行公平协商。当董事长不兼任其他执行职务时，高管又可以通过扭曲或者隐藏薪酬制定必要信息的方式，使其个人利益的满足凌驾于公司价值最大化之上。

鉴于此，本章统计分析了总经理两职兼任对高管团队薪酬差距的变化趋势的影响。从图 3-3 和图 3-4 中可以看出，当总经理兼任董事长时，其上市公司高管团队薪酬差距整体上要高于不兼任下薪酬差距水平。就绝对薪酬差距而言，两

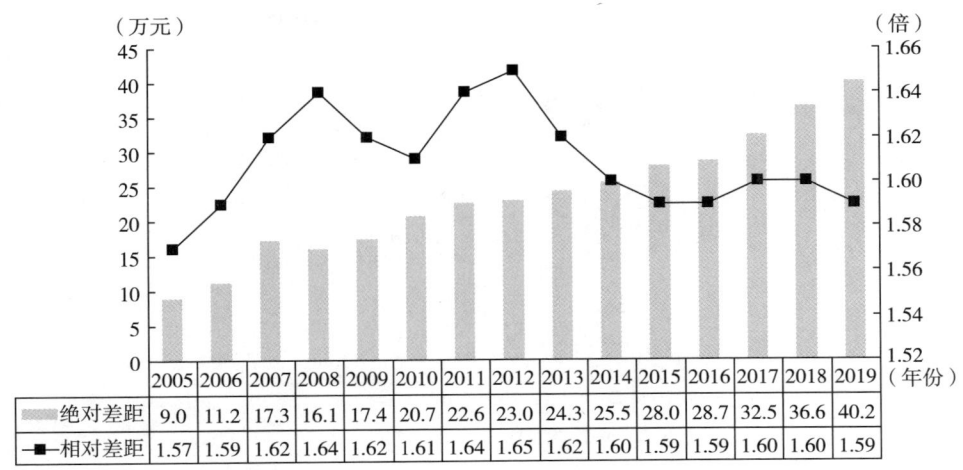

图 3-2 2005~2019 年高管团队薪酬差距变化趋势

职兼任状态下，高管团队薪酬差距受 2009 年与 2012 年限薪令政策的影响较为敏感；就相对薪酬差距而言，其在两职兼任与不兼任状态下更是差异显著。

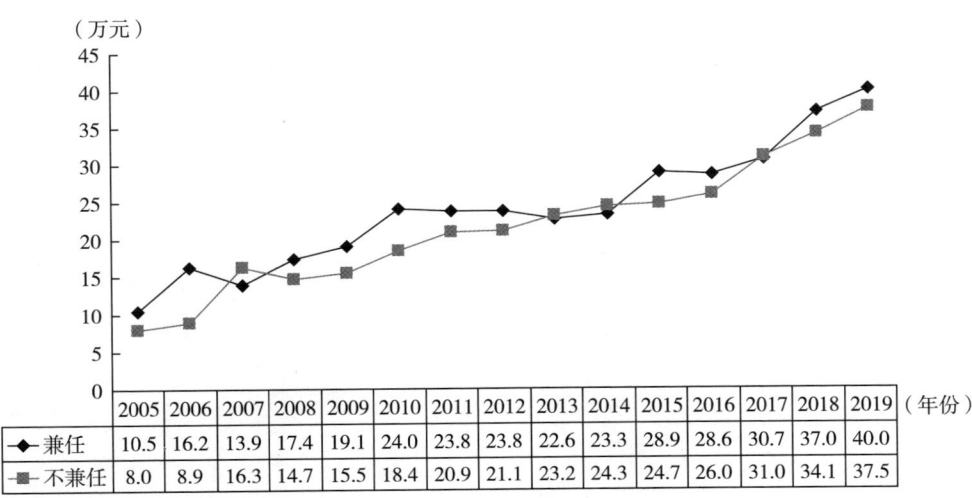

图 3-3 两职兼任与高管团队薪酬差距（绝对值）

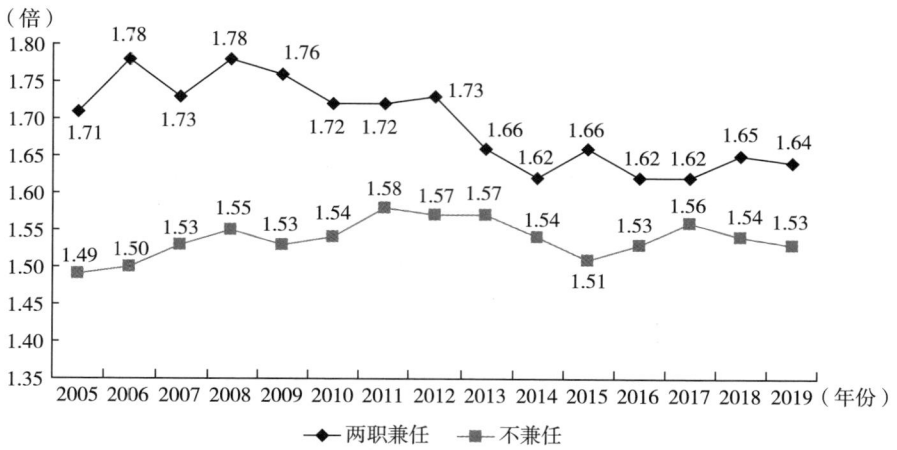

图3-4 两职兼任与高管团队薪酬差距

（二）全行业高管与员工薪酬均值变化趋势

1. 高管前三薪酬均值与员工薪酬均值

2005~2019年，我国上市公司的高层管理者和员工的薪酬水平都有所增长，如图3-5所示。但两者增速存在明显差异，员工薪酬在此年间还未翻一番，而高管前三名整体薪酬水平却增长了5倍之多，直至2019年高管前三薪酬水平超过105万元。

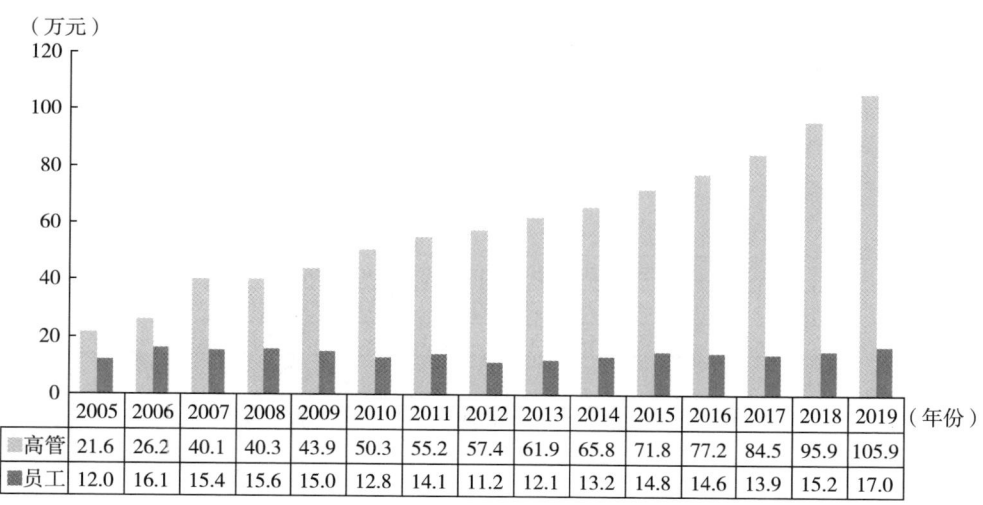

图3-5 2005~2019年高管前三平均薪酬、员工平均薪酬全行业均值变动趋势

2. 高管—员工薪酬差距

高管团队薪酬水平的显著提升引起了高管团队与员工之间薪酬差距的逐渐拉大。图 3-6 显示了两类高管—员工薪酬差距在 2005~2019 年的变化情况。可以看出，高管与员工薪酬水平差距持续拉大。就相对差距而言，在 2015 年和 2007 年时达到了最高点 8.35 倍和次高点 7.92 倍。这也侧面反映出政府出来限薪令 2009 和 2015 的必要性。同时，限薪令的政策效果也是显而易见的：一方面，2009~2013 年，高管—员工薪酬相对差距持续缩小；另一方面，2015~2016 年高管员工薪酬差距有明显降低趋势，且 2016~2019 年一直维持在 7.5 倍以下。

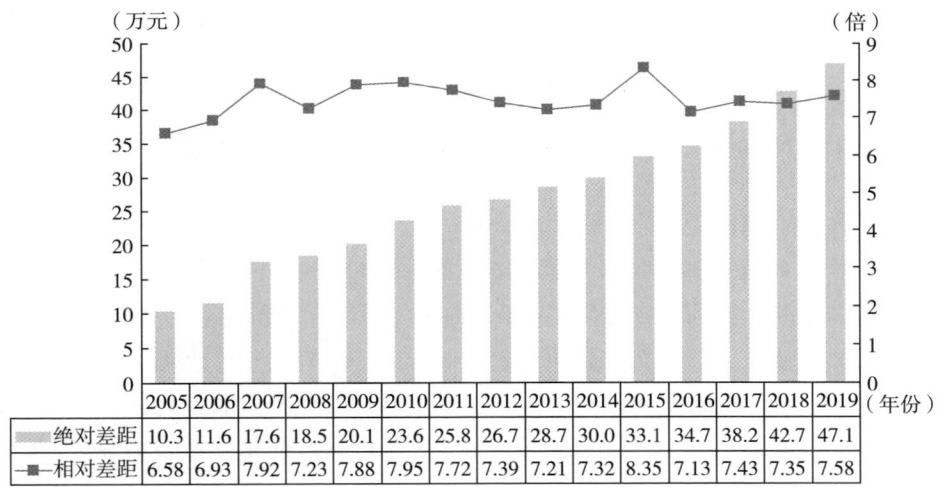

图 3-6　2005~2019 年高管前三平均薪酬、员工平均薪酬全行业均值变动趋势

四、分行业薪酬趋势比较分析

（一）金融业与非金融业的比较

图 3-7 描述了 2005~2019 年金融业与非金融业上市公司高管前三平均薪酬的变动趋势。从图 3-7 中可以看出，金融业上市公司高管薪酬平均水平不但显著高于非金融业上市公司高管平均薪酬，而且变动趋势更为剧烈，尤其是 2006~2007 年金融业高管平均薪酬出现巨大涨幅。相对而言，非金融业高管平均薪酬呈平稳增长，至 2019 年平均年薪为 102 万元左右，远低于金融业高管 223 万元的平均年薪水平。

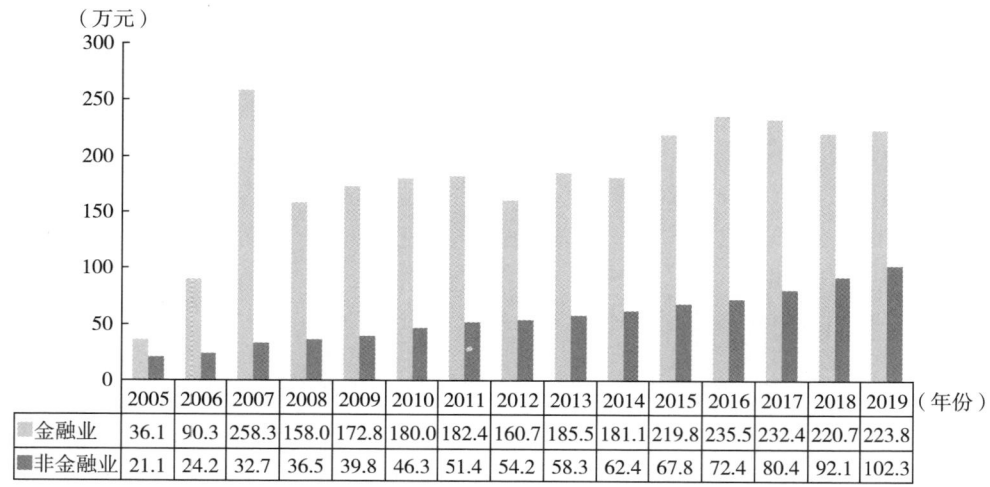

图 3-7 2005~2019 年金融业与非金融业高管前三平均薪酬均值变动趋势

金融业高管高收入的原因可能有三个方面：第一，金融业上市公司业绩增长迅速，平均净利润与利润率都远超其他行业的一般上市公司，因此金融业总资产与净利润的不断上升为高管提供了高薪的基础。第二，目前我国金融业有较强的垄断色彩，行业进入门槛高，其他行业向银行业扩张时仍十分困难。过高的金融业准入门槛在降低金融市场风险的同时，使现有金融业企业缺少竞争，提高了金融业的平均利润率。第三，金融业受到宏观经济影响而存在较强的不确定性，对高管的人力资本要求较高，因此作为高薪揽才策略，高薪也是对金融业高管承担高风险的一种补偿。

就金融业与非金融业间的高管—员工薪酬差距的比较而言，从图 3-8 中可以明显看出，两者的绝对薪酬差距存在显著差异，且 2015 年后金融业的高管—员工薪酬绝对差距基本稳定在 100 万元左右。从图 3-9 中可以看出，金融业的高管—员工薪酬相对差距起伏较大，尤其是 2005~2007 年差距显著拉大，随后基本逐年下滑，直至 2014 年与非金融上市公司基本趋同，并在 2016 年以后稳定在相对薪酬差距 7 倍左右。

（二）全行业之间的比较

不同行业间的高管薪酬水平高低主要受到行业本身特性以及行业发展周期的影响。以 2012 年证监会发布的行业分类标准为基准，图 3-10 分行业描述统计了 2017~2019 年各行业上市公司的高管与普通员工的平均薪酬比较情况。从图中可以看出，在 19 个行业门类中，2017~2019 年金融业上市公司高管与普通员工

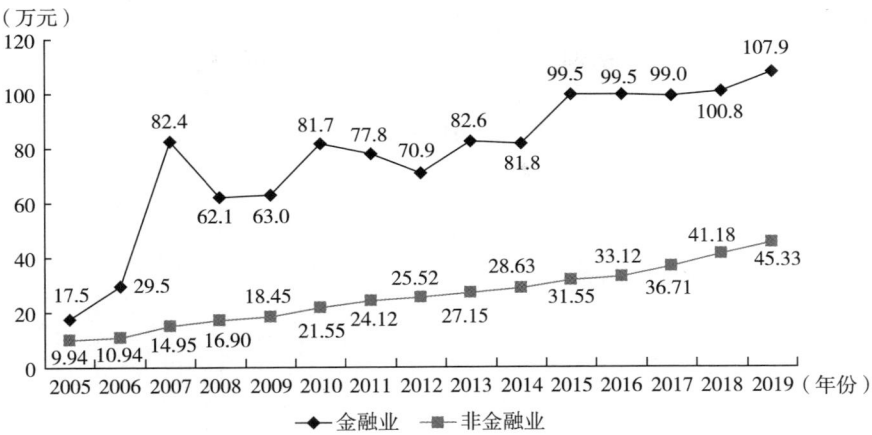

图 3-8　2005~2019 年金融业与非金融业高管—员工薪酬差距变动趋势（绝对值）

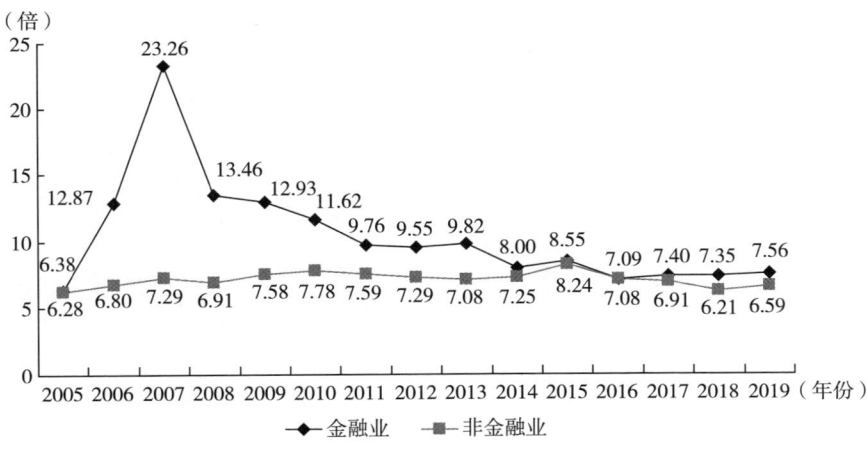

图 3-9　2005~2019 年金融业与非金融业高管—员工薪酬差距变动趋势

的薪酬均值位居第一，均明显高于排在第二位的房地产业与其他行业。就高管薪酬水平而言，金融业、房地产业、租赁和商务服务业分别占据了前三；且不同行业差别较大，高管薪酬平均水平较低的行业是：农、林、牧、渔业，水利、环境和公共设施管理业，以及电力、热力、燃气及水生产和供应业等；而占据国民经济一席之地的制造业的上市公司高管薪酬水平位于中下等水平。就普通员工薪酬水平而言，金融业和房地产业的员工薪酬均值水平仍位居第一和第二；农林牧渔业与住宿和餐饮业的员工薪酬水平位居倒数第一和第二；除此之外，其余行业的普通员工薪酬水平差距并不明显,其水平基本在12万~17.8万元。

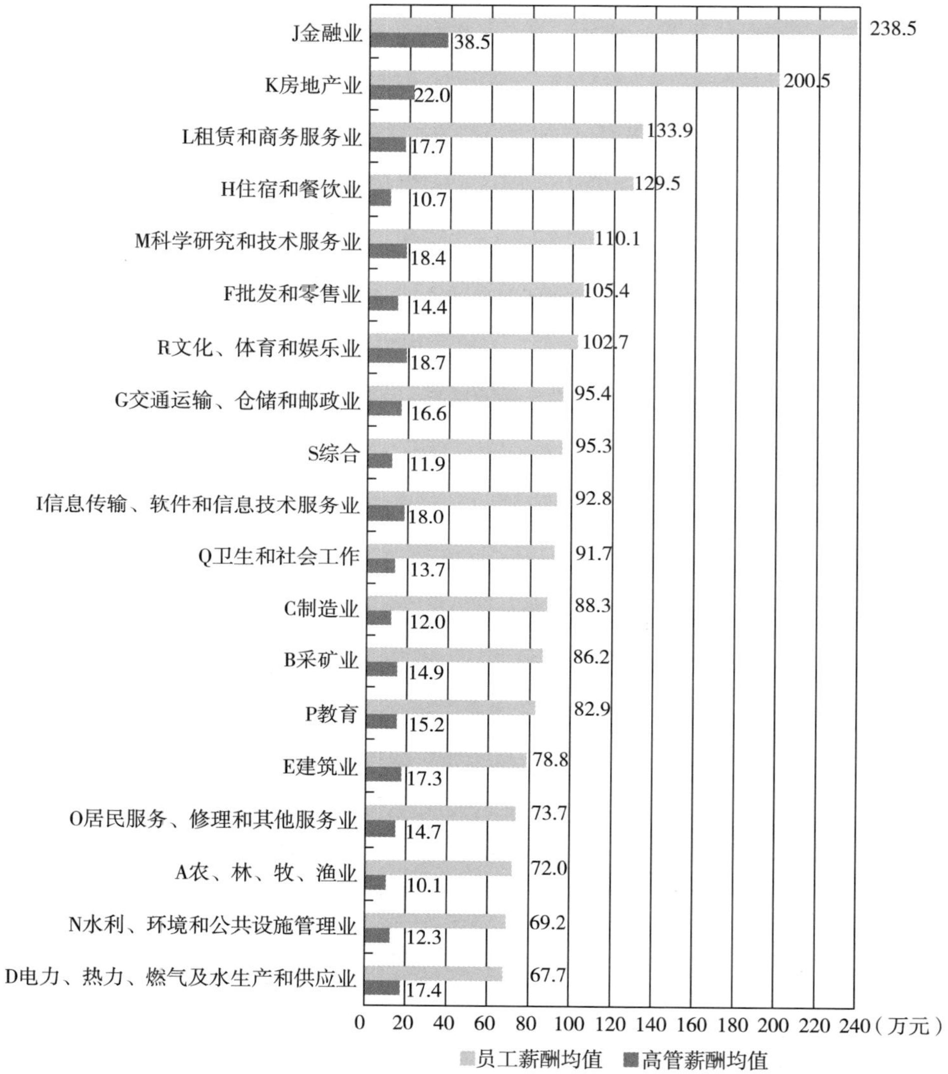

图3-10 2017~2019年各行业高管与员工薪酬均值比较

由于不同行业高管薪酬水平差距较大,而普通员工薪酬水平并无显著差异,这就必然导致了行业间较大幅度的高管—员工薪酬差距。从图3-11可以看出,高管—员工绝对薪酬差距最大的是金融业,其相对薪酬差距为6.58倍,位于行业间中等水平；高管—员工相对薪酬差距最大的是住宿和餐饮业，达到了13.43倍；无论是绝对差距还是相对差距，房地产业的高管—员工薪酬差距则均位列第二。

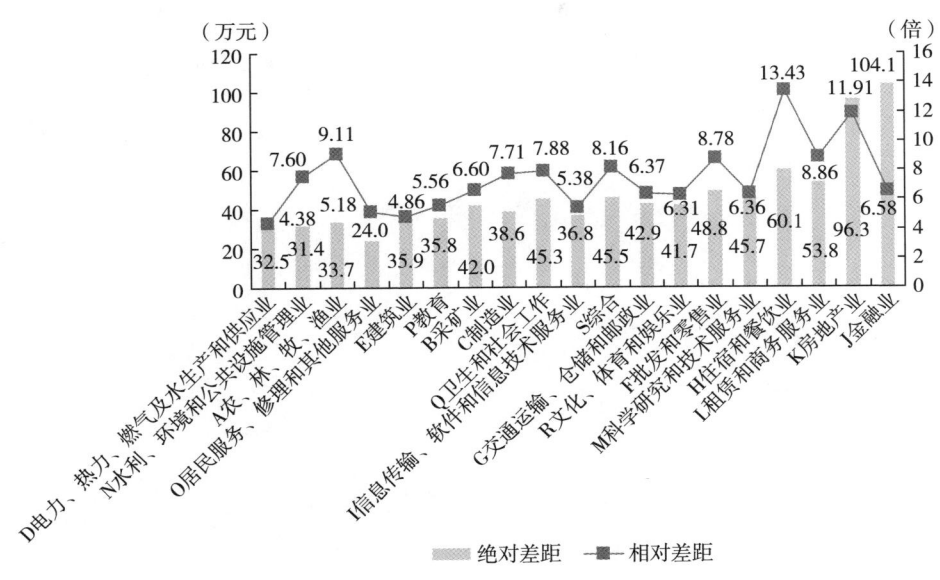

图 3-11 2017~2019 年各行业高管与员工薪酬差距比较

为了更直观地看出高管团队薪酬差距在各行业中的表现，图 3-12 分析了 2017~2019 年各行业上市公司高管团队薪酬差距的均值比较。从图中可以看出，高管团队薪酬绝对差距最高的是房地产行业，为 96.2 万元，其相对薪酬差距为 1.7 也处于高位。相对薪酬差距最大的则是教育行业，达到了 1.85 倍。值得注意的是，一方面，居民服务业、修理和其他服务业的高管团队薪酬差距绝对数值为负数，这可能是该行业中 CEO 薪酬并非普遍高于副总经理平均薪酬；另一方面，高管与员工薪酬水平均排行第一的金融业，其高管团队内部薪酬差距并非显著，特别是除了居民服务业、修理和其他服务业之外，金融业的高管团队相对差距水平处于最低水平。这也说明了，虽然金融业内上市公司高管与员工薪酬水平较高是普遍现象，但金融业高管团队之间的内部差距并不明显。

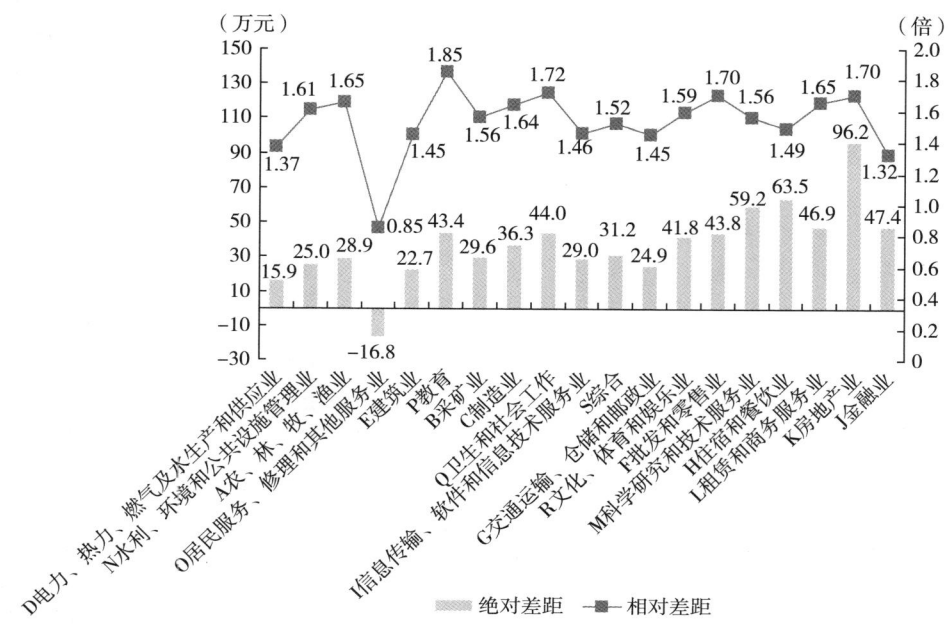

图 3-12　2017~2019 年各行业高管团队薪酬差距比较

五、分产权性质薪酬趋势比较分析

为了观察国有与非国有上市公司高管薪酬水平增长趋势与幅度是否存在明显差异，本部分依据产权性质统计了高管薪酬总额，具体如图 3-13 所示。从图中可以看出，无论是国有还是非国有上市公司，高管薪酬总额都在逐年上升。

2005~2019 年，国有上市公司高管平均薪酬总体水平高于非国有上市公司；国有企业大多处于垄断行业，特别是在钢铁、交通运输、公共事业、国防军工和采掘业等行业中国有企业占主导地位，在关系国民经济命脉的基础行业中国有企业实现了做大做强，而目前针对国有企业薪酬改革的政策导向，既形成了国有企业高管薪酬与业绩的联动机制，又使国有企业高管薪酬水涨船高。与此同时，国有上市公司高管薪酬增长趋势并不如非国有上市公司平稳：2011 年前国有上市公司高管薪酬经历了两轮大幅增长后，2011 年后增长趋势逐渐放缓，到 2016 年已基本与非国有上市公司高管平均薪酬持平。其可能的原因是自 2009 年以后，政府部门频频颁发的针对国有企业的一系列限薪政策效果显现，且在一定程度上约束了国企高管薪酬增长。

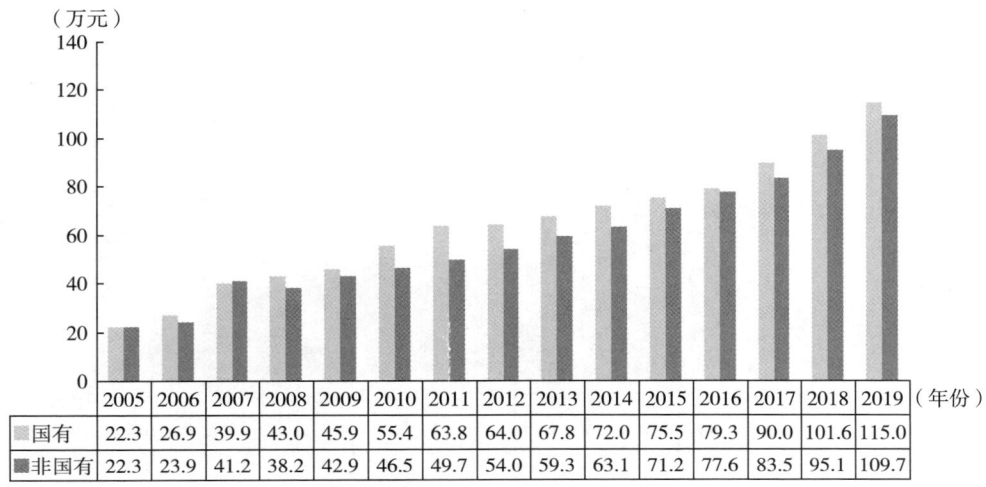

图 3-13 产权性质与高管薪酬均值变化趋势

国有上市公司高管薪酬水平高于非国有上市公司的可能原因是：虽然国有企业内部引入了股东会、董事会、监事会和独立董事等现代企业之"形式"要素，但并不必然形成制约平衡的公司治理"实质"。公司治理存在形式化倾向，与"所有者缺位"一经结合，便会由于"内部人控制"引发严重的代理成本问题，最终导致了国有企业高管薪酬制定过程中，呈现出"董事会俘获"特征，引发国企高管薪酬畸高问题。

与高管薪酬均值水平相似，图 3-14 显示了国有上市公司的员工薪酬也普遍高于非国有上市公司。

以上分析显示，国有上市公司高管和员工薪酬水平普遍高于非国有上市公司，不同产权性质下高管—员工薪酬差距表现又如何呢？从图 3-15 中可以看出：除 2009 年以外，国有上市公司高管—员工薪酬差距绝对值普遍高于非国有上市公司；而图 3-16 显示，就相对差距而言，则出现了与上述相反的情形：除 2015 年以外，国有上市公司高管薪酬对于员工薪酬的倍数均低于非国有，说明国企"不患寡而患不均"的思想显著存在。一方面，由于市场化改革前国企内部的薪资分配较为强调平等性，厂长、干部与职工之间的收入差距不大，这种平均思想根深蒂固；另一方面，随着市场化改革的不断深入、股权激励的引入，在很大程度上推高了国企高管的实质薪酬，拉大了高管与普通职工之间的收入差距，但货币薪酬的相对差距还未被显著拉大。图 3-15 还显示，2015 年高管薪酬达到了员工薪酬的近 10 倍，也侧面说明了 2015 年中共中央、国务院《关于深化

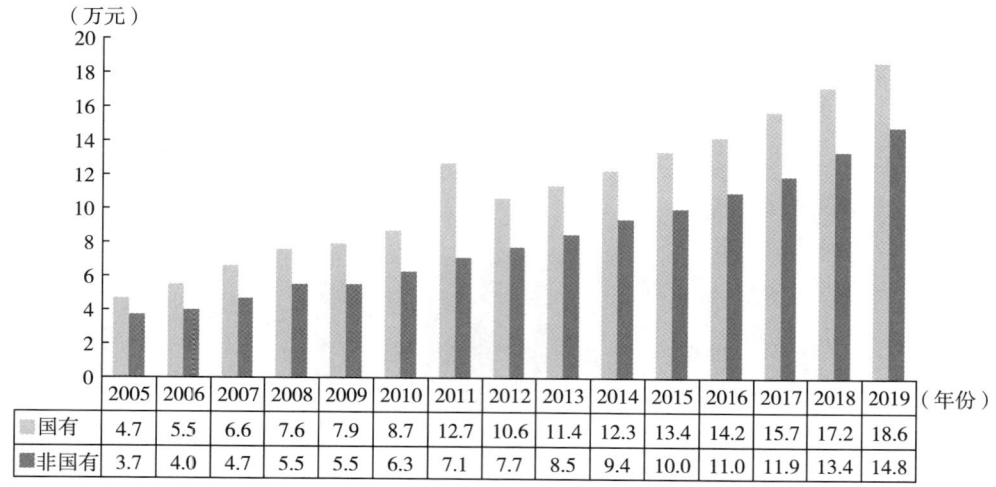

图 3-14 产权性质与高管薪酬均值变化趋势

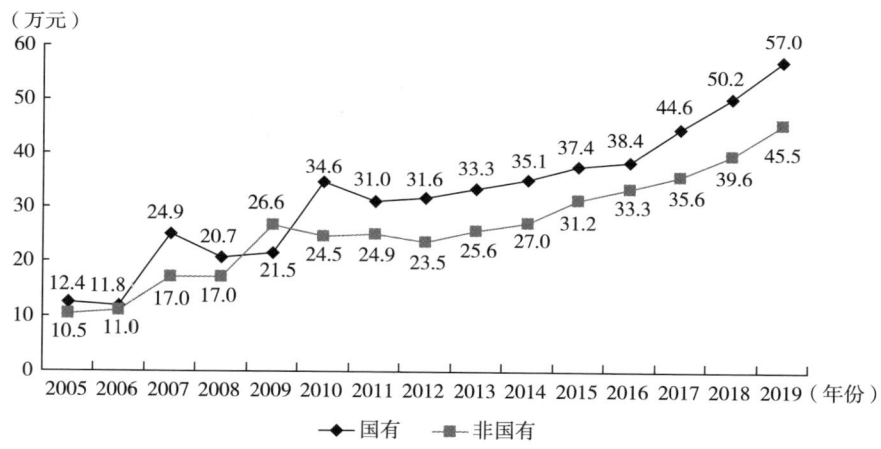

图 3-15 产权性质与高管—员工薪酬差距（绝对值）

国有企业改革的指导意见》（以下简称《意见》）中对国企高管薪酬要求的必要性，其中高管薪酬被"一刀切"地限制在在岗职工平均工资的 8~9 倍。但不可忽视的是，对于原本薪酬差距超过这一限制的国企而言，《意见》当然可以起到降低高管薪酬的作用。但是对于其他国企而言，《意见》反而可能推高高管薪酬。其原因在于：《意见》在限薪的同时，也正当化了高管薪酬与员工年薪之间 8~9 倍的差距；原本薪酬差距未达到这一限制的国企，反而可能以此为依据为高管加薪。如此一来，《意见》便可能意外地促成了更多"过高"和"过快增长"的国企高管薪酬的出现。

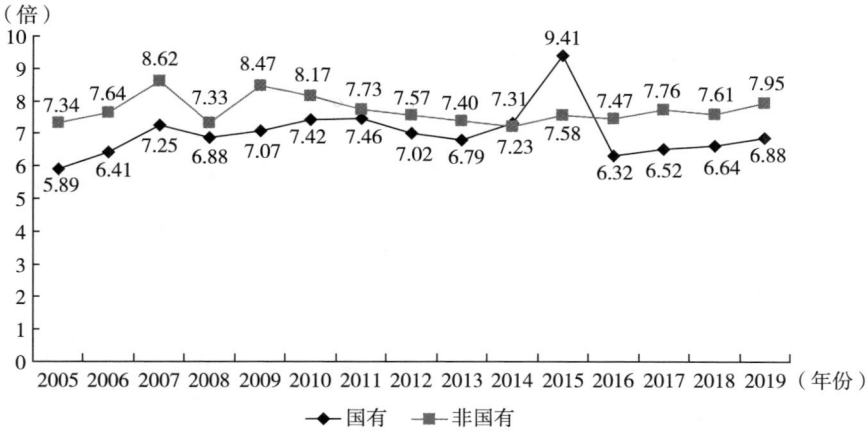

图 3-16 产权性质与高管—员工薪酬差距

本章小结

本章对我国企业高管薪酬制度背景与现实状况两方面内容进行了分析。首先，回顾了自中华人民共和国成立以来我国企业高管薪酬制度的发展与演变。自1978年改革开放以来，国有企业改革的重点转向实现公司化与利润最大化目标，企业高管薪酬改革的原则是按劳分配，与经济业绩相挂钩，年薪制成为一种重要的高管薪酬安排。随着薪酬管制及股权分置改革的实现等原因，以企业业绩为基础的薪酬激励有限，因此以固定薪酬为主导，以中长期股权激励为补充的薪酬激励机制逐渐形成。近些年来，国有企业高管薪酬的急剧上升大幅拉开了与普通员工的薪酬差距，加之国有企业易出现所有者缺位、内部人控制等公司治理层面的问题。因此，我国政府针对国有企业高管薪酬改革开始转向行政干预式的"限薪"举措，旨在建立公平高效的薪酬体系。其次，分析了我国上市公司高管薪酬水平的总体特征。总体来看，金融业高管薪酬水平普遍高于其他行业，国有企业高管平均年薪高于非国有企业，近些年来不断增长的高管薪酬水平不可避免地拉大了企业内部薪酬差距。本章对制度背景与现实状况的分析不仅为直观了解我国企业高管薪酬改革历程与薪酬水平现状提供了帮助，也为后续实证研究的理论分析与假设提出做了坚实的铺垫。

第四章 高管团队内部薪酬差距与企业风险承担的实证研究

完善的激励机制是促使管理层将专有人力资本投资于风险性较高的经营活动的重要手段。现有文献对于高管薪酬激励的研究，产生了大量有价值的研究成果（Coles et al.，2006；方军雄，2009；陈冬华等，2010；姜付秀、黄继承，2011；方芳、李实，2015 等）。Lazear 和 Rosen（1981）提出的晋升锦标赛理论为高管团队薪酬差距的研究引入了新视角，该理论认为企业内部不同层级员工间薪酬差距可以看作企业为低层级员工提供了潜在的晋升激励，薪酬较低者赢得晋升后所获薪酬提升越高，薪酬差距的激励效果越强，进而达到提升企业业绩的效果。企业高级管理层掌握现代管理技能、拥有经营决策能力，其通过开展具有创造性、不确定性却难以度量的工作，对企业的战略决策和主要经营活动施加重要影响，对企业的生存与发展起到举足轻重的作用。因此，合理安排企业高管团队内部薪酬差距对于提升管理者的生产力与创造力至关重要（张兴亮、夏成才，2016）。

尽管不少国内外文献分别从锦标赛理论和行为理论出发，讨论了高管团队内部薪酬差距的经济后果，但大多都是针对薪酬差距对企业绩效的激励效应的直接检验（Core et al.，1999；Lee et al.，2008；Banker et al.，2013；刘春、孙亮，2010；黎文靖、胡玉明，2012；赵睿，2012；步丹璐、王晓艳，2014；杨志强、王华，2014）。高管团队内部薪酬差距影响企业业绩需要一定的传导机制，如管理者的企业投融资行为、风险选择偏好等（张兆国等，2013）。高风险项目一般伴随着较高的预期回报，企业合理的风险承担不但有助于赢取盈利机会，而且能加快社会资本积累，刺激宏观经济增长（John et al.，2008）。然而，现代企业所有权与控制权分离的特征使管理者不可避免地以"自我效用最大化"代替"股东财富最大化"，很有可能出于私利回避风险项目，导致公司错失高净现值项目，企业风险承担水平相应下降（何威风等，2016）。风险承担不足被视为一种间接代理成本,而企业内部薪酬差距是否能够表现出晋升激励效应,从而提升高管承担风险意愿,值得进一步研究。基于此,本章以 2008~2015 年沪深两市 A 股上市公司为样本,考察高管团队内部薪酬差距对企业风险承担水平的影响,并从产权性质的角度探索其内在影响机制。

第一节　理论分析与研究假设

在委托代理理论框架下,作为委托人的股东以企业价值最大化为目标,而作为代理人的管理者则以自我效用最大化为目标进行经营决策。股东与管理者之间的利益冲突使他们对待风险的态度存在差异。具体表现为:股东可以通过多样化投资来分散风险,从而表现为风险偏好或风险中性;管理者的人力资本高度集中于任职企业,其冒险行为引起的企业业绩波动必然会威胁到职位安全和收入稳定。因此,出于追求私有收益的动机以及对职业生涯及声誉的关注,为降低自身面临的风险,管理者在决策过程中往往会表现出风险规避倾向,即"代理人风险规避"假说(Cole et al.,2011)。不仅如此,考察高风险投资项目需要耗费管理者较大的时间和精力成本(张洪辉、章琳一,2016;王菁华、茅宁等,2015;苏坤,2016)。基于成本效益以及声誉和职业发展考虑,管理者很有可能宁可选择保守的低收益项目,也不愿投资于净现值为正的风险项目。这种因管理者规避风险而导致的企业风险承担不足被视为一种间接代理成本(Eisenmann,2002;Mishra,2011;何威风等,2016)。

然而,实施高风险但 NPV 为正的投资项目、提高企业风险承担水平,有助于企业发展壮大和股东财富增值,是企业业绩提升的重要途径。因此,为了缓解代理问题导致的管理者风险规避行为,股东必须设计相应的激励机制,以协调股东与管理者之间利益的一致性。这种薪酬激励既包括以货币薪酬水平为主要表现形式的显性激励,又包括以薪酬差距为表现形式的隐性职位晋升激励。

Lazear 和 Rosen(1981)提出的锦标赛理论提倡高管团队成员薪酬高低应与高管个人相对业绩排名挂钩,同时把管理者看作晋升锦标赛中的竞争者,薪酬差距则是企业对锦标赛胜出者给予的额外奖励,能激励较低层级的高管为实现职位晋升而提升工作积极性、改善个人业绩,进而达到提升企业整体绩效的作用。高管团队薪酬差距的晋升激励作用的发挥途径可以概括为三个方面:①非 CEO 高管成功晋升后，能获得包括薪酬、权力、成就感，以及在职消费等更多的额外收益，因此 CEO 与非 CEO 高管薪酬差距可以看作为非 CEO 高管提供了潜在的职位晋升激励（廖理等，2009）；②同一层级的非 CEO 高管从某一职位调动到另一更为重要的岗位，也伴随着薪酬提升、权力增大等收益，实际也是一种晋升，薪酬差距同样在非 CEO 高管内部发挥着晋升激励效应；③在管理者晋升锦标赛中，高管团队薪酬差距的激励作用营造出一种"你追我赶"的竞赛氛围。为了避免被低层级高管所超越，较高层级的管理者也会为了维持既得薪酬水平和职位安全而努力工作。因此尽管 CEO 在企业组织结构中处于科层制度的顶点，薪酬差距对其无激励效应，但面对其他管理者的竞争与挑战，其也会迫于压力而加大努力投入。

高管团队薪酬差距通过对非 CEO 高管提供晋升激励，进而影响着管理者的风险选择行为。对于企业风险承担这样的重大财务决策，并非由 CEO 一人做出，而是高管团队共同商议达成决定的结果，因此高管团队成员的风险态度势必会对企业整体风险承担水平产生影响。具体而言，由于只有个人相对业绩排名更佳的管理者才能从激烈的晋升竞争中胜出，因此管理者为了实现职位晋升，有动力改善个人业绩以谋求竞争优势。如果每一位非 CEO 高管选择了和其他竞争对手同样的风险水平，则他们最后的相对业绩、在晋升锦标赛中胜出的概率都将会是相同的；相反，高风险但 NPV 为正的投资项目提供了盈利的可能性，非 CEO 高管则可以通过增加对高风险高收益项目的投资来提升个人获胜概率。由于高管能力难以事先衡量，董事会也往往难以辨别这种高业绩是非 CEO 高管高能力所致，还是投资于高风险项目所致，所以更具冒险精神的管理者获得职位晋升的可能性较大（Goel and Thakor，2008）。当管理者竞相做出高风险决策时，企业整体风险承担水平势必得到提高。例如，Kini 等（2012）发现，锦标赛式的晋升激励机制能促使高管承担更多的风险性投资。由此，本章提出以下假设：

H4-1：在其他条件相同的情况下，高管团队内部薪酬差距发挥着晋升激励效应，能促进管理者风险承担意愿，进而提升了企业风险承担水平。

鉴于国有与非国有企业在委托代理问题、治理机制以及高管薪酬制度背景等方面都存在较大差异（徐莉萍等，2006），本章将进一步从晋升锦标赛与行为理论两个视角出发，考察不同产权性质下高管团队薪酬差距对企业风险承担水平影响的差异性。

在锦标赛视角下，晋升激励效用的有效发挥，需建立在晋升锦标赛公平性的基础之上（缪毅等，2014）。一方面，国有企业中晋升锦标赛公平性的缺失将会削弱高管团队薪酬差距的晋升激励作用。政府对国有企业高管实施行政任免时，不可避免地会受候选人政治背景、政治联系的影响，导致高管有动机通过获得政治联系或迎合上级部门偏好来获得职位晋升。相应地，晋升锦标赛并非完全依赖于高管的努力水平和相对业绩，其公平性也大打折扣。与国有企业相比，民营企业不与政府的任命挂钩，其晋升机制相对更加公平，薪酬差距产生的激励作用也相对更加有效。另一方面，国有企业高管薪酬受政府一定程度的管制，管理者即便实现职位晋升，其薪酬提升水平仍受到限制，导致薪酬差距的激励作用十分有限。陈信元等（2009）认为，当货币化薪酬受到政府管制时，会替代地形成多元化的、不直接以货币为依据的报酬体系。尤其是近年来不断下发的国企"限薪令"，更促使国有企业管理者将获取私利的形式由薪酬转为更加隐蔽的财务活动。因此相比晋升后薪酬的提升，管理者更加倾向于晋升带来更大权力、荣耀与在职消费，甚至是权力寻租等利益（辛清泉、谭伟强，2009；徐细雄，2012）。黎文靖等（2012）发现，国有企业内部的薪酬差距并不能对高管产生激励效应，相反其代表着高管权力，管理者薪酬差距与其努力程度间的因果关系变得更加复杂。因此，国有企业中高管薪酬差距的激励作用十分有限。

在行为理论视角下，尽管在市场经济蓬勃发展的时代背景下，我国企业薪酬已经形成了以"按劳分配"为原则的分配体系。然而，历史上长期大锅饭的分配形式，以及国有企业一直承担着经济发展战略引领和促进社会公平的双重作用，使得近年来国有企业薪酬改革在强调企业效率的同时，更多地突出了社会公平的政策导向，导致国有企业管理者普遍更注重分配的公平性，甚至在某种程度上追求平均主义。因此，国有企业高管团队内部薪酬差距的拉大更容易滋生管理者的不满情绪，挫伤了其工作积极性。这种不公平感很可能导致薪酬水平较低的高管规避风险的倾向更强，其原因是：一方面，风险项目成功获得的收益很可能被薪酬水平较高的高管所侵占，而风险项目的失败伴随的损失则要由全体高管来承担。为防范风险项目失败对自身利益造成进一步侵害，那些薪酬水平相对较低的高管在风险项目的选择上持有规避态度。企业风险承担决策是高管团队共同商议达成决定的结果，因此国有企业过大的薪酬差距使薪酬水平较低的高管规避风险倾向更强，这无疑影响到企业整体风险承担水平。另一方面，即便有高管出于企业未来长期发展考虑而提倡高风险但 NPV 大于零的投资项目，也有可能难以得到那些不公平感较强的高管的支持。那些薪酬水平较低的管理者在团队协作中很可能带有不满情绪，表现为极力反对某些管理者的风险决策，甚至做出某些破坏性行为。因此，有理由认为相对于非国有企业，国有企业内部高管团队薪酬差距更加不利于企业风险承担水平的提升。

另外，政府干预理论认为，政府会通过行政干预使国有企业承担政府的一些社会职能以维持社会稳定，比如就业、经济发展、社会稳定、财政盈余、政府官员晋升等（陈信元等，2009）。上述政策性负担使国企管理者经营目标由利润最大化转变得更加多元化，而承担大量社会责任取代了相对业绩，成为高管晋升的重要因素（刘青松、肖星，2015）。这也就导致企业绩效与管理者努力之间的因果关系模糊，削弱了以业绩为基础的薪酬契约有效性（廖冠民等，2014）。另外，政府干预对国有企业风险承担水平也会产生影响，余明桂等（2013）认为，过高的风险承担水平不利于国企实现政府的社会稳定目标。因此，国有企业高管团队薪酬差距促进企业风险承担水平的激励效应将十分有限。

可见，无论是基于锦标赛理论还是基于行为理论，针对国有企业更多的行政干预和薪酬管制都可能使高管团队薪酬差距对高管风险承担意愿的激励作用被削弱。以往的国内外研究也表明，民营企业中高管薪酬差距能够促使高管实施更多的风险性投资（Kini et al.，2012），比如提高企业的研发投资水平（张兆国等，2014），对企业风险承担水平的晋升激励作用更强。由此，结合前文关于高管团队薪酬差距与企业风险承担之间关系的讨论，并考虑产权性质的影响，提出以下假设：

H4-2：与非国有企业相比，国有企业中高管团队内部薪酬差距对风险承担水平的正向影响相对较弱。

第二节　研究设计

一、研究样本与数据来源

根据我国上市公司年报中披露的在公司领取薪酬的高管人员情况，并基于以往研究和数据的可获得性，本章所指高管为公司总经理、副总经理、财务总监、董事会秘书等，不包括董事会和监事会成员；所指CEO为上市公司披露的含有"总裁""总经理""首席执行官"等字样的高管。本章选取2008～2015年沪深两市A股上市公司为初始样本，并在此基础上进行了如下处理：①剔除金融类上市公司；②剔除ST和*ST上市公司；③剔除相关数据缺失的上市公司；④剔除相关数据存在明显异常现象（如资产负债率大于1）的样本。最终得到7年共10661个观测值，其中国有上市公司4896个，非国有上市公司5765个。为避免离群值的影响，保证估计结果的可靠与稳健，对所有的连续变量均进行了首尾（1%，99%）的缩尾处理。研究的财务数据均来自国泰安数据库以及上市公司年报，上市公司高管数据来自国泰安数据库，并以百度、新浪财经等披露的管理者数据作为补充。

二、变量设计与检验模型

（一）被解释变量——企业风险承担

已有文献采用企业盈利波动性、股票回报波动性、负债比率、研发支出、资本性支出等来度量企业风险承担水平。由于现金流入的不确定性与企业风险承担有着直接关系，采用盈利波动性度量企业风险承担应用最为广泛。因此，本章采用上市公司盈利的纵向波动性来衡量企业风险承担水平。盈利纵向波动性反映的是同一公司在某一观测时间段内各年财务业绩指标的离散程度。具体地，参考John等（2008）、Boubakri等（2011）、何威风等（2016）的研究，本章采用上市公司3年内ROA的滚动标准差作为企业风险承担的替代变量，用符号RiskT1表示。企业在t期的风险承担水平$RiskT1_t$，即为$t-1$、t和$t+1$期三年ROA的标准差。在计算企业风险承担水平时，对样本公司每一年的ROA都按年度和行业的均值进行了调整，具体计算采用式（4-1）和式（4-2）进行：

$$ROA_{in\_}ADJ = \frac{EBITDA_{in}}{ASSETS_{in}} - \frac{1}{X_n}\sum_{k=1}^{X} \frac{EBITDA_{kn}}{ASSETS_{kn}} \qquad 式（4-1）$$

$$RiskT_{it} = \sqrt{\frac{1}{N-1}\sum_{n=1}^{N}\left(ROA_{in\_}ADJ - \frac{1}{N}\sum ROA_{in\_}ADJ\right)^2} \mid N=3 \qquad 式（4-2）$$

其中：ROA为公司总资产收益率，以税息折旧加摊销前利润（EBITDA）与总资产（ASSETS）比值表示。i表示企业；n代表观察时段内的年份，本章选择的观察时段为3年；X表示行业内的企业总数量；k为该行业的第k家企业。式（4-1）表示用上市公司行业平均值对企业每一年的总资产收益率进行调整；式（4-2）为计算企业在观测时间段内经行业调整的总资产收益率的标准差，该标准差即为企业纵向风险承担数值。

另外，在稳健性检验中，本章还采用以下两种方法计量企业风险承担水平：①使用上市公司3年内ROA最大值与最小值之差作为企业风险承担的替代变量，用符号RiskT2表示。②前文采用盈利纵向波动性即目标企业历年业绩的离散程度来衡量企业风险承担水平，但也有研究采用盈利横向波动性，即目标企业当年业绩与对照企业当年业绩均值的偏离程度来衡量企业风险承担水平（Adams，2005；Cheng，2008；李海霞、王振山，2015）。因此，本章稳健性检验部分还将采用盈利横向波动性作为企业风险承担的替代变量进行稳健性检验。具体地，借鉴 Cheng（2008）及李海霞和王振山（2015）的方法，对企业 ROA 决定模型分年度和行业进行 OLS 回归，模型残差的绝对值，即代表企业横向风险承担水平，用符号 $RiskT3$ 来表示。

（二）解释变量

本章的主要解释变量高管团队内部薪酬差距包括 CEO 与非 CEO 高管薪酬差距以及非 CEO 高管间的薪酬差距。参考李绍龙等（2012）、张正堂（2008）、张兴亮和夏成才（2015）的方法，本章选取 CEO 薪酬与非 CEO 平均薪酬之差的自然对数作为 CEO 与非 CEO 高管薪酬差距替代变量，即 $Ingap1$；参照张洪辉和章琳一（2016）的方法，选取非 CEO 高管间薪酬标准差的自然对数作为非 CEO 高管薪酬差距替代变量，即 $Ingap2$。

由于负向薪酬差距并不具有激励效应，借鉴廖冠民等（2012）和张洪辉等（2016）的做法，将原始薪酬差距大于 0 的观测值认定为具有激励效应，而将薪酬差距小于 0 的观测值认定为不具有激励效应，剔除回归样本。

（三）控制变量

参考高管团队薪酬差距与企业风险承担的现有研究成果，本章选取以下控制变量：

1. 资产负债率（lev）

企业资产负债率对企业风险承担水平施加着重要影响：一方面，企业负债水平越高，其债务及融资成本越高，企业可能面临更大风险（Singh，1986）；另一方面，对于资产负债率较高的企业，债权人出于自身利益很有可能会限制企业冒险行为。本章用"负债总额/资产总额"来衡量企业的资产负债率（lev）。

2. 企业规模（size）

规模较大的企业可能存在规模经济，具有较强获取资源和实现投资机会的更有可能投资风险较高的项目，从而提升企业的风险承担水平。本章用"企业总资产的自然对数"来衡量企业规模（size）。

3. 公司成长性（growth）

一般研究认为，高成长性的企业更有动机在高风险水平的战略机制下寻求更多的发展机会。本章借鉴余明桂等（2013）的研究，用"主营业务收入增长率"来衡量公司的成长性（growth）。

4. 期初盈利能力（roa）

企业绩效表现越差，越有动机去提高风险承担水平，以提升未来绩效，因此企业当年的盈利水平对未来风险承担行为也会产生一定影响。本章使用"企业期初总资产收益率"（roa）来衡量企业期初盈利能力。

5. 股权集中度（top1）

在股权较为集中的企业里，大股东的财富资本与人力资本都高度集中，因此大股东有动机也有能力通过采取保守的投资策略来满足其自身收益（Mishra，2011；Kim and Lu，2011；Cole et al.，2011）。本章选取"第一大股东持股比例"作为股权集中度的衡量指标，用 top1 表示。

6. 管理层持股比例（mshare）

已有研究分别从经典代理理论与行为代理理论两个视角出发，解释了管理层股权激励对高管风险承担的影响（Jensen and Meckling，1976；Wiseman and Gomez - Mejia，1998）。管理层持股比例会对企业风险承担水平产生一定影响，本章用"全体管理层持股数量/公司总股本"衡量管理层持股比例（nshare）。

7. 两职合一（dual）

Finkelstein（1992）指出，在组织的科层结构中，总经理职位本身已拥有组织授予的某些正式权力，如果同时还兼任董事长或其他职位，其权力将进一步膨胀。相关研究得出管理层权力会影响企业风险承担水平，因此本章还控制了总经理与董事长是否两职合一（dual）这一虚拟变量，总经理兼任董事长，dual 取 1，否取 0。

8. 上市年限（listyears）

一般认为，上市公司成立年限越长，越有抗风险的客观能力，挑战风险的主观意愿。本章用"（公司上市年限 +1）的自然对数"衡量公司上市年限。

9. 产权性质（SOE）

企业实际控制人的身份差异，可能会造成企业投资决策和经营目标的不同，从而给企业风险承担水平带来不同影响。企业实际控制人为政府、国资委或国有企业时，将其定义为国有上市公司，产权性质的虚拟变量 SOE 取 1；当上市公司的实际控制人为自然人或其他时，将其定义为非国有上市公司，SOE 取值为 0。

此外，宏观经济周期中的经济波动同样会对企业风险承担产生影响，不同行业的特征也会对此产生影响（Nguyen，2011）。因此，本章还在相应的回归检验中控制了年度（year）和行业（ind）虚拟变量。其中，根据 2012 年证监会发布的《上市公司行业分类指引》，对于非制造业的企业按照行业门类进行编码；对于制造业的企业则细分到行业次类,用其行业大类的前两位进行编码。

上述主要变量的定义如表 4-1 所示:

表 4-1 主要变量说明

变量名称	变量符号	变量定义
企业风险承担	$RiskT1_t$	上市公司 3 年内($t-1$、t、$t+1$)经行业调整的 ROA 的标准差
	$RiskT2_t$	上市公司 3 年内($t-1$、t、$t+1$)经行业调整的 ROA 最大值与最小值之差(稳健性检验)
	$RiskT3_t$	ROA 横向波动程度,具体使用 ROA 决定模型的残差绝对值表示(稳健性检验)
CEO 与非 CEO 高管薪酬差距	lngap1	CEO 薪酬与非 CEO 平均薪酬之差的自然对数
非 CEO 高管薪酬差距	lngap2	非 CEO 高管间薪酬标准差的自然对数
资产负债率	lev	年末债务账面总价值与资产账面总价值之比
公司规模	size	总资产的自然对数
公司成长性	growth	主营业务收入增长率
期初盈利能力	roa	期初总资产收益率 = 期初净利润/期初总资产
股权集中度	top1	第一大股东持股比例
管理层持股比例	mshare	全体管理层持股数量/公司总股本
两职合一	dual	总经理是否兼任董事长,是取 1,否取 0
上市年限	listyears	公司上市年限加 1 后取自然对数,即 ln(1 + 企业上市年限)
产权性质	SOE	上市公司实际控制人性质,国有上市公司为 1,民营上市公司为 0

(四) 模型设计

由于企业当期的高管薪酬水平大多由上期或提前数期董事会所决定,同时考虑到可能存在的反向因果等内生性问题,因此假设检验模型中的解释变量与控制变量均使用其滞后一期的数据,即被解释变量 $RiskT1_t$ 是企业在 $t-1$、t 和 $t+1$ 3 年内经行业调整的 ROA 的标准差,解释变量与控制变量都选取企业进入相应观测时段的第一年(即 $t-1$ 期)的期末值(John et al.,2008;李文贵、余明桂,2012)。如果滞后一期的高管团队薪酬差距观测值以后期间不满 3 年,则将其剔出回归。

为检验假设 H4-1,设定如下模型(4-1)。同时为检验假设 H4-2,本章将全样本依据产权性质分为国有与非国有两组子样本，进行分组回归分析，并比较回归结果。

$$RiskT1_t = \alpha_0 + \alpha_1 Ingap1_{t-1}/Ingap2_{t-1} + \alpha_2 lev_{t-1} + \alpha_3 size_{t-1} + \alpha_4 growth_{t-1} + \alpha_5 roa_{t-1} + \alpha_6 top1_{t-1} + \alpha_7 mshare_{t-1} + \alpha_8 dual_{t-1} + \alpha_9 listyears_{t-1} + \alpha_{10} SOE + \alpha_{11} \sum ind + \alpha_{12} \sum year + u$$
模型（4-1）

第三节 实证检验

一、描述性统计

（一）样本上市公司高管团队薪酬差距概况

为直观地描述本章最终选取的 2008~2015 年 10661 个样本上市公司高管团队内部薪酬差距的整体水平，本节首先分年度统计样本上市公司 CEO 薪酬、非 CEO 高管薪酬以及高管团队薪酬差距的平均水平，各年度均值如表 4-2 所示：

表 4-2 样本企业高管薪酬及高管团队内部薪酬差距年度均值

年份	2008	2009	2010	2011	2012	2013	2014	2015
CEO 薪酬	473802	525982	621187	652330	663073	699033	743507	815797
非 CEO 薪酬	288555	322558	376614	392081	399717	428759	451685	479749
CEO—非 CEO 薪酬差距	185247	203424	244572	260249	263357	270274	291822	336048
非 CEO 薪酬标准差	72048	84668	100686	107872	115930	124047	134379	148346

注：CEO 薪酬、非 CEO 薪酬以及 CEO—非 CEO 薪酬差距的单位为（元）。

从表 4-2 的统计中可以看出，2008~2015 年，样本上市公司 CEO 薪酬、非 CEO 高管薪酬以及高管团队薪酬差距平均水平都呈现逐步上升趋势。其中，就 CEO 与非 CEO 高管薪酬均值而言，2008 年 CEO 平均薪酬为 473802 元，而到 2015 年，CEO 平均薪酬提升至 815797 元，增幅近一倍；非 CEO 平均薪酬也从 2008 年的约 28.9 万元上涨至 2015 年的近 48 万元，虽然整体而言非 CEO 平均薪酬水平不及 CEO 平均薪酬，但仍然同样呈现出持续上涨趋势。就高管团队薪酬差距而言，CEO 与非 CEO 高管薪酬水平的上涨幅度不同，也导致了 CEO 与非

CEO 薪酬差距的变动。平均而言，CEO 与非 CEO 高管薪酬差距从 2008 年约 18.5 万元增大到 2015 年的近 34 万元；同时，从非 CEO 薪酬的标准差变化趋势可以看出，样本上市公司非 CEO 高管间薪酬水平的差距也持续拉大。总之，在本样本年度内，样本上市公司 CEO 薪酬、非 CEO 高管薪酬以及高管团队薪酬差距均呈现逐年增长趋势，且增长幅度各不相同。

为了直观观察不同产权性质企业高管团队薪酬差距平均水平的差异，本节还依据产权性质分别对国有与非国有样本上市公司 2008~2015 年的 CEO 薪酬、非 CEO 高管薪酬以及高管团队薪酬差距的平均水平进行统计与比较分析。具体统计结果如表 4-3、图 4-1~图 4-4 所示：

表 4-3 样本企业高管薪酬及高管团队内部薪酬差距年度均值（分产权性质）

年份		2008	2009	2010	2011	2012	2013	2014	2015
CEO 薪酬	非国有	470404	517137	605566	597578	619034	652966	711291	808848
	国有	475846	531742	633683	716037	723649	769505	795216	828674
非 CEO 薪酬	非国有	250638	277459	333616	333848	350213	377317	405254	445506
	国有	311374	351928	411012	459840	467810	507452	526208	543202
CEO—非 CEO 薪酬差距	非国有	219766	239678	271950	263730	268822	275649	306037	363342
	国有	164473	179814	222670	256197	255839	262052	269008	285471
非 CEO 薪酬标准差	非国有	76882	85477	102075	105888	113439	123427	134222	155733
	国有	69139	84141	99576	110181	119356	124995	134632	134656

注：CEO 薪酬、非 CEO 薪酬以及 CEO—非 CEO 薪酬差距的单位为（元）。

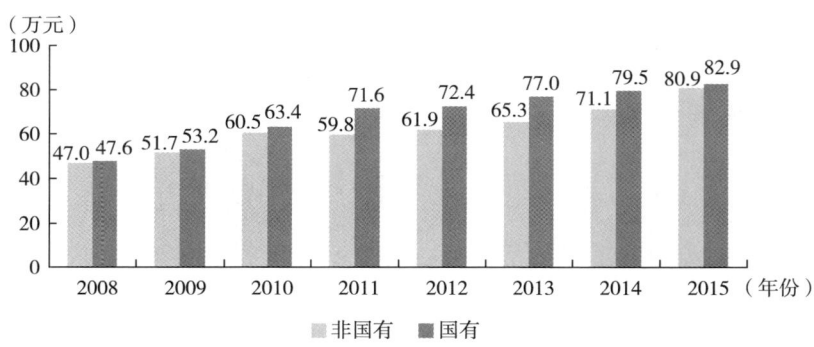

图 4-1 CEO 薪酬均值分产权性质比较

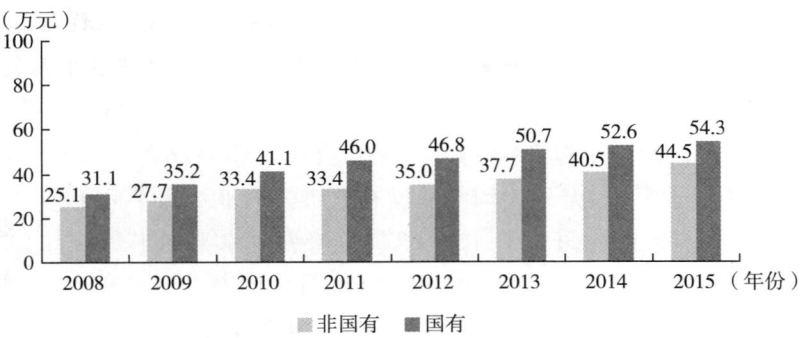

图 4-2 非 CEO 薪酬均值分产权性质比较

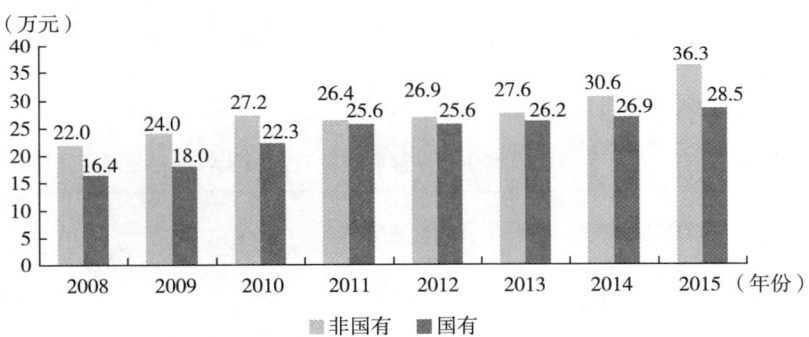

图 4-3 CEO—非 CEO 薪酬差距均值分产权性质比较

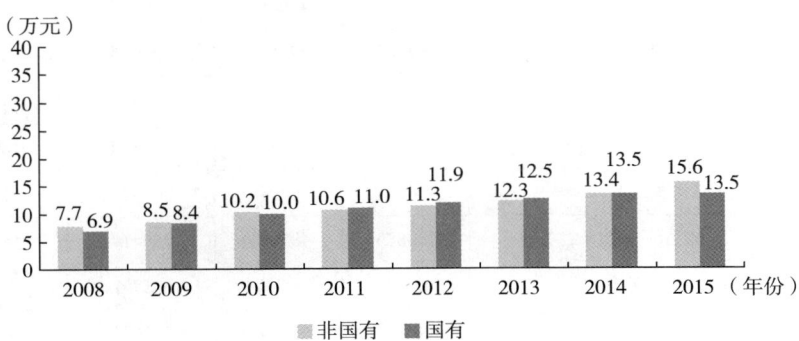

图 4-4 非 CEO 薪酬差距均值分产权性质比较

从表 4-3 以及图 4-1 至图 4-4 的统计可以看出：①2008~2015 年，无论是 CEO 薪酬还是非 CEO 高管薪酬，样本中国有上市公司的整体平均水平均高于非国有上市公司的平均水平；②2008～2015年，国有上市公司CEO与非CEO高管薪酬差距均不及非国有上市公司平均水平，即平均而言，非国有上市公司CEO与非CEO高管薪酬差距高于国有上市公司整体水平；③就非CEO高管薪酬差距而言，在2008～2015年，除2015年国有上市公司非CEO高管薪酬标准差明显高于非国有上市公司外，其余年度均与非国有上市公司平均水平几乎持平。总之，虽然平均而言国有上市公司CEO与非CEO高管薪酬水平高于非国有上市公司，但是相比非国有上市公司，国有上市公司CEO与非CEO高管薪酬差距相对较小。

本节还以2015年样本公司为例，以证监会2012年发布的上市公司行业分类标准为依据，对不同行业门类中企业CEO薪酬、非CEO高管薪酬以及高管团队薪酬差距的平均水平进行统计与比较分析。由于本章在实证分析前剔除了金融业上市公司，因此本节样本中也未包含金融业上市公司。分行业的均值统计结果如表4-4和图4-5所示：

表4-4　2015年各行业样本企业高管薪酬及高管团队内部薪酬差距均值

行业分类	CEO薪酬	非CEO薪酬	CEO—非CEO薪酬差距	非CEO薪酬标准差
A 农、林、牧、渔业	474696	311596	163100	107712
B 采矿业	797865	482614	315250	135114
C 制造业	776780	446560	330220	142288
D 电力、热力、燃气及水生产和供应业	652915	442088	210827	118037
E 建筑业	767703	476677	291026	149965
F 批发和零售业	912507	547914	364593	172367
G 交通运输、仓储和邮政业	722107	491567	230540	109672
H 住宿和餐饮业	476375	268948	207427	118635
I 信息传输、软件和信息技术服务业	780883	481464	299419	149355
K 房地产业	1659727	1003974	655752	284903
L 租赁和商务服务业	1087392	611699	475693	206508
M 科学研究和技术服务业	980673	551905	428769	132080
N 水利、环境和公共设施管理业	567723	355302	212421	109886
P 教育	650000	500000	150000	57735
Q 卫生和社会工作	498633	311630	187003	152340

续表

行业分类	CEO 薪酬	非 CEO 薪酬	CEO—非 CEO 薪酬差距	非 CEO 薪酬标准差
R 文化、体育和娱乐业	1014844	512313	502531	166815
S 综合	840269	488646	351623	119847

注：CEO 薪酬、非 CEO 薪酬以及 CEO—非 CEO 薪酬差距的单位为（元）。

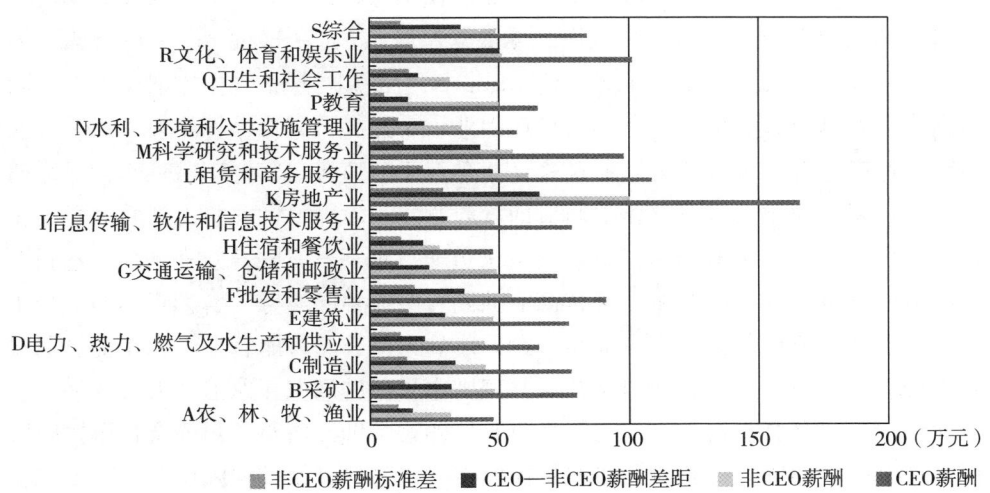

图 4-5　2015 年样本企业高管薪酬及高管团队内部薪酬差距年度均值条形图（分行业）

从表 4-4 和图 4-5 的统计中可以看出，不同行业之间 CEO 与非 CEO 高管薪酬平均水平及高管团队薪酬差距存在较大差异。其中，房地产行业上市公司 CEO、非 CEO 高管以及高管团队内部薪酬差距均处于各行业中最高水平。在各行业上市公司中，农、林、牧、渔行业 CEO 平均薪酬最低，教育行业非 CEO 高管薪酬平均水平最低。就高管团队内部薪酬差距而言，卫生和社会工作行业 CEO 与非 CEO 薪酬差距最小，农、林、牧、渔行业非 CEO 高管间薪酬差距最小。

（二）主要变量描述性统计

表 4-5 是对样本企业主要研究变量的描述性统计。结果显示，样本企业风险承担的均值为 0.035，最小值为 0.001，最大值为 0.363，从极差来看，我国不同企业的风险承担水平存在较大差异。在财务控制变量方面，企业资产负债比均值为 0.441，说明我国上市公司资产负债率平均水平适中，但较大的极差说明不同公司间负债水平差异很大；企业规模的中位数与其均值较接近，说明总体上我

国上市公司规模符合正态分部特征;企业成长性即主营业务收入增长率均值为0.206,期初总资产收益率均值为0.041,表明我国上市公司大多具有较强的主营业务经营及获利能力,经营绩效较好。在公司治理控制变量方面,第一大股东持股比例最小值为9.229,而最大值达到75.73;管理层持股同样表现出明显差异。

表4-5 主要变量描述性统计

变量	观测值	均值	标准差	最小值	中位数	最大值
$RiskT1_t$	10661	0.035	0.043	0.001	0.021	0.363
$lngap1_{t-1}$	10661	11.90	1.059	8.488	11.92	14.55
$lngap2_{t-1}$	10661	11.05	1.145	7.173	11.18	13.66
lev_{t-1}	10661	0.441	0.211	0.048	0.441	0.900
$size_{t-1}$	10661	21.89	1.214	19.24	21.74	25.59
$growth_{t-1}$	10661	0.206	0.516	-0.604	0.121	3.931
roa_{t-1}	10661	0.041	0.051	-0.189	0.037	0.197
$top1_{t-1}$	10661	35.46	14.88	9.229	33.57	75.73
$mshare_{t-1}$	10661	0.059	0.130	0	0	0.604
$dual_{t-1}$	10661	0.234	0.423	0	0	1
$listyears_{t-1}$	10661	2.063	0.772	0	2.197	3.296
SOE_{t-1}	10661	0.445	0.497	0	0	1

二、相关性分析

表4-6报告了主要变量的皮尔森(Pearson)检验系数。结果表明,CEO与非CEO高管薪酬差距变量$lngap1_{t-1}$和非CEO高管间薪酬差距变量$lngap2_{t-1}$都与风险承担$RiskT1_t$负相关,然而简单相关系数并不能完全说明两者间的关系。在控制其他因素以及考虑产权性质后,两者相关性如何仍值得进一步线性回归检验。在其他控制变量与$RiskT1_t$的相关性系数方面,lev_{t-1}、$growth_{t-1}$、$listyears_{t-1}$与$RiskT1_t$显著正相关,$size_{t-1}$、roa_{t-1}、$top1_{t-1}$、$mshare_{t-1}$与$RiskT1_t$显著负相关。此外,除公司上市年限($listyears_{t-1}$)与资产负债率(lev_{t-1})之间的相关系数为0.421外,其他均未超过0.4,这表明本章的研究不存在严重的多重共线性问题。

表 4-6 相关性分析

	$RiskT1_t$	$lngap1_{t-1}$	$lngap2_{t-1}$	lev_{t-1}	$size_{t-1}$	$growth_{t-1}$	roa_{t-1}	$top1_{t-1}$	$mshare_{t-1}$	$dual_{t-1}$	$listyears_{t-1}$
$RiskT1_t$	1										
$lngap1_{t-1}$	-0.077***	1									
$lngap2_{t-1}$	-0.086***	0.562***	1								
lev_{t-1}	0.044***	0.009	0.018*	1							
$size_{t-1}$	-0.126***	0.252***	0.269***	0.467***	1						
$growth_{t-1}$	0.055***	-0.006	-0.006	0.056***	0.036***	1					
roa_{t-1}	-0.086***	0.184***	0.148***	-0.361***	0.001	0.195***	1				
$top1_{t-1}$	-0.020**	-0.009	0.010	0.060***	0.245***	0.037***	0.089***	1			
$mshare_{t-1}$	-0.083***	0.019*	0.015	-0.308***	-0.242***	0.029***	0.122***	-0.066***	1		
$dual_{t-1}$	-0.037***	0.091***	0.033***	-0.172***	-0.175***	0.009	0.041***	-0.071***	0.478***	1	
$listyears_{t-1}$	0.081***	0.043***	0.041***	0.421***	0.308***	-0.023**	-0.185***	-0.075***	-0.477***	-0.246***	1

注：***、**和*分别表示在1%、5%和10%的水平上显著。

三、多元回归分析

为检验我国上市公司高管团队内部薪酬差距对企业风险承担水平的影响,本部分对模型(4-1)进行面板数据混合 OLS 多元线性回归,同时为了检验高管团队内部薪酬差距与企业风险承担之间关系在国有与非国有企业中的差异性,本部分还将全样本依据产权性质分为国有与非国有两组子样本,对其进行分组回归分析,并比较回归结果。多元线性回归的结果如表 4-7 所示。

表 4-7 高管团队内部薪酬差距与企业风险承担的回归结果

解释变量	被解释变量:$RiskT1t$					
	(1) 全样本	(2) 国有	(3) 非国有	(4) 全样本	(5) 国有	(6) 非国有
$lngap1_{t-1}$	0.00153** (2.442)	0.000953 (0.989)	0.00205** (2.487)			
$lngap2_{t-1}$				0.00139*** (2.689)	0.000835 (1.178)	0.00208*** (2.724)
SOE_{t-1}	-0.00778*** (-5.255)			-0.00773*** (-5.224)		
lev_{t-1}	0.0162*** (4.249)	0.00521 (0.928)	0.0248*** (4.657)	0.0163*** (4.262)	0.00527 (0.939)	0.0247*** (4.639)
$size_{t-1}$	-0.00621*** (-9.644)	-0.00278*** (-3.276)	-0.0111*** (-10.61)	-0.00630*** (-9.716)	-0.00284*** (-3.329)	-0.0112*** (-10.66)
$growth_{t-1}$	0.00173 (1.410)	0.000997 (0.550)	0.00225 (1.355)	0.00171 (1.401)	0.000972 (0.536)	0.00227 (1.369)
roa_{t-1}	-0.00556 (-0.412)	-0.0733*** (-3.592)	0.0537*** (2.965)	-0.00456 (-0.340)	-0.0721*** (-3.578)	0.0536*** (2.961)
$top1_{t-1}$	0.000134*** (3.224)	6.09e-05 (1.005)	0.000193*** (3.288)	0.000132*** (3.171)	5.91e-05 (0.978)	0.000190*** (3.234)
$mshare_{t-1}$	-0.00352 (-0.627)	0.00675 (0.0994)	-0.00425 (-0.716)	-0.00408 (-0.727)	0.00518 (0.0763)	-0.00482 (-0.813)
$dual_{t-1}$	0.000543 (0.336)	0.00197 (0.643)	0.000278 (0.147)	0.000833 (0.518)	0.00216 (0.710)	0.000659 (0.349)
$listyears_{t-1}$	0.0143*** (14.31)	0.0129*** (7.486)	0.0152*** (11.72)	0.0143*** (14.32)	0.0129*** (7.450)	0.0152*** (11.75)

续表

解释变量	被解释变量：$RiskT1_t$					
	（1）全样本	（2）国有	（3）非国有	（4）全样本	（5）国有	（6）非国有
Constant	0.140 ***	0.0745 ***	0.230 ***	0.145 ***	0.0782 ***	0.233 ***
	(9.868)	(3.771)	(10.35)	(10.63)	(4.190)	(10.71)
行业与年度	控制	控制	控制	控制	控制	控制
F	59.467	29.900	35.329	59.509	29.915	35.373
Observations	10661	4896	5765	10661	4896	5765
Adj_R^2	0.168	0.177	0.173	0.168	0.177	0.173

注：*、**、*** 分别表示在 10%、5%、1% 的显著性水平上显著，括号内为 t 检验值。

表 4-7 中列示了高管团队内部薪酬差距与企业风险承担水平的线性回归结果。从第（1）列与第（4）列全样本回归结果可以看出，CEO 与非 CEO 平均薪酬差距 $Ingap1_{t-1}$ 以及非 CEO 高管薪酬标准差 $Ingap2_{t-1}$ 对企业风险承担 $RiskT1_t$ 的回归系数分别为 0.00153 与 0.00139，且分别在 5% 与 1% 的统计水平上显著，这说明 CEO 与非 CEO 平均薪酬差距以及非 CEO 间薪酬差距均与企业风险承担水平呈显著正相关。前文提出的假设 H4-1 得到了回归结果的验证，即企业高管团队内部薪酬差距显著提升了企业风险承担水平，锦标赛理论在解释高管团队内部薪酬差距的激励作用中发挥主要作用。结合前文理论分析，我们认为，在企业高管团队薪酬差距的激励作用下，低层级高管为了潜在的晋升机会和晋升后薪酬水平的提升有动机选择高风险但净现值大于零的投资项目。此时，高管团队薪酬差距能够协调管理者与股东之间的利益，缓解管理者风险规避行为，表现为提升了企业风险承担水平。

表 4-7 中依据产权性质分组回归结果显示，第（2）与第（5）列国有企业高管团队内部薪酬差距变量 $Ingap1_{t-1}$ 与 $Ingap2_{t-1}$ 对企业风险承担 $RiskT1_t$ 的回归系数均不具有统计上的显著性，即国有企业高管团队内部薪酬差距与企业风险承担水平并不存在显著的线性相关关系。第（3）与第（6）列针对非国有企业样本的回归结果显示，$Ingap1_{t-1}$ 与 $Ingap2_{t-1}$ 对企业风险承担 $RiskT1_t$ 的回归系数分别为 0.00205 与 0.00208，且分别在 5% 与 1% 的水平上显著，即在非国有企业中，高管团队内部薪酬差距显著提升了企业风险承担水平，说明锦标赛理论在解释非国有企业高管团队内部薪酬差距的激励作用中发挥主要作用。因此，前文提出的假设 H4-2 得到了回归结果的验证，即国有产权性质弱化了高管团队薪酬差

距对企业风险承担的正向激励作用。

在控制变量对企业风险承担的影响方面,产权性质对企业风险承担水平显著负相关,说明在整体上我国国有上市公司中风险承担水平不如非国有上市公司,此结果与李文贵等（2012）的研究结果相同。其可能原因是：国有企业管理层激励约束机制的缺失和分散的股权结构给管理层提供了更多的机会主义行为空间,进一步为管理者通过采取偷懒行为来实现风险规避提供了条件,最终导致了企业资本配置低效率。公司上市年限与企业风险承担呈显著正相关,说明企业上市时间越久,其风险承担能力越强。财务类控制变量的回归结果与 Faccio 等（2011）、余明桂等（2013）以及张洪辉和章琳一（2016）等类似：企业规模越大,风险承担水平越低；期初盈利能力越强,风险承担水平越低；企业负债率越高、上市时限越长,风险承担水平越高。

四、进一步分析：考虑财务弹性

企业经营和财务状况会对管理层的战略决策产生不可忽视的影响。其中,财务弹性指企业动用所持现金及融资能力去抓住未来投资机会或应对未来不确定性的能力（顾乃康等,2011）。企业财务弹性能直观地反映出管理层在进行项目投资决策时能够获得财务支持的力度,在一定程度上也反映出企业所能承受的风险程度,其很有可能对高管团队内部薪酬差距的风险承担效应施加影响。

企业较高的财务弹性意味着管理者更容易在短期内筹措到投资所需资金,有助于降低企业投资现金流敏感性,而较低的投资现金流敏感性有利于提高企业资本支出水平,继而又会提高企业风险承担水平（Boubakri et al., 2013）。当企业拥有较高的财务弹性时,即便风险性的投资项目失败,企业也有能力通过内部或外部融资来抵御失败的冲击（王振山、石大林,2014）。因此,企业管理层在进行决策受到的资金限制也会相对较少,管理层的风险厌恶情绪受到抑制,其倾向于做出更有利于企业发展和自身利益的决定,所以他们会主动提升企业风险承担水平。在良好的经济状况下追求更高回报的动机使高管拥有更强的投资动力,可以为企业高管团队薪酬差距晋升激励作用的有效发挥提供较为宽松的环境。

相反,较低的财务弹性意味着企业为投资机会提供资金支持的能力相对较弱。此时,一旦高风险项目投资失败,其带来的财务冲击与更大的经济负担是管理层不愿面对的难题。出于资金弹性不足以及自身利益的考虑,管理者更倾向于做出降低企业风险承担行为的保守决策。相应地,高管团队薪酬差距对企业风险承担水平的激励作用发挥也会受到限制。

本部分通过设置虚拟变量来衡量企业财务弹性（FD）。首先，借鉴 Arslan 等（2012）的方法，用资产负债率来衡量杠杆指标，用期末现金及现金等价物余额与总资产的期末余额间的比值来衡量现金指标。其次，参考顾乃康等（2011）的分类方法，本章选取行业中位数法作为对分组依据，将样本分为高现金指标组和低现金指标组、高杠杆指标组和低杠杆指标组。然后，本章依据现金指标和杠杆指标将公司初步分为三类：高财务弹性公司（高现金比率低杠杆比率）、低财务弹性公司（高杠杆比率低现金比率）、一般财务弹性公司（低现金比率低杠杆比率和高现金比率高杠杆比率）。最后，以虚拟变量对财务弹性水平分类并进行赋值。高财务弹性公司：FD 值为 2。一般财务弹性公司：FD 值为 1。低财务弹性公司：FD 值为 0。为检验企业不同财务弹性对高管团队薪酬差距与企业风险承担的影响，本部分将全样本上市公司依据财务弹性分为低、中、高三组，分组进行 OLS 多元线性回归，结果如表 4 - 8 所示。

表 4 - 8　财务弹性、高管团队内部薪酬差距与企业风险承担

解释变量	被解释变量：$RiskT1_t$					
	(1) $FD=0$	(2) $FD=1$	(3) $FD=2$	(4) $FD=0$	(5) $FD=1$	(6) $FD=2$
$lngap1_{t-1}$	0.000253 (0.161)	0.00143* (1.773)	0.00357*** (3.320)			
$lngap2_{t-1}$				0.000122 (0.106)	0.00181** (2.544)	0.00158* (1.717)
SOE_{t-1}	-0.0104*** (-3.005)	-0.00855*** (-4.424)	-0.00241 (-0.869)	-0.0104*** (-3.010)	-0.00850*** (-4.410)	-0.00240 (-0.865)
lev_{t-1}	0.0764*** (5.681)	-0.00579 (-0.949)	-0.0106 (-0.967)	0.0764*** (5.671)	-0.00560 (-0.917)	-0.0117 (-1.072)
$size_{t-1}$	-0.0132*** (-6.593)	-0.00356*** (-3.905)	-0.00175 (-1.152)	-0.0132*** (-6.619)	-0.00377*** (-4.107)	-0.00158 (-1.038)
$growth_{t-1}$	0.00131 (0.485)	0.00241 (1.541)	$1.06e-05$ (0.00408)	0.00131 (0.485)	0.00239 (1.524)	0.000249 (0.0957)
roa_{t-1}	0.000819 (0.0261)	-0.0376** (-2.056)	0.0396* (1.656)	0.00109 (0.0348)	-0.0377** (-2.079)	0.0450* (1.882)
$top1_{t-1}$	0.000219** (1.986)	0.000152*** (2.903)	$-2.37e-05$ (-0.329)	0.000219** (1.983)	0.000155*** (2.946)	$-3.55e-05$ (-0.492)

续表

解释变量	被解释变量：$RiskT1_t$					
	(1) $FD=0$	(2) $FD=1$	(3) $FD=2$	(4) $FD=0$	(5) $FD=1$	(6) $FD=2$
$mshare_{t-1}$	-0.00157	-0.00226	-0.00728	-0.00160	-0.00291	-0.00910
	(-0.0936)	(-0.302)	(-0.883)	(-0.0949)	(-0.389)	(-1.105)
$dual_{t-1}$	-0.00217	0.000351	0.00380	-0.00212	0.000649	0.00438
	(-0.555)	(0.163)	(1.414)	(-0.543)	(0.303)	(1.633)
$listyears_{t-1}$	0.0165***	0.0145***	0.0103***	0.0165***	0.0145***	0.0103***
	(6.184)	(11.42)	(5.643)	(6.191)	(11.44)	(5.632)
Constant	0.250***	0.0954***	0.0552*	0.251***	0.0971***	0.0770**
	(5.708)	(4.923)	(1.671)	(5.845)	(5.187)	(2.394)
行业与年度	控制	控制	控制	控制	控制	控制
F 值	13.376	30.428	31.546	13.376	30.539	31.223
Observations	2569	5521	2571	2569	5521	2571
Adj_R^2	0.160	0.166	0.309	0.160	0.167	0.307

注：*、**、*** 分别表示在 10%、5%、1% 的显著性水平上显著，括号内为 t 检验值。

表 4-8 列示了在不同财务弹性的样本企业中，高管团队薪酬差距 $Ingap1_{t-1}$ 与 $Ingap2_{t-1}$ 对企业风险承担 $RiskT1_t$ 的回归结果。结果显示，在全样本企业中，财务弹性较低（$FD=0$）的观测值有 2569 个，一般财务弹性（$FD=1$）的观测值有 5521 个，另外有 2571 个样本企业具有较高的财务弹性（$FD=2$）。第（1）至第（3）列分别是在三组财务弹性高低不同的子样本中，CEO 与非 CEO 间薪酬差距 $Ingap1_{t-1}$ 与 $RiskT1_t$ 的线性回归结果。第（1）列结果显示，在低财务弹性组中，$Ingap1_{t-1}$ 对 $RiskT1_t$ 的回归系数不具有统计上的显著性；第（2）列结果显示，在一般水平的财务弹性组中，$Ingap1_{t-1}$ 对 $RiskT1_t$ 具有 10% 水平上显著正向影响；第（3）列结果显示，在高财务弹性组中，$Ingap1_{t-1}$ 对 $RiskT1_t$ 具有 1% 水平上显著正向影响。以上结果说明，CEO 与非 CEO 薪酬差距对企业风险承担的正向影响在低、中、高财务弹性三组中依次加强，符合上述理论分析，即企业越高的财务弹性越加强了 CEO 与非 CEO 薪酬差距对企业风险承担的正向作用。

第（4）～（6）列分别是在三组财务弹性高低不同的子样本中，非 CEO 间薪酬差距 $Ingap2_{t-1}$ 与 $RiskT1_t$ 的线性回归结果。结果显示，虽然 $Ingap2_{t-1}$ 对 $RiskT1_t$ 回归系数的显著性水平并非在按低、中、高财务弹性依次排序的；但是除了在低财务弹性组，$Ingap2_{t-1}$ 对 $RiskT1_t$ 无显著影响之外，在中、高财务弹性组，$Ingap2_{t-1}$ 都显著正向影响着企业风险承担水平。以上依据财务弹性的分组回归结果说明，财务弹性相对较高的企业普遍为管理层投融资等提供了一个相对较宽松的决策环境，从而有助于企业高管团队内部薪酬差距对企业风险承担激励效应的发挥。

五、稳健性检验

为了保证研究结论的稳健性，本章实证研究的稳健性检验主要集中在两个方面，分别为解释变量与被解释变量替换，以及选取制造业样本进行稳健性检验。

（一）更换被解释变量

在前文主回归中，3 年内上市公司 ROA 的标准差被用来衡量企业风险承担水平。在本部分稳健性检验中，则使用上市公司 3 年内 ROA 最大最小值之差，以及盈利横向波动性作为企业风险承担的替代变量，对前文提出的假设进行稳健性检验。

1. $RiskT2$——3 年内 ROA 最大值与最小值之差

以企业 3 年内经行业 ROA 均值调整的 ROA 最大最小值之差作为企业风险承担的替代变量，对主回归模型进行混合 OLS 回归的结果如表 4-9 所示。回归结果显示，在全样本中，高管团队薪酬差距 $Ingap1_{t-1}$ 与 $Ingap2_{t-1}$ 对企业风险承担 $RiskT2_t$ 不具有显著线性关系，而在非国有企业样本中，$Ingap1_{t-1}$ 与 $Ingap2_{t-1}$ 对 $RiskT2_t$ 的回归系数均显著为正。上述回归结果与主回归结果基本保持一致。

表 4-9　稳健性检验：更换被解释变量（一）

解释变量	被解释变量：$RiskT2_t$					
	全样本 （1）	国有 （2）	非国有 （3）	全样本 （4）	国有 （5）	非国有 （6）
$Ingap1_{t-1}$	$2.32e-05$ (0.0325)	-0.00195^* (-1.684)	0.00213^{**} (2.380)			
$Ingap2_{t-1}$				0.000151 (0.256)	-0.00236^{***} (-2.776)	0.00344^{***} (4.165)
SOE_{t-1}	-0.00652^{***} (-3.860)			-0.00648^{***} (-3.835)		
lev_{t-1}	0.0152^{***} (3.504)	0.00965 (1.433)	0.0212^{***} (3.676)	0.0153^{***} (3.513)	0.00919 (1.365)	0.0212^{***} (3.682)

续表

解释变量	被解释变量：$RiskT2_t$					
	全样本 （1）	国有 （2）	非国有 （3）	全样本 （4）	国有 （5）	非国有 （6）
$size_{t-1}$	-0.0111***	-0.00835***	-0.0159***	-0.0112***	-0.00803***	-0.0163***
	(-15.15)	(-8.195)	(-14.06)	(-15.10)	(-7.832)	(-14.40)
$growth_{t-1}$	0.00781***	0.00816***	0.00765***	0.00780***	0.00825***	0.00770***
	(5.589)	(3.747)	(4.258)	(5.587)	(3.793)	(4.290)
roa_{t-1}	-0.117***	-0.190***	-0.0508***	-0.117***	-0.190***	-0.0544***
	(-7.586)	(-7.734)	(-2.592)	(-7.652)	(-7.847)	(-2.779)
$top1_{t-1}$	$-6.96e-06$	$-4.18e-05$	$6.38e-06$	$-6.74e-06$	$-4.07e-05$	$2.58e-06$
	(-0.147)	(-0.575)	(0.100)	(-0.142)	(-0.561)	(0.0406)
$mshare_{t-1}$	-0.0118*	-0.00473	-0.0139**	-0.0118*	0.00215	-0.0145**
	(-1.840)	(-0.0580)	(-2.168)	(-1.843)	(0.0264)	(-2.260)
$dual_{t-1}$	0.000738	0.00246	$-9.49e-06$	0.000734	0.00209	0.000301
	(0.401)	(0.670)	(-0.00461)	(0.400)	(0.572)	(0.147)
$listyears_{t-1}$	0.00784***	0.00826***	0.00772***	0.00783***	0.00845***	0.00767***
	(6.885)	(3.985)	(5.509)	(6.878)	(4.074)	(5.484)
Constant	0.337***	0.301***	0.403***	0.337***	0.296***	0.401***
	(20.84)	(12.69)	(16.80)	(21.68)	(13.20)	(17.01)
行业与年度	控制	控制	控制	控制	控制	控制
F	77.698	43.693	41.956	77.695	43.630	41.992
Observations	10661	4896	5765	10661	4896	5765
Adj_R^2	0.199	0.227	0.191	0.199	0.228	0.193

注：*、**、***分别表示在10%、5%、1%的显著性水平上显著，括号内为t检验值。

2. $RiskT3$——企业横向风险承担水平

另外，本部分还采用企业横向风险承担水平进行稳健性检验。用于度量企业风险承担水平的盈利波动性即指企业业绩偏离正常值的程度，可划分为横向与纵向波动性（Adams，2005；Cheng，2008）①。在前文主回归中即采用了盈利纵向波动性衡量企业风险承担，本部分将采用盈利横向波动性替代企业风险承担进行

---

① 其中，盈利纵向波动性指目标企业历年业绩的离散程度，而盈利横向波动性是指目标企业当年业绩与对照企业当年业绩均值的偏离程度。

稳健性检验。具体地，借鉴李海霞和王振山（2015）的方法，利用模型（4-2）对公司 ROA 与其影响因素分年度和行业进行 OLS 回归。其中 RFC 为公司自由现金流比率（=自由现金流量/总资产），$Boardnum$ 为公司董事会规模。接下来对模型残差拟合值取绝对值，即代表公司横向风险承担，用符号 $RiskT3$ 来表示，进而将 $RiskT3$ 作为因变量进行多元回归分析高管团队薪酬差距对企业风险承担的影响，表 4-10 中的回归结果依旧验证了高管团队薪酬差距对企业风险承担在非国有企业中的促进作用。

$$ROA = \alpha_1 + \alpha_2 Power + \alpha_3 RFC + \alpha_4 Size + \alpha_5 Lev + \alpha_6 Top_1 + \alpha_7 Listyears + \alpha_8 Boardnum + \alpha_9 SOE + \alpha_{10} IND + \alpha_{11} Year + \varepsilon \quad 模型（4-2）$$

表 4-10 稳健性检验：更换被解释变量（二）

解释变量	被解释变量：$RiskT3_t$					
	全样本 (1)	国有 (2)	非国有 (3)	全样本 (4)	国有 (5)	非国有 (6)
$lngap1_{t-1}$	0.000899*** (2.589)	0.000214 (0.406)	0.00144*** (3.117)			
$lngap2_{t-1}$				0.000583** (2.035)	-0.000108 (-0.281)	0.00133*** (3.112)
SOE_{t-1}	-0.00295*** (-3.597)			-0.00300*** (-3.659)		
lev_{t-1}	-0.0152*** (-7.183)	-0.0210*** (-6.866)	-0.0130*** (-4.403)	-0.0152*** (-7.200)	-0.0212*** (-6.915)	-0.0131*** (-4.426)
$size_{t-1}$	-0.00304*** (-8.539)	-0.00113** (-2.455)	-0.00537*** (-9.256)	-0.00303*** (-8.454)	-0.00107** (-2.292)	-0.00541*** (-9.284)
$growth_{t-1}$	-5.66e-05 (-0.0830)	-0.000932 (-0.927)	0.000462 (0.499)	-5.80e-05 (-0.0850)	-0.000917 (-0.912)	0.000475 (0.514)
roa_{t-1}	-0.0353*** (-4.721)	-0.0927*** (-8.267)	0.00663 (0.659)	-0.0340*** (-4.574)	-0.0915*** (-8.265)	0.00688 (0.685)
$top1_{t-1}$	7.58e-05*** (3.296)	-8.66e-06 (-0.263)	0.000172*** (5.252)	7.40e-05*** (3.220)	-1.01e-05 (-0.307)	0.000169*** (5.181)
$mshare_{t-1}$	-0.00371 (-1.201)	0.170*** (4.636)	-0.00471 (-1.430)	-0.00403 (-1.307)	0.171*** (4.669)	-0.00511 (-1.552)
$dual_{t-1}$	-0.00104 (-1.170)	-0.00248 (-1.488)	-0.000383 (-0.362)	-0.000859 (-0.967)	-0.00242 (-1.458)	-0.000111 (-0.105)

续表

解释变量	被解释变量：$RiskT3_t$					
	全样本 （1）	国有 （2）	非国有 （3）	全样本 （4）	国有 （5）	非国有 （6）
$listyears_{t-1}$	0.00645***	0.00420***	0.00847***	0.00647***	0.00423***	0.00850***
	(11.70)	(4.468)	(11.77)	(11.74)	(4.495)	(11.82)
Constant	0.0961***	0.0656***	0.135***	0.100***	0.0676***	0.138***
	(12.23)	(6.107)	(10.88)	(13.28)	(6.666)	(11.35)
行业与年度	控制	控制	控制	控制	控制	控制
F	16.148	10.086	11.842	16.073	10.083	11.841
Observations	10442	4763	5679	10442	4763	5679
Adj_R^2	0.053	0.069	0.067	0.053	0.069	0.067

注：*、**、***分别表示在10%、5%、1%的显著性水平上显著，括号内为t检验值。

以企业横向风险承担作为被解释变量，对主回归模型进行混合OLS回归的结果显示，在全样本回归中，$Ingap1_{t-1}$与$Ingap2_{t-1}$对$RiskT3_t$的回归系数均显著为正；而在依据产权性质的分组回归中，只有在非国有企业样本中，$Ingap1_{t-1}$与$Ingap2_{t-1}$对$RiskT3_t$的回归系数才显著为正。上述回归结果与主回归结果保持一致。说明本章主回归结果具有一定的稳健性。

（二）更换解释变量——高管团队薪酬差距

除了使用被解释变量的替代变量进行稳健性检验之外，本章还采用企业高管前三名薪酬与其他高管薪酬之差的自然对数（Ingap3）作为高管团队薪酬差距的替代变量进行稳健性检验，表4-11的检验结果同样与主回归保持一致。

表4-11 稳健性检验：更换解释变量

解释变量	被解释变量：$RiskT1_t$		
	全样本 （1）	国有 （2）	非国有 （3）
$Ingap3_{t-1}$	0.00166**	0.000881	0.00251***
	(2.422)	(0.871)	(2.662)
SOE_{t-1}	-0.00764***		
	(-5.139)		
lev_{t-1}	0.0163***	0.00521	0.0248***
	(4.270)	(0.928)	(4.664)

续表

解释变量	被解释变量：$RiskT1_t$		
	全样本 (1)	国有 (2)	非国有 (3)
$size_{t-1}$	-0.00631*** (-9.667)	-0.00281*** (-3.258)	-0.0112*** (-10.67)
$growth_{t-1}$	0.00172 (1.409)	0.000997 (0.550)	0.00226 (1.366)
roa_{t-1}	-0.00567 (-0.420)	-0.0725*** (-3.565)	0.0522*** (2.874)
$top1_{t-1}$	0.000133*** (3.211)	6.03e-05 (0.995)	0.000190*** (3.239)
$mshare_{t-1}$	-0.00387 (-0.691)	0.00514 (0.0755)	-0.00447 (-0.754)
$dual_{t-1}$	0.000702 (0.436)	0.00215 (0.705)	0.000401 (0.211)
$listyears_{t-1}$	0.0143*** (14.29)	0.0129*** (7.454)	0.0151*** (11.71)
Constant	0.141*** (9.984)	0.0762*** (3.933)	0.228*** (10.30)
行业和年度	控制	控制	控制
F	59.464	29.893	35.362
Observations	10661	4896	5765
Adj_R^2	0.168	0.177	0.173

注：*、**、***分别表示在10%、5%、1%的显著性水平上显著，括号内为t检验值。

本章小结

高管是企业经营与生产的灵魂和核心，高管团队内部薪酬差距通过影响其决策行为，不仅影响着企业业绩，而且还影响企业风险承担水平，因此高管薪酬分配机制是公司治理领域中一个颇为重要的问题。与已有研究企业风险承担文献不同，本章基于锦标赛理论与行为理论，研究了高管团队薪酬差距对企业风险承担的影响。结果发现：①企业高管团队薪酬差距（CEO 与非 CEO 高管薪酬差距以及非 CEO 间高管薪酬差距）与企业风险承担水平呈正相关关系，体现出晋升激励效应。随着高管团队内部薪酬差距的扩大，较低层级的高管有动力采取更加激进和冒险的决策行为，以期取得相较于他人更为优异的业绩，从而增加晋升的可能性，而高管的这些"冒险"行为，有助于提升企业风险承担水平。②国有产权性质弱化了高管团队薪酬差距对企业风险承担水平的激励效应。一方面，国有企业高管普遍面临限薪政策以及承担的行政负担，使薪酬差距的晋升激励效应得不到有效发挥；另一方面，国有企业管理者更重视薪酬分配的公平性，高管团队薪酬差距的拉大不但滋生了薪酬水平较低高管的不满情绪和不强的合作意愿，而且削弱了管理层承担风险的意愿，不利于企业整体风险承担水平。进一步研究发现：财务弹性相对较高的企业普遍为管理层投融资等决策提供了一个相对较宽松的环境，为高管的风险决策提供了资金保障。依据财务弹性分组回归的结果说明，较高的企业财务弹性有助于高管团队内部薪酬差距对企业风险承担激励效应的发挥。

较低的风险选择在一定程度上反映出企业资本性支出减少，风险性投资和创新投入不足，这将不利于企业竞争优势的提升，也将长远影响企业未来业绩和发展。本章研究发现：我国上市公司中高管团队薪酬差距越大，企业承担风险水平越高，总体上为锦标赛理论在我国的适用性再添新的实证证据。为此，我国企业应该高度重视管理者在公司决策中的作用，避免高管由于地位稳固而不思进取，做出趋于保守来维持现状的经营决策。企业董事会应根据管理层职位级别高低与管理者边际贡献合理设置高管薪酬水平，适当拉开高管团队内部薪酬差距，鼓励管理者积极进行合理的风险投资，从而促进企业长远的发展。总之，优化薪酬设计及其所提供的激励体系，既能够帮助公司更好地甄别和留住高层管理人才，也能够提高企业风险承担水平，促进企业未来的可持续发展。

第五章　高管外部薪酬差距与企业风险承担的实证研究

委托代理理论认为高管与股东之间存在利益冲突，股东有必要设计合理的薪酬机制，以激励高管与股东的利益保持一致（Jensen 和 Meckling，1976）。然而，在传统委托代理理论中，最优薪酬契约的设计以高管绝对理性为前提，以高管实现自身效用最大化为目标，却忽视了外部因素的影响。大量研究表明人们的判断与决策过程往往会参照一定标准，这个标准即前景理论首次引用的参照点概念（Kahneman and Tversky，1979）。Wang 和 Johnson（2012）提出将决策者的"底线""现状"和"目标"看作三类参照点，它们间的相对关系会对决策者的行为产生重要影响。作为决策参照点效应研究的新近成果，诺贝尔经济学奖获得者哈特（Hart）提出了参照点契约理论，认为现实中契约是不完全的，仅仅为缔约方的判断与决策提供了一种判断的参照基准。可见，参照点作为判断的比较基准，对决策者的心理感知及行动选择都施加着重要影响。如此一来，对高管薪酬的研究不仅要重视薪酬水平的直接激励效果，同时也要关注到高管薪酬参照点效应及其对管理决策的影响。

以往研究表明，企业董事会在制定高管薪酬过程中一般会参照行业薪酬基准。例如，李维安等（2010）发现国际同行的薪酬基准对我国企业高管薪酬决策发挥着明显的参照点效应；黎文靖（2014）进一步检验了行业薪酬增长对我国高管薪酬制定的具体影响。在为数不多的关于高管薪酬与行业均值差距的研究中，主要围绕外部薪酬差距对企业业绩的直接激励效果而展开（黄辉，2012；张丽平、杨兴全，2013；黎文靖，2014；罗华伟等，2015；常健，2016），鲜有文献从管理者风险决策角度探讨外部薪酬差距的经济后果。不可忽视的是，企业风险承担水平作为管理者风险态度的间接呈现，不但有利于企业抓住市场机会、赢取盈利契机，而且有助于企业发展壮大、股东增值（John et al.，2008；何威风等，

2016)。那么,我国上市公司高管行业薪酬均值的参照点效应是否存在,并对管理者的风险决策产生影响?其内在逻辑及具体的影响路径又是什么?为探讨上述问题,本章以企业高管薪酬行业均值为参照点,将国有与非国有企业各分为高于、低于行业均值两组,考察高管外部薪酬差距对企业风险承担影响的差异性;并从社会比较理论、锦标赛理论等视角解释上述差异的原因。

第一节　理论分析与研究假设

对于完全理性的"经济人"而言,人们应只关心自身绝对损益,然而社会比较理论认为现实中人们不仅具有经济偏好,同时还具有社会偏好,即人们不仅关注自身收益,而且还通过与周围人的比较来评价其收入的合理性与公平性,特别是在客观评价标准缺失或难以获取时。例如,Messick 和 Sentis(1985)提出人们在判断薪酬满意度时,不仅会参考自身的付出,同时还会与他人的工资进行比较。O'Rieny 等(1988)发现总经理和董事会成员之间的薪酬形成比较关系,强调趋于平均的薪酬更分配鼓励员工之间进行更多协作,追求企业业绩。

企业董事会在制定高管薪酬过程中,会在一定程度上参照行业薪酬基准,这种行业薪酬基准也恰恰为管理者进行社会比较提供了外部参照点。由于几乎没有高管乐于接受低于行业均值的薪酬水平,因此高于行业均值与低于均值两类状态对高管心理感知产生截然不同的影响,由外部比较产生的外部薪酬差距也必然对高管风险决策产生不同影响,其影响机制可以通过社会比较理论来解释。

以高管薪酬行业均值为参照点,当高管个人薪酬高于行业均值时,下行社会比较能带来较高的薪酬满意度,高管处于"社会获益"状态(张敦力、江新峰,2015)。处于"社会获益"状态下的高管,为避免风险性项目可能带来的灾难性后果,对损失有着厌恶情绪。这是因为尽管高风险项目伴随着高收益,但是风险性项目一旦失败,高管的经营决策能力便很可能被董事会或股东所否定,不但降低了其人力资本价值,而且面临着被降薪的风险。此时,高管为避免自身薪酬水平降至行业均值以下,倾向于把外在挑战看作威胁,对风险持规避态度。然而,随着高管薪酬水平的提升,即高出行业均值的距离越大,虽然高风险项目依旧可能失败,但高管薪酬低于行业均值的概率则将越小(王晓田、王鹏,2013)。这一方面消除了管理者风险投资的后顾之忧,另一方面也相当于给予管理者显性的薪酬激励，使其为了维持既得的高水平薪酬，而有动机把握风险项目所隐含的收益以追求项目成功带来的社会与董事会的认可，从而进一步强化社会地位、自我声誉。另外，为了应对外部经理人市场中其他企业高管的竞争压力，原有企业高管为维持良好声誉和高水平薪酬，也会倾向努力工作。由于高管能力难以事先衡量，董事会往往也难以辨别企业高业绩是管理者高超的能力所致，还是采取了增加公司经营风险的项目所致，所以更具冒险精神的高管不但容易得到董事会的赏识，而且也稳固或提升了自身职业声誉，增加了向董事会提出加薪要求的筹码。因此，当高管薪酬高于行业均值时，超出行业薪酬均值的外部薪酬差距越大，越能降低管理者投资决策中的保守程度、抑制管理者规避风险行为，最终达到提升企业风险承担水平的效果。基于以上分析，提出以下假设：

H5-1：当高管薪酬水平高于行业均值时，外部薪酬差距对企业风险承担水平具有正向激励作用。

企业高管薪酬分配制度背景在不同产权性质的企业中存在差异，因此外部薪酬差距的激励效果在不同产权性质企业中同样很可能表现出差异性。对国企高管而言，相比于职位本身带来的权力、声誉以及潜在的晋升机会等，受限的货币薪酬带来的收益相对有限（陈冬华等，2005）。一方面，近几年针对国企高管的"限薪"政策使薪酬水平并不与管理者个人能力或努力程度挂钩，同时也使国企高管面临无形的薪酬"天花板"，即便其通过外部经理人市场实现"跳槽"，薪酬涨幅也受限于限薪政策。因此，国企高管的公平认知对外部薪酬差距的敏感性较弱，包括风险承担在内的行为决策不会受到外部薪酬差距的显著影响。另一方面，国企高管的"政商"双重身份也会一定程度削弱外部薪酬差距的激励作用。一旦国企高管"准官员"的身份得到"转正"，其声誉、地位、权力等收益远大于薪酬提升带来的公平认知感（杨瑞龙等，2013）。因此，受限的薪酬水平以及追求政治升迁的职业前景目标使国企高管更依赖于获得上级政府部门的认同，而非依赖于市场机制实现社会地位与职业声誉的稳固，这无疑弱化了外部薪酬差距对企业风险承担的激励作用。

相比较而言，非国有企业经理人市场化程度更高，管理者通过市场声誉机制有可能获得更好的聘用机会。具体而言，非国有企业股东或董事会可以在外部经理人市场上自由选聘职业经理人，管理者也可以利用经理人市场自由选择薪酬较高的职位。外部经理市场更看重管理者的过去表现，表现好的经理人具备显示自身能力的信号，不但有可能在得到原企业股东（董事会）认可的基础上获得更高的薪酬，而且有可能通过流动的外部经理人市场赢取提供更高薪酬的聘用机会

（黎文靖，2014）。这就为高管外部薪酬差距对企业风险承担激励作用的发挥提供了有利的外部环境。基于以上分析，提出以下假设：

H5－2：当高管薪酬水平高于行业均值时，外部薪酬差距对企业风险承担水平的正向激励作用在非国有企业中更显著。

前文分析了当高管薪酬高于行业均值时，外部薪酬差距对企业风险承担水平的影响作用，而当高管薪酬水平低于行业均值时，与行业均值的距离同样会影响到高管的风险态度与风险决策。社会比较理论认为，上行社会比较使个体处于损失状态，这种对自我认知的威胁往往会引发负性情绪，引发不公平感，进而会激发人们改变这种不公平的欲望。一般而言，人们可以通过降低他人的回报投入比或提高自己的回报投入比来改变这种不公平状况。相比较而言，通过提高自身回报要比改变他人更加容易。由于风险选项能带来比他人更好结果的可能性，因此当人们感知到不公平时，更可能从事冒险行为。

在上述逻辑框架下，当高管薪酬水平低于行业均值时，高管处于社会比较的相对"损失"状态，同样有动机偏好于高风险决策来改变这种不公平。考虑到较高的风险意味着较大的变异度，风险选择不但为高管提供了提升人力资本价值的可能，而且还隐含超越行业薪酬均值的可能性。具体地，从而使企业高管寻求风险投资的最坏结果不过是失败，而相对本来已经低于行业均值的薪酬水平，失败带来的边际损失对管理者来说可能"再坏也坏不到哪去"。相反，冒险投资则提供了获得更高业绩的可能性。风险行为一旦获得成功，高管便能从中获益，此时高管倾向于把外在的挑战看作机遇。因此，相对于行业薪酬均值，高管薪酬水平越低，即与行业薪酬均值的外部差距越大，越能激发高管承担风险意愿，从而使企业风险承担水平相应提升。

此时的薪酬水平提升（即外部薪酬差距的缩小）已经不能发挥激励作用。上文分析的薪酬增长（增长后的薪酬不高于平均标准）的激励作用会被企业高管薪酬制定的"乌比冈湖效应"①所削弱：高管会认为这种薪酬增长仅仅是种补偿或是企业为彰显实力而传递的市场信号。此时董事会也不一定要求薪酬的提高要对管理层产生激励作用，这种动因必然导致薪酬水平的提升并不会对高管产生正向的激励效应。不仅如此，低于行业均值的薪酬水平同样降低了高管人力资本

---

① 具有竞争性的行业薪酬水平是影响高管薪酬制定的重要因素，高于行业薪酬水平的薪酬合约能够激励高管努力工作，从而提高公司价值。较低的高管薪酬较低既无法产生激励效应，又丧失了在经理人市场中的竞争力。因此，公司一般会将高管薪酬确定在行业基准薪酬水平之上，这将会进一步提升行业基准薪酬水平，而行业基准薪酬水平的提升又会带来新一轮的薪酬增长，从而形成"乌比冈湖效应"（黎文靖，2014）。

定价，进而降低了其在外部经理人市场中的竞争力，导致薪酬水平的提升所发挥的激励效应同样被削弱。基于以上分析，提出以下假设：

H5-3：当高管薪酬低于行业均值时，外部薪酬差距越大越能激发高管冒险倾向，表现为越能提升企业风险承担水平。

有理由相信上述低于行业均值时的外部薪酬差距对企业风险承担的影响在国有企业与非国有企业中都十分显著。面对更强的社会监督，国有企业已经初步形成了基于经理人业绩的显性激励契约，同样十分注重对高管个人绩效的考核。同时，国有企业高管更加关注自身政治前景，远低于行业均值的薪酬水平在一定程度上阻碍了其政治晋升前景。当处于低水平的薪酬时，面对建立政治声誉与提高公司经营业绩的显性要求，国企高管有动机放手一搏寻求机遇，而非国有企业更多地将管理者薪酬水平与企业业绩挂钩，高管薪酬信息也相对更公开透明化，高管同样有动机通过冒险行为赢取盈利机会、提升个人业绩，进而改善薪酬水平较低的状况。基于以上分析，提出以下假设：

H5-4：当高管薪酬低于行业均值时，外部薪酬差距提升企业风险承担水平的效应在国有与非国有企业中同样显著存在。

第二节 研究设计

一、研究样本与数据来源

本章选取 2008~2015 年沪深两市 A 股上市公司为初始样本，根据样本企业的最终控制人性质来区分国有企业与非国有企业。在初始样本的基础上，本章剔除了 ST 和 *ST、金融类、最终控制人为外资或无法确定的公司以及相关数据缺失的上市公司样本。考虑到本章将外部薪酬差距界定为企业高管薪酬水平与同行业同产权性质企业高管薪酬均值的差距，因此还剔除了外部薪酬差距为零的样本公司，即剔除了高管薪酬水平等于行业薪酬均值的观测值。在依据上述条件剔除相关数据缺失的观测值后，教育行业在 2015 年之前只有一家上市公司"新南洋"，鉴于上市公司数目较少，不具有同行业薪酬比较价值，因此剔除行业代码为 P 的教育业上市公司。最终得到 7 年共 13266 个观测值，其中国有上市公司样本 6547 个，非国有上市公司样本 6719 个。样本数据均来自国泰安数据库（CS-

MAR），为避免极端值的影响，在进行回归分析之前对所有连续变量均进行了首尾1%的缩尾处理。进行数据处理与分析的统计软件是Stata12.0。

二、变量设计与检验模型

（一）被解释变量：企业风险承担

与第三章实证分析部分一致，本章继续延用企业盈利的纵向波动性来衡量企业风险承担水平，即观察时间段内的经行业ROA均值调整后的企业ROA标准差，用 $RiskT1$ 表示，其具体计算方法采用式（5-1）和式（5-2）进行：

$$ROA_{in\_}ADJ = \frac{EBITDA_{in}}{ASSETS_{in}} - \frac{1}{X_n}\sum_{k=1}^{X}\frac{EBITDA_{kn}}{ASSETS_{kn}} \qquad 式（5-1）$$

$$RiskT_{it} = \sqrt{\frac{1}{N-1}\sum_{n=1}^{N}\left(ROA_{in\_}ADJ - \frac{1}{N}\sum ROA_{in\_}ADJ\right)^2} \mid N=3 \qquad 式（5-2）$$

式（5-1）表示经行业均值调整过的上市公司总资产收益率（$ROAin\_ADJ$）；式（5-2）计算出上市公司在观测时间段内 $ROAin\_ADJ$ 的标准差，即为企业风险承担水平。计算企业风险承担所选择的观察时间段为3年。上述公式涉及的变量及符号与第三章相同，在此不再赘述。

在稳健性检验部分，本章还使用以下两种方法衡量企业风险承担水平：①企业3年内经行业ROA均值调整后的企业ROA最大与最小值之差，记为 $RiskT2$；②企业横向风向承担水平，即对企业ROA决定模型分年度和行业进行OLS回归而得到的残差拟合值的绝对值，用 $RiskT3$ 来表示。

（二）解释变量：高管外部薪酬差距

在现有关于外部薪酬差距的文献中，步丹璐（2012）分行业计算企业高管薪酬均值来确定外部薪酬差距；吴联生等（2010）则以高管薪酬决定模型为基础，通过分年度分行业回归得到的残差来衡量高管超额薪酬。由于本书侧重于考察行业薪酬均值对高管风险决策的参照效应，因此借鉴黎文靖（2014）对外部薪酬差距的界定方法，本书以企业高管前三名薪酬总额作为企业高管薪酬水平的替代变量，并分别计算国有企业与非国有企业高管行业平均薪酬。本书对高管外部薪酬差距做出如下定义：①当高管薪酬高于行业均值时，外部薪酬差距为各样本上市高管薪酬水平与同行业、同产权性质企业高管薪酬均值的比值，记为 $Exgap1$，可见，高管薪酬水平高出行业均值的距离越大，$Exgap1$ 数值越大。②当高管薪酬低于行业均值时，为直观地反映出高管薪酬水平低于行业均值的距离，采用同行业、同产权性质企业高管薪酬均值与各样本上市高管薪酬水平的比值来衡量外部薪酬差距，记为 $Exgap2$。同样，$Exgap2$ 数值越大表示低于行业均值水平的外部薪酬差距越大。

当企业高管薪酬高于行业均值时：

$$外部薪酬差距(Exgap1) = \frac{企业高管前三名薪酬总额}{同行业同产权性质高管薪酬均值}$$

当企业高管薪酬低于行业均值时：

$$外部薪酬差距(Exgap2) = \frac{同行业同产权性质高管薪酬均值}{企业高管前三名薪酬总额}$$

（三）控制变量

借鉴吴联生等（2010）、祁怀锦、邹燕（2014）、何威风等（2016）的研究成果，本章选取以下控制变量：资产负债率（lev）、公司规模（size）、公司成长性（growth）、期初盈利水平（roa）、股权集中度（top1）、总经理是否担任董事长（dual）、管理者持股水平（mshare）、上市年限（listyears）以及产权性质（SOE）。此外，还在回归分析中控制了年度变量和行业虚拟变量。上述主要变量的定义如表5-1所示：

表5-1 主要变量说明

变量名称	变量符号	变量定义
高管外部薪酬差距	$Exgap1$	当高管薪酬高于行业均值时，$Exgap1$ = 企业高管薪酬/同行业同产权性质高管薪酬均值
	$Exgap2$	当高管薪酬低于行业均值时，$Exgap2$ = 同行业同产权性质高管薪酬均值/企业高管薪酬
企业风险承担	$RiskT1_t$	上市公司3年内（$t-1$、t、$t+1$）经行业调整的 ROA 的标准差
	$RiskT2_t$	上市公司3年内（$t-1$、t、$t+1$）经行业调整的 ROA 最大值与最小值之差（稳健性检验）
	$RiskT3_t$	ROA 横向波动程度，具体使用 ROA 决定模型的残差绝对值表示（稳健性检验）
资产负债率	lev	年末债务账面总价值与资产账面总价值之比
公司规模	size	总资产的自然对数
公司成长性	growth	主营业务收入增长率
期初盈利水平	roa	期初总资产收益率
股权集中度	top1	公司第一大股东持股比例
总经理是否担任董事长	dual	两职兼任取1，否则取0
管理者持股水平	mshare	管理者持股总数与总股本的比值
公司上市年限	listyears	公司上市年限加1后取自然对数，即 ln（1 + 企业上市年限）
产权性质	SOE	国有上市公司为1，非国有上市公司为0

(四) 模型设计

与第四章一致,同样考虑到当期企业高管薪酬契约可能在提前数期已被董事会所决定,以及薪酬水平影响管理者心理感知,继而作用于企业风险承担需要一定时间。因此,模型中均采用滞后一期的解释变量与控制变量,即解释变量及控制变量都选取企业进入相应观测时段第一年的期末值(John et al.,2008;李文贵、余明桂,2012),这也在一定程度上控制了可能存在的反向因果等内生性问题。如果滞后一期的高管团队薪酬差距观测值以后期间不满 3 年,则将其剔除回归。为检验本章提出的假设,设定如下模型(5-1):

$$RiskT1_t = \alpha_0 + \alpha_1 Exgap1_{t-1}/Exgap2_{t-1} + \alpha_2 lev_{t-1} + \alpha_3 size_{t-1} + \alpha_4 growth_{t-1} + \alpha_5 roa_{t-1} + \alpha_6 top1_{t-1} + \alpha_7 dual_{t-1} + \alpha_8 mshare_{t-1} + \alpha_9 listyears_{t-1} + \alpha_{10} SOE_{t-1} + \alpha_{11} \sum ind + \alpha_{12} \sum year + u \quad \text{模型}(5-1)$$

第三节 实证检验

一、描述性统计

(一) 样本上市公司高管外部薪酬差距概况

本章以同行业同产权性质企业高管薪酬均值为依据,首先将样本上市公司高管薪酬分为高于均值与低于均值两组,其次分别将样本上市公司高管薪酬水平与行业薪酬均值的比较得出高管外部薪酬差距变量。那么,在对高管外部薪酬差距变量描述性统计之前,有必要从整体上观察各行业国有与非国有企业高管薪酬平均水平。本章选取企业高管前三名薪酬总额为高管薪酬水平的代理变量,并对 2008~2015 年 13266 个样本上市公司高管前三名薪酬总额分行业进行均值统计,其统计结果如表 5-2 所示。

表 5-2 样本企业同行业、同产权性质高管薪酬均值统计结果 单位:万元

行业	国有	非国有
A 农、林、牧、渔业	93.5	124.1
B 采矿业	176.9	161.1
C1 制造业	140.7	173.6

续表

行业	国有	非国有
C2 制造业	134.2	157.6
C3 制造业	169.4	153.8
C4 制造业	173.1	120.5
D 电力、热力、燃气及水生产和供应业	128.5	96.7
E 建筑业	155.5	153.1
F 批发和零售业	201.8	173.0
G 交通运输、仓储和邮政业	175.0	166.1
H 住宿和餐饮业	131.0	109.2
I 信息传输、软件和信息技术服务业	203.4	159.7
K 房地产业	256.1	253.6
L 租赁和商务服务业	226.9	152.9
M 科学研究和技术服务业	165.5	188.3
N 水利、环境和公共设施管理业	119.5	126.5
Q 卫生和社会工作	171.3	116.7
R 文化、体育和娱乐业	182.9	145.6
S 综合	155.0	169.0
全样本均值	167.5	160.3

从表 5-2 中可以看出，不同行业间高管薪酬平均水平存在较为明显的差异，而同一行业、不同产权性质企业高管薪酬均值也存在或大或小的差异。

总体而言，在不同行业之间的比较方面，无论是国有还是非国有上市公司的比较，房地产行业高管薪酬均值均处于最高水平。与之相对应，在国有上市公司的比较中，农、林、牧、渔行业上市公司高管薪酬均值水平最为落后，而在非国有上市公司的比较中，电力、热力、燃气及水生产和供应业上市公司高管薪酬均值水平最低。

在同一行业内、不同产权性质的高管薪酬均值比较方面，在本章样本上市公司所涉及的 19 个行业（细分制造业）中，除了农林牧渔业，C1 与 C2 制造业，科学研究和技术服务业，水利、环境和公共设施管理业以及综合类之外，其余大部分行业中国有上市公司高管平均薪酬普遍高于非国有上市公司高管薪酬。

将上述计算出的同行业、同产权性质企业高管薪酬均值与各上市公司高管薪酬水平作比值，即得到高管外部薪酬差距变量。由本章上述对高管外部薪酬差距做出的定义可知，无论高管薪酬高于还是低于行业薪酬均值，外部薪酬差距变量均大于1，且数值越大说明与行业薪酬均值水平的差距越大。对2008~2015年样本年度内同行业、同产权性质上市公司高管外部薪酬差距均值统计结果如表5-3所示：

表5-3　样本企业同行业、同产权性质高管外部薪酬差距均值统计结果

行业	高于均值 $Exgap1$	低于均值 $Exgap2$
A 农、林、牧、渔业	1.60	1.85
B 采矿业	1.62	2.74
C1 制造业	1.90	2.80
C2 制造业	1.82	2.19
C3 制造业	1.76	2.03
C4 制造业	1.62	2.01
D 电力、热力、燃气及水生产和供应业	1.50	1.96
E 建筑业	1.62	2.35
F 批发和零售业	1.71	2.13
G 交通运输、仓储和邮政业	1.60	1.78
H 住宿和餐饮业	1.18	1.45
I 信息传输、软件和信息技术服务业	1.67	1.98
K 房地产业	2.05	2.40
L 租赁和商务服务业	1.88	2.09
M 科学研究和技术服务业	1.52	1.79
N 水利、环境和公共设施管理业	1.51	1.67
Q 卫生和社会工作	1.23	1.56
R 文化、体育和娱乐业	1.73	2.05
S 综合	1.45	1.92
全样本均值	1.74	2.14

从表5-3对各行业高管外部薪酬差距变量的统计结果可以看出：①房地产行业内高管外部薪酬差距整体而言较大，与之相对应，住宿和餐饮业内高管外部薪酬差距最小；②低于均值时的外部薪酬差距普遍大于高于均值时的外部薪酬差距，即一部分高于行业均值的高管薪酬水平在某种程度上拉高了整个行业的平均薪酬水平。

（二）主要变量描述性统计

表5-4是对本章涉及的主要研究变量进行描述性统计的结果。描述性统计结果显示，在13266个样本企业中，高于行业均值的观测值有4893个，低于行业均值的观测值有8373个，相当一部分企业高管薪酬水平处于均值以下。这也从侧面说明了，由于各行业中存在部分企业给管理者发放较高水平的薪酬，从而提升了行业整体薪酬均值水平。平均而言，当高管薪酬高于行业均值时，企业高管外部薪酬差距（$Exgap1_{t-1}$）约为1.745倍；当高管薪酬低于行业均值时，非国有与国有企业高管外部薪酬差距（$Exgap2_{t-1}$）为2倍左右。控制变量的描述性统计结果与第三章基本保持一致。

表5-4 主要变量描述性统计

变量	观测值	均值	标准差	最小值	中位数	最大值
$RiskT1_t$	13266	0.039	0.049	0	0.022	0.372
$Exgap1_{t-1}$	4893	1.745	0.906	1.005	1.440	6.257
$Exgap2_{t-1}$	8373	2.149	1.351	1.011	1.711	8.688
lev_{t-1}	13266	0.465	0.224	0.047	0.468	1.148
$size_{t-1}$	13266	21.76	1.240	19.08	21.61	25.52
$growth_{t-1}$	13266	0.208	0.509	-0.617	0.126	3.509
roa_{t-1}	13266	0.040	0.056	-0.199	0.037	0.214
$top1_{t-1}$	13266	36.08	15.28	2.197	34.03	89.41
$mshare_{t-1}$	13266	0.048	0.120	0	0	0.580
$dual_{t-1}$	13266	0.212	0.409	0	0	1
$listyears_{t-1}$	13266	2.069	0.748	0	2.303	3.219
SOE_{t-1}	13266	0.494	0.500	0	0	1

二、相关性分析

表5-5报告了主要变量的皮尔森（Pearson）检验系数。结果表明，当企业高管薪酬高于行业均值时，外部薪酬差距$Exgap1_{t-1}$与3年期企业风险承担水平$RiskT1_t$相关系数为0.003，但并不具有统计上的显著性，具体在不同产权性质样本中两者的线性关系如何，还有待进一步回归检验。当企业高管薪酬低于行业均值时，外部薪酬差距$Exgap2_{t-1}$与$RiskT1_t$相关系数为0.169，同时具有1%水平的显著性，初步验证了低于行业薪酬均值时的外部薪酬差距对企业风险承担水平的正相关关系。

表5-5 主要变量的皮尔森（Pearson）相关性检验

变量	$RiskT1_t$	$Exgap1_{t-1}$	$Exgap2_{t-1}$	lev_{t-1}	$size_{t-1}$	$growth_{t-1}$	roa_{t-1}	$top1_{t-1}$	$mshare_{t-1}$	$dual_{t-1}$	$listyears_{t-1}$
$RiskT1_t$	1										
$Exgap1_{t-1}$	0.003	1									
$Exgap2_{t-1}$	0.169***	.	1								
lev_{t-1}	0.169***	0.048***	0.132***	1							
$size_{t-1}$	−0.177***	0.238***	−0.204***	0.340***	1						
$growth_{t-1}$	−0.021**	0.020	0.010	0.049***	0.047***	1					
roa_{t-1}	−0.188***	0.186***	−0.157***	−0.373***	0.049***	0.204***	1				
$top1_{t-1}$	−0.051***	−0.022	−0.048***	0.017	0.281***	0.058***	0.092***	1			
$mshare_{t-1}$	−0.097***	−0.083***	−0.115***	−0.309***	−0.203***	0.023***	0.125***	−0.052***	1		
$dual_{t-1}$	−0.023**	0.030**	−0.021	−0.154***	−0.171***	−0.009	0.036***	−0.062***	0.451***	1	
$listyears_{t-1}$	0.115***	0.081***	0.113***	0.422***	0.247***	−0.015*	−0.174***	−0.084***	−0.481***	−0.227***	1

注：*、**、***分别表示在10%、5%、1%的显著性水平上显著。

三、多元回归分析

为考察高管外部薪酬差距与企业风险承担间的线性关系，同时为兼顾考察产权性质是否会对上述两者关系产生影响，本部分以产权性质与行业薪酬均值为依据分组，分别将全样本上市公司、非国有上市公司与国有上市公司各分为高于行业均值和低于行业均值两组，并分组进行混合 OLS 回归检验，表 5-6 报告了高管外部薪酬差距与企业风险承担的线性回归结果。

表 5-6 产权性质、高管外部薪酬差距与企业风险承担

解释变量	被解释变量：$RiskT1_t$					
	高于均值			低于均值		
	全样本 (1)	国有 (2)	非国有 (3)	全样本 (4)	国有 (5)	非国有 (6)
$Exgap1_{t-1}$	0.00144** (2.257)	0.000441 (0.473)	0.00356*** (4.134)			
$Exgap2_{t-1}$				0.00201*** (5.349)	0.00357*** (6.627)	0.000198 (0.372)
SOE_{t-1}	-0.00452*** (-3.395)			-0.00461*** (-3.908)		
lev_{t-1}	0.00672* (1.813)	-0.00459 (-0.795)	0.0133*** (2.737)	0.0426*** (16.34)	0.0329*** (8.186)	0.0501*** (14.48)
$size_{t-1}$	-0.00522*** (-8.792)	-0.00223*** (-2.744)	-0.0113*** (-12.10)	-0.0108*** (-19.87)	-0.00789*** (-10.48)	-0.0147*** (-18.01)
$growth_{t-1}$	-0.00220* (-1.768)	0.000135 (0.0660)	-0.00252* (-1.654)	-0.00193** (-2.103)	-0.00499*** (-3.649)	0.00114 (0.931)
roa_{t-1}	0.000668 (0.0515)	-0.000932 (-0.0441)	-0.0179 (-1.107)	-0.147*** (-15.73)	-0.161*** (-11.22)	-0.138*** (-11.30)
$top1_{t-1}$	-2.68e-05 (-0.738)	-0.000136** (-2.500)	5.51e-05 (1.096)	3.79e-05 (1.094)	1.44e-05 (0.289)	4.44e-05 (0.906)
$mshare_{t-1}$	-0.00956* (-1.670)	-0.0426 (-0.773)	-0.00754 (-1.290)	0.00393 (0.780)	0.0589 (0.923)	0.000444 (0.0862)
$dual_{t-1}$	0.000926 (0.639)	0.00113 (0.435)	0.000873 (0.514)	0.00108 (0.817)	3.00e-05 (0.0124)	0.00145 (0.934)

续表

解释变量	被解释变量：$RiskT1_t$					
	高于均值			低于均值		
	全样本(1)	国有(2)	非国有(3)	全样本(4)	国有(5)	非国有(6)
$listyears_{t-1}$	0.00332***	0.00288*	0.00555***	0.00456***	0.00687***	0.00306***
	(3.645)	(1.958)	(4.570)	(5.377)	(4.449)	(2.915)
Constant	0.171***	0.111***	0.288***	0.261***	0.192***	0.349***
	(14.39)	(6.621)	(15.26)	(22.26)	(11.41)	(19.85)
行业与年度	控制	控制	控制	控制	控制	控制
F	45.213	28.901	24.977	101.539	50.551	62.196
Observations	4893	2433	2460	8373	4114	4259
Adj_R^2	0.251	0.297	0.259	0.305	0.296	0.334

注：*、**、***分别表示在10%、5%、1%的显著性水平上显著，括号内为t值。

表5-6中第（1）～（3）列显示了当高管薪酬高于行业薪酬均值时，在全样本上市公司与国有与非国有两个子样本中，外部薪酬差距 $Exgap1_{t-1}$ 对企业风险承担水平 $RiskT1_t$ 的线性回归结果。第（1）列全样本回归结果显示，当高管薪酬高于行业薪酬均值时，外部薪酬差距 $Exgap1_{t-1}$ 对企业风险承担的回归系数为0.00144，且在5%的水平上显著。这说明当高管薪酬高于行业薪酬均值时，较高的薪酬水平发挥着显性薪酬激励作用，从而促进管理者风险承担意愿，提升了企业风险承担水平。第（2）列和第（3）列分产权性质的回归结果显示，当高管薪酬高于行业均值时，高管外部薪酬差距 $Exgap1_{t-1}$ 对企业风险承担 $RiskT1_t$ 的回归系数在国有企业样本中不具有显著性；在非国有上市公司样本中，$Exgap1_{t-1}$ 的回归系数为0.00356，且在1%水平上显著，超过了全样本回归中 $Exgap1_{t-1}$ 系数的显著性。这说明在国有企业中，超出行业均值部分的外部薪酬差距对企业风险承担水平并不存在正向激励作用，而在非国有企业中上述外部薪酬差距对企业风险承担的促进效应才较为显著。上述实证结果符合理论预期，即针对国企高管的"限薪"政策、国企高管的"政商"双重身份以及更偏向市场化的非国有企业经理人市场，都使外部薪酬差距对企业风险承担的激励作用在国有上市公司样本中更为显著。因此，前文提出的假设H5-1和H5-2得到了验证。

表5-6中第（4）～（6）列显示了当高管薪酬低于行业薪酬均值时，在全样本上市公司与国有与非国有两个子样本中，外部薪酬差距 $Exgap2_{t-1}$ 对企业风

险承担水平 $RiskT1_t$ 的线性回归结果。第（4）列对全样本上市公司的回归结果显示，当高管薪酬低于行业薪酬均值时，外部薪酬差距 $Exgap2_{t-1}$ 的回归系数为 0.00201，且具有 1% 的显著性水平。结合前文的理论分析逻辑，上述回归说明当高管薪酬低于行业均值时，高管薪酬水平越低，即外部薪酬差距越大，越能激发高管进行冒险行为寻求变异来改变不公平境遇，进而提升了企业风险承担水平。因此，前文提出的假设 H5-3 得到验证。

表 5-6 中第（5）和第（6）列的回归结果显示，当高管薪酬低于行业均值时，外部薪酬差距 $Exgap2$ 在不同产权性质的上市公司中对风险承担水平的影响也存在差异。当高管薪酬低于行业均值时，虽然外部薪酬差距与企业风险承担的回归系数在两类产权性质的公司中都为正，但在非国有上市公司样本中，$Exgap2_{t-1}$ 并不具有统计上的显著性。这说明当低于行业均值的外部薪酬差距越大时，即高管薪酬水平越低，越有动机追求高风险项目以追求获益的可能性，而且这种寻求风险的现象只显著存在于国有企业中。因此，前文提出的假设 H5-4 未得到验证。上述结果可能的原因是，面对更强的社会监督，已经形成了基于经理人业绩的显性激励契约的国有企业十分注重高管绩效（姜付秀等，2014）。同时，国有企业管理层更加关注自身政治前景，远低于行业均值的薪酬水平在一定程度上阻碍了其政治晋升前景。当处于低水平的薪酬时，面对建立政治声誉与提高公司经营业绩的显性要求，国企高管有动机放手一搏盈利机会、提升个人业绩，进而改善薪酬水平较低的状况。相对而言，非国有企业较少提出明确的激励契约，至少这种契约对于包括投资者在内的外部人是很少能看到的。同时，非国有企业管理者可能是大股东本身、家族成员或者其他内部人，这种身份的特殊性不但影响了经理激励契约的制定和有效实施，而且使管理者冒险成本加大。相对而言，非国有企业较少提出明确的激励契约，至少这种契约对于包括投资者在内的外部人是很少能看到的。同时，非国有企业管理者可能是大股东本身、家族成员或者其他内部人，这种身份的特殊性不但影响了经理激励契约的制定和有效实施，而且使管理者冒险成本加大。因此，低于行业均值时的外部薪酬差距对企业风险承担的影响仅在国有企业中显著存在。

四、进一步分析

理论上，在完全竞争市场下，无数个生产者分别提供着数量上微不足道的产品，每个生产者对产品的价格没有任何影响，即市场价格对每个生产者来说都是给定的。与完全竞争市场对应的是垄断市场——仅由一个或者少数几个企业参与的市场。规模经济、企业合谋与行政管制是导致垄断的三个主要原因。无论何种原因导致的垄断,其市场的进入与退出门槛都存在一定限制。因此,垄断市场中只有少数生产者或消费者,其产品的市场价格在一定程度上被生产者或消费者所控制,也就无法避免企业抬高产品价格以损害消费者利益的现象(岳希明等,2010)。经济学理论表明,垄断不但导致资源误配、效率损失,而且还可能导致收入差距扩大和收入不公平程度加大。

目前,我国的行业垄断主要为行政性垄断,即出于某种特殊需要或原因,政府通过行政法规对某些行业进行保护与管制。行政性管制的主要方式是赋予国有企业垄断性经营权,以及制定或允许企业制定较高的产品和服务价格。有效的行政管制能解决市场失灵,改善经济效率,而当行政干预妨碍到行业的有序竞争时,则会导致行政垄断。垄断企业凭借依靠对资源的占有和行政特权,从消费者那里攫取庞大的经济利益(陈彦玲、陈首丽,2002),其利润留存成为垄断企业职工的高收入、高福利,甚至是腐败的重要资金来源。垄断性国有企业同时也对国民经济的命脉有着至关重要的影响,其高管薪酬更容易吸引社会公众的眼球。因此,进一步研究我国垄断行业中外部薪酬差距的激励作用是十分必要的。

借鉴岳希明等(2010)对垄断行业提出的划分标准①,并以《中国上市公司行业分类标准2012》中一级与二级代码为行业分类依据,本书最终把石油和天然气开采业,烟草制品业,石油加工、炼焦及核燃料加工业,电力、燃气及水的生产和供应业,铁路运输业,水上运输业,航空运输业,邮政业,电信和其他信息传输服务业界定为垄断行业。为突出垄断行业高管高收入的不合理性,同时为缩小行业界定对分析结果的影响,本书选取符合市场竞争较为充分、政府管制较弱等条件的竞争性行业作为对照。同样借鉴岳希明等(2010)提出的界定竞争性行业的标准,本书将制造业中的轻工业、建筑业、批发和零售业、住宿和餐饮业、居民服务和其他服务业列为竞争行业,具体包括:农副食品加工业,食品制造业,饮料制造业,纺织业,纺织服装、鞋、帽制造业,皮革、毛皮、羽毛(绒)及其制品业,木材加工及木、竹、藤、棕、草制品业,家具制造业,造纸

---

① 岳希明(2010)在界定垄断行业时考虑了行业中企业的个数、是否有进入和退出的限制以及产品或服务价格是否存在管制等因素,并参照了公众讨论中作为垄断行业列举的行业,最终把金融、电力、电信、烟草、石油、石化、运输、邮电等行业列入范围。这些行业均具有以下几个特征:第一,这些行业内的企业个数都很少,这是企业操纵市场价格的必要条件。第二,国有企业或者国有控股企业在这些行业中占支配地位,与我国目前行业垄断主要是行政垄断的现实相吻合。第三,这些行业中农民工的从业比重低,说明这些行业并没有通过参与竞争性劳动力市场,以降低劳动成本,而这恰恰是这些行业从业人员尤其是一般工人高收入得以维持的前提。

及纸制品业,印刷业和记录媒介的复制,文教体育用品制造业,仪器仪表及文化、办公用机械制造业,工艺品及其他制造业,废弃资源和废旧材料回收加工业等。

本部分将全样本上市公司、垄断行业上市公司与竞争行业上市公司各分为高于行业均值和低于行业均值两组,对高管外部薪酬差距与企业风险承担的线性关系进行混合 OLS 回归检验,以考察行业垄断对高管外部薪酬差距与企业风险承担间关系的影响,回归结果如表 5-7 所示。

表 5-7 行业垄断、高管外部薪酬差距与企业风险承担

解释变量	被解释变量:$RiskT1_t$					
	高于均值			低于均值		
	全行业 (1)	垄断行业 (2)	竞争行业 (3)	全行业 (4)	垄断行业 (5)	竞争行业 (6)
$Exgap1_{t-1}$	0.00144** (2.257)	0.00649* (1.932)	0.000367 (0.362)			
$Exgap2_{t-1}$				0.00201*** (5.349)	0.00520*** (3.467)	0.00129** (2.121)
SOE_{t-1}	-0.00452*** (-3.395)	0.000336 (0.0507)	-0.00217 (-1.155)	-0.00461*** (-3.908)	-0.0232*** (-3.505)	-0.00685*** (-3.259)
lev_{t-1}	0.00672* (1.813)	0.0307** (2.399)	-0.00500 (-0.854)	0.0426*** (16.34)	0.0701*** (6.836)	0.0442*** (8.703)
$size_{t-1}$	-0.00522*** (-8.792)	-0.00391** (-2.156)	-0.00393*** (-4.249)	-0.0108*** (-19.87)	-0.00700*** (-3.739)	-0.0130*** (-11.54)
$growth_{t-1}$	-0.00220* (-1.768)	0.00480 (0.987)	-0.00273 (-1.271)	-0.00193** (-2.103)	-0.0138*** (-4.378)	-0.00237 (-1.026)
roa_{t-1}	0.000668 (0.0515)	0.0204 (0.407)	0.0319 (1.614)	-0.147*** (-15.73)	-0.179*** (-5.287)	-0.131*** (-6.694)
$top1_{t-1}$	-2.68e-05 (-0.738)	3.11e-05 (0.231)	-9.90e-05* (-1.689)	3.79e-05 (1.094)	7.48e-06 (0.0594)	2.83e-05 (0.415)
$mshare_{t-1}$	-0.00956* (-1.670)	0.0661 (0.765)	-0.00357 (-0.398)	0.00393 (0.780)	-0.0513 (-0.277)	0.0133 (1.312)
$dual_{t-1}$	0.000926 (0.639)	0.00633 (0.922)	0.00459* (1.960)	0.00108 (0.817)	0.00811 (1.196)	0.00182 (0.746)

续表

解释变量	被解释变量：$RiskT1_t$					
	高于均值			低于均值		
	全行业 （1）	垄断行业 （2）	竞争行业 （3）	全行业 （4）	垄断行业 （5）	竞争行业 （6）
$listyears_{t-1}$	0.00332*** (3.645)	0.00479 (1.469)	0.00439*** (3.171)	0.00456*** (5.377)	0.00712 (1.624)	0.00938*** (5.623)
Constant	0.171*** (14.39)	0.129*** (3.277)	0.108*** (5.786)	0.261*** (22.26)	0.332*** (6.400)	0.261*** (10.87)
行业与年度	控制	控制	控制	控制	控制	控制
F	45.213	4.383	6.237	101.539	18.212	23.159
观测值	4893	469	1026	8373	562	1578
Adj_R^2	0.251	0.178	0.125	0.305	0.426	0.255

注：*、**、*** 分别表示在 10%、5%、1% 的显著性水平上显著，括号内为 t 值。

表 5-7 中第（1）~（3）列结果显示，当高管薪酬高于行业均值时，在全样本上市公司、垄断行业与竞争行业上市公司三个子样本中，只有全样本与垄断行业上市公司样本中外部薪酬差距（$Exgap1_{t-1}$）的回归系数为正，且具有统计上的显著性。说明当高管薪酬高于行业均值时，外部薪酬差距对企业风险承担水平的正向激励作用只在垄断行业中才较为显著。其可能原因可以从以下两方面来解释：

一方面，垄断行业内部缺乏竞争以及资源禀赋的存在，使垄断企业通过产品高价从广大消费者手中攫取巨额利益，超额利润的存在虚增了高管的经营绩效水平。而且垄断型企业自定薪酬模式使高管在经营业绩好时大幅提升自身薪酬成为可能，更加剧了垄断型企业高管薪酬与竞争型企业高管薪酬的差异。有研究表明，我国垄断企业高管薪酬普遍高于非垄断行业高管薪酬，且垄断企业平均高管薪酬的增长速度更快，与非垄断企业高管薪酬差距有扩大的趋势（梁国萍等，2012；方芳、李实，2015；丁鸿雁，2016）。在垄断行业高薪的诱惑下，薪酬高于行业均值越多的高管，对薪酬低于均值水平的警惕越小，也越有野心追求更好的薪酬水平。在这种动机下，高管更倾向于投资与高风险高收益项目。因此，当高管薪酬高于行业薪酬均值时，垄断行业企业高管外部薪酬差距对企业风险承担更具有正向促进作用。

另一方面，在竞争性行业中生产者与消费者数量众多，经理人市场与产品市场都存在激烈的竞争。企业高管很可能因个人经营业绩不佳而面临被董事会降职、降薪甚至解雇的风险，为稳定自身职位与职业声誉，高管风险规避倾向就更突出。同时，企业在产品的竞争性角逐过程中，一旦风险性项目失败，不但该项目面临损失，而且这种负面影响很有可能波及整个企业。由于竞争性行业本身不存在针对厂商的严厉进入或退出限制，而某一重大项目的失败带来的后果将不堪设想。因此，无论是面对竞争更激烈的经理人市场还是产品市场，管理者对风险的态度都更为谨慎，外部薪酬差距对企业风险承担的提升作用便不再显著。

表5-7中第（4）~（6）列结果显示，当高管薪酬低于行业均值时，在全样本与两个样本中外部薪酬差距（$Exgap2_{t-1}$）的回归系数为正，且具有统计上的显著性。这说明当高管薪酬低于行业均值时，高管外部薪酬差距对企业风险承担水平的正向作用同时显著存在于竞争性与垄断性行业中。无论对于垄断行业还是竞争性行业，过低的薪酬水平对管理者而言都伴随着社会比较损失状态与职位危机感，而改变低薪酬现状、维持职位未定的最直接途径就是提升个人业绩。由于风险性项目隐含了获利的可能性，因此在高管薪酬水平较低时，垄断行业和竞争性行业中的企业管理者都有动机寻求风险，进而企业风险承担水平得到提升。

另外，我们还从上述回归结果中观察到：低于均值时竞争性行业的高管外部薪酬差距对企业风险承担回归系数的显著性水平，远大于当高管薪酬高于行业均值时垄断行业中的回归系数显著性。正如前景理论的观点，人们在损失状态下更倾向于寻求风险，而在获益状态下倾向于规避风险，而且人们往往对损失更敏感，表现为寻求风险的凸性要大于获益状态下规避风险的凸性。因此，低于均值时高管追求风险的动机相对强烈，即便高于均值时外部薪酬差距起到了缓解其风险规避的作用，但这种作用相对有限。上述实证发现符合理论预期。

五、稳健性检验

本章主要从三个方面来进行稳健性检验：①更换被解释变量；②更换解释变量；③使用同行业、同产权性质企业高管薪酬中位数作为参照点计算外部薪酬差距。具体稳健性检验程序如下。

（一）更换被解释变量

1. $RiskT2$——3年内ROA最大最小值之差

以企业3年内经行业ROA均值调整的ROA最大最小值之差作为企业风险承担的替代变量，对主回归模型进行混合OLS回归的结果如表5-8所示。从表5-8的回归结果来看，当高管薪酬高于行业薪酬均值时，全样本与非国有上市公司样

本中 $Exgap1_{t-1}$ 的系数分别为 0.00261、0.00663，且分别在 5% 与 1% 水平上显著，而国有上市公司样本中 $Exgap1_{t-1}$ 的系数虽然为正，但不显著。当高管薪酬低于行业薪酬均值时，全样本与国有上市公司样本中 $Exgap2_{t-1}$ 的系数分别为 0.00381、0.00689，且都在 1% 水平上显著，而非国有上市公司样本中 $Exgap2_{t-1}$ 的系数虽然为正，但不显著。使用企业 3 年内 ROA 最大最小值之差做企业风险承担替代变量的回归结果不但与本章主回归结果基本一致，而且在考虑产权性质因素后，也与前文实证结果保持一致，说明本章实证研究结论较为稳健。

表 5-8　稳健性检验：更换被解释变量（一）

解释变量	被解释变量：$RiskT2_t$					
	高于均值			低于均值		
	全样本（1）	国有（2）	非国有（3）	全样本（4）	国有（5）	非国有（6）
$Exgap1_{t-1}$	0.00261** (2.182)	0.000756 (0.432)	0.00663*** (4.089)			
$Exgap2_{t-1}$				0.00381*** (5.397)	0.00689*** (6.807)	0.000229 (0.230)
SOE_{t-1}	-0.00860*** (-3.435)			-0.00864*** (-3.899)		
lev_{t-1}	0.0131* (1.885)	-0.00681 (-0.628)	0.0243*** (2.663)	0.0805*** (16.43)	0.0627*** (8.306)	0.0941*** (14.51)
$size_{t-1}$	-0.00994*** (-8.904)	-0.00450*** (-2.955)	-0.0213*** (-12.08)	-0.0204*** (-19.95)	-0.0149*** (-10.55)	-0.0278*** (-18.12)
$growth_{t-1}$	-0.00370 (-1.583)	0.000462 (0.120)	-0.00414 (-1.446)	-0.00362** (-2.106)	-0.00943*** (-3.670)	0.00216 (0.943)
roa_{t-1}	0.00339 (0.139)	0.00304 (0.0766)	-0.0347 (-1.139)	-0.275*** (-15.69)	-0.302*** (-11.17)	-0.258*** (-11.24)
$top1_{t-1}$	-5.05e-05 (-0.738)	-0.000256** (-2.505)	0.000103 (1.085)	6.66e-05 (1.023)	2.03e-05 (0.217)	8.00e-05 (0.870)
$mshare_{t-1}$	-0.0175 (-1.628)	-0.0810 (-0.784)	-0.0137 (-1.246)	0.00779 (0.824)	0.112 (0.931)	0.000926 (0.0958)
$dual_{t-1}$	0.00160 (0.589)	0.00206 (0.425)	0.00157 (0.493)	0.00184 (0.740)	-0.000370 (-0.0812)	0.00260 (0.894)

续表

解释变量	被解释变量：$RiskT2_t$					
	高于均值			低于均值		
	全样本 (1)	国有 (2)	非国有 (3)	全样本 (4)	国有 (5)	非国有 (6)
$listyears_{t-1}$	0.00625***	0.00537*	0.0105***	0.00864***	0.0130***	0.00587***
	(3.648)	(1.948)	(4.607)	(5.432)	(4.463)	(2.978)
Constant	0.325***	0.213***	0.542***	0.492***	0.365***	0.660***
	(14.53)	(6.807)	(15.28)	(22.39)	(11.50)	(20.00)
行业和年度	控制	控制	控制	控制	控制	控制
F	44.779	29.099	24.461	101.584	50.393	62.449
Observations	4893	2433	2460	8373	4114	4259
Adj_R^2	0.249	0.298	0.255	0.305	0.296	0.335

注：*、**、*** 分别表示在 10%、5%、1% 的显著性水平上显著，括号内为 t 值。

2. RiskT3——企业横向风险承担水平

本章前文因为企业风险承担在估计过程中使用的是企业 3 年内 ROA 的波动率，即纵向风险承担水平。与第三章一致，本章同样采用企业横向风险承担水平作为变量的替换，重新检验前文的研究结论。具体回归结果如表 5-9 所示。从表 5-9 回归结果来看，当高管薪酬高于行业薪酬均值时，全样本与非国有上市公司样本中 $Exgap1_{t-1}$ 的系数分别为 0.00173、0.00349，且都在 1% 水平上显著，而国有上市公司样本中 $Exgap1_{t-1}$ 的系数虽然为正，但不显著。当高管薪酬低于行业薪酬均值时，全样本与国有上市公司样本中 $Exgap2_{t-1}$ 的系数分别为 0.00121、0.00202，且都在 1% 水平上显著，而非国有上市公司样本中 $Exgap2_{t-1}$ 的系数虽然为正，但不显著。使用企业横向风险承担水平做因变量的替代变量所得出的回归结果，不但与本章主回归结果基本一致，而且在考虑产权性质因素后，也与前文实证结果保持一致，说明本章实证研究结论较为稳健。

表 5-9 稳健性检验：更换被解释变量（二）

解释变量	被解释变量：$RiskT3_t$					
	高于均值			低于均值		
	全样本 (1)	国有 (2)	非国有 (3)	全样本 (4)	国有 (5)	非国有 (6)
$Exgap1_{t-1}$	0.00173***	0.000286	0.00349***			
	(3.339)	(0.432)	(4.383)			

续表

解释变量	被解释变量：$RiskT3_t$					
	高于均值			低于均值		
	全样本 (1)	国有 (2)	非国有 (3)	全样本 (4)	国有 (5)	非国有 (6)
$Exgap2_{t-1}$				0.00121 *** (3.881)	0.00202 *** (4.708)	0.000228 (0.494)
SOE_{t-1}	-0.00304 *** (-2.816)			-0.00238 ** (-2.423)		
lev_{t-1}	0.0132 *** (4.383)	0.00724 * (1.763)	0.0165 *** (3.681)	0.0131 *** (6.022)	0.00640 ** (1.999)	0.0162 *** (5.394)
$size_{t-1}$	-0.00384 *** (-7.960)	-0.00109 * (-1.897)	-0.00849 *** (-9.806)	-0.00648 *** (-14.33)	-0.00399 *** (-6.642)	-0.00900 *** (-12.65)
$growth_{t-1}$	-0.00113 (-1.115)	-0.000521 (-0.359)	-0.00134 (-0.948)	-0.00248 *** (-3.259)	-0.00332 *** (-3.042)	-0.00163 (-1.537)
roa_{t-1}	0.188 *** (17.88)	0.217 *** (14.44)	0.167 *** (11.16)	0.00264 (0.340)	-0.00656 (-0.571)	0.00551 (0.517)
$top1_{t-1}$	2.23e-05 (0.755)	-5.61e-05 (-1.452)	9.54e-05 ** (2.053)	4.44e-05 (1.540)	1.99e-05 (0.501)	8.09e-05 * (1.899)
$mshare_{t-1}$	-0.00876 * (-1.884)	0.0653 * (1.670)	-0.00615 (-1.139)	0.00162 (0.386)	0.228 *** (4.479)	-0.00270 (-0.602)
$dual_{t-1}$	0.000108 (0.0920)	-1.11e-05 (-0.00604)	-0.000242 (-0.154)	0.00115 (1.043)	-0.00222 (-1.148)	0.00266 ** (1.971)
$listyears_{t-1}$	0.00200 *** (2.709)	-0.000195 (-0.186)	0.00502 *** (4.474)	0.00557 *** (7.907)	0.00716 *** (5.802)	0.00474 *** (5.190)
Constant	0.104 *** (10.74)	0.0446 *** (3.762)	0.200 *** (11.46)	0.158 *** (16.27)	0.103 *** (7.632)	0.212 *** (13.85)
行业和年度	控制	控制	控制	控制	控制	控制
F	20.732	12.881	11.173	19.413	8.906	14.991
Observations	4893	2433	2460	8373	4114	4259
Adj_ R^2	0.133	0.158	0.135	0.077	0.069	0.108

注：*、**、*** 分别表示在 10%、5%、1% 的显著性水平上显著，括号内为 t 值。

（二）更换解释变量

本章还使用了改变高管外部薪酬差距替代变量的方法进行稳健性检验，在使用企业董监高前三名薪酬与同行业董监高薪酬均值之比作为替代变量后，依据产权性质分组进行回归，结果如表5－10所示。除第（1）列全样本回归中 $Exgap1\_djg_{t-1}$ 的系数不显著外，其余主要解释变量 $Exgap1\_djg_{t-1}$ 与 $Exgap2\_djg_{t-1}$ 的系数与显著性均与前文主回归结果基本保持一致，同样说明了本章的研究发现的稳健性。

表 5－10　稳健性检验：更换解释变量

解释变量	被解释变量：$RiskT1_t$					
	高于均值			低于均值		
	全样本 (1)	国有 (2)	非国有 (3)	全样本 (4)	国有 (5)	非国有 (6)
$Exgap1\_djg_{t-1}$	0.000965 (1.486)	-0.000295 (-0.327)	0.00319*** (3.423)			
$Exgap2\_djg_{t-1}$				0.00216*** (5.364)	0.00370*** (6.470)	0.000117 (0.204)
SOE_{t-1}	-0.00466*** (-3.283)			-0.00355*** (-2.854)		
lev_{t-1}	0.00451 (1.107)	-0.00627 (-1.048)	0.0128** (2.244)	0.0374*** (13.40)	0.0276*** (6.532)	0.0447*** (11.91)
$size_{t-1}$	-0.00495*** (-7.782)	-0.00144* (-1.741)	-0.0121*** (-11.26)	-0.00999*** (-17.48)	-0.00694*** (-8.956)	-0.0142*** (-16.23)
$growth_{t-1}$	-0.00186 (-1.406)	-0.000454 (-0.222)	-0.00122 (-0.713)	-0.00249** (-2.516)	-0.00365*** (-2.546)	-0.000689 (-0.507)
roa_{t-1}	-0.00760 (-0.552)	-0.00783 (-0.354)	-0.0244 (-1.388)	-0.147*** (-14.60)	-0.182*** (-11.86)	-0.118*** (-8.904)
$top1_{t-1}$	1.23e-05 (0.316)	-0.000121** (-2.160)	0.000165*** (2.915)	4.76e-05 (1.293)	2.89e-05 (0.563)	4.31e-05 (0.803)
$mshare_{t-1}$	-0.00859 (-1.258)	-0.0208 (-0.327)	-0.00512 (-0.719)	0.00135 (0.243)	0.0752 (1.024)	-0.00444 (-0.768)
$dual_{t-1}$	0.00177 (1.108)	0.00237 (0.857)	0.00199 (1.034)	0.000827 (0.592)	-0.000649 (-0.261)	0.00151 (0.904)
$listyears_{t-1}$	0.00279** (2.460)	0.00165 (0.940)	0.00606*** (3.795)	0.00531*** (5.147)	0.00812*** (4.525)	0.00349*** (2.655)
Constant	0.160*** (12.37)	0.0680*** (3.737)	0.295*** (13.68)	0.246*** (19.83)	0.160*** (9.118)	0.338*** (17.79)

续表

解释变量	被解释变量：$RiskT1_t$					
	高于均值			低于均值		
	全样本 (1)	国有 (2)	非国有 (3)	全样本 (4)	国有 (5)	非国有 (6)
行业和年度	控制	控制	控制	控制	控制	控制
F	33.396	20.915	19.895	74.096	44.318	38.337
Observations	3773	1947	1826	6824	3436	3388
Adj_R^2	0.238	0.265	0.268	0.276	0.301	0.274

注：*、**、*** 分别表示在10%、5%、1%的显著性水平上显著，括号内为t值。

（三）使用行业薪酬中位数做参照点计算外部薪酬差距

在前文理论分析与实证检验中，本章选择同行业同产权性质高管薪酬均值作为参照点来计算外部薪酬差距。从大样本统计视角而言，中位数相对于均值可以避免极端值的影响，在一定程度上提高了对全样本数据的代表性。因此，同行业同产权性质高管薪酬中位数能较好地反映出全样本企业高管的一般薪酬水平。本部分以不同产权性质企业高管薪酬行业中位数为依据计算外部薪酬差距，同样将高管薪酬分为高于与低于中位数两种情况，分别依据产权性质进行回归检验，结果如表5-11所示。

表5-11 稳健性检验：依据中位数计算外部薪酬差距

解释变量	被解释变量：$RiskT1_t$					
	高于均值			低于均值		
	全样本 (1)	国有 (2)	非国有 (3)	全样本 (4)	国有 (5)	非国有 (6)
$Exgap1\_med_{t-1}$	0.00150*** (3.352)	0.000564 (0.891)	0.00321*** (5.066)			
$Exgap2\_med_{t-1}$				0.00278*** (4.825)	0.00467*** (5.657)	0.000315 (0.385)
SOE_{t-1}	-0.00476*** (-3.985)			-0.00318** (-2.169)		
lev_{t-1}	0.00531 (1.626)	-0.00903* (-1.816)	0.0154*** (3.504)	0.0431*** (13.35)	0.0322*** (6.652)	0.0501*** (11.44)

续表

解释变量	被解释变量：$RiskT1_t$					
	高于均值			低于均值		
	全样本 (1)	国有 (2)	非国有 (3)	全样本 (4)	国有 (5)	非国有 (6)
$size_{t-1}$	-0.00562***	-0.00179**	-0.0124***	-0.0106***	-0.00755***	-0.0146***
	(-10.46)	(-2.489)	(-14.41)	(-15.75)	(-8.263)	(-14.28)
$growth_{t-1}$	-0.00142	-0.00167	0.000314	-0.00262**	-0.00332**	-0.00146
	(-1.231)	(-0.969)	(0.207)	(-2.363)	(-2.057)	(-0.961)
roa_{t-1}	-0.0361***	-0.0575***	-0.0315**	-0.153***	-0.200***	-0.117***
	(-3.155)	(-3.169)	(-2.132)	(-13.37)	(-11.34)	(-7.736)
$top1_{t-1}$	-1.13e-05	-0.000119**	8.08e-05*	8.85e-05**	8.04e-05	6.84e-05
	(-0.344)	(-2.542)	(1.707)	(1.995)	(1.298)	(1.062)
$mshare_{t-1}$	-0.0105**	0.000411	-0.0118**	0.00522	0.0761	-6.07e-06
	(-1.982)	(0.00780)	(-2.131)	(0.762)	(0.690)	(-0.000855)
$dual_{t-1}$	0.000588	-0.00123	0.00165	0.00152	0.00260	0.000887
	(0.439)	(-0.522)	(1.034)	(0.919)	(0.890)	(0.448)
$listyears_{t-1}$	0.00394***	0.00250*	0.00582***	0.00501***	0.00806***	0.00315**
	(4.094)	(1.648)	(4.430)	(4.090)	(3.727)	(2.034)
Constant	0.169***	0.0985***	0.300***	0.253***	0.178***	0.344***
	(15.12)	(6.238)	(17.05)	(17.45)	(8.766)	(15.57)
行业和年度	控制	控制	控制	控制	控制	控制
F	43.355	27.644	24.808	56.650	34.179	29.568
Observations	5253	2678	2575	5207	2629	2578
Adj_R^2	0.225	0.257	0.244	0.277	0.303	0.277

注：*、**、*** 分别表示在10%、5%、1%的显著性水平上显著，括号内为t值。

从表5-11回归结果来看，当高管薪酬高于行业薪酬中位数时，全样本与非国有上市公司样本中 $Exgap1\_med_{t-1}$ 的系数分别为0.00150、0.00321，且都在1%水平上显著，而国有上市公司样本中 $Exgap1\_med_{t-1}$ 的系数虽然为正，但不显著。当高管薪酬低于行业薪酬中位数时，全样本与国有上市公司样本中 $Exgap2\_med_{t-1}$ 的系数分别为0.00278、0.00467，且都在1%水平上显著，而非国有上市公司样本中 $Exgap2\_med_{t-1}$ 的系数虽然为正，但不具有统计上的显著性。上述回归结果不但与本章主回归结果基本一致,而且在考虑产权性质因素后,也与前文实证结果保持一致,说明本章的结论较为稳健。

本章小结

本章将企业高管外部薪酬差距的研究视角拓展到企业风险承担,并基于产权性质视角,考察了高管外部薪酬差距对企业风险承担水平的影响及作用机理。研究发现:①当高管薪酬高于行业均值时,外部薪酬差距对企业风险承担水平具有正向激励作用,说明高于行业均值的外部薪酬差距能缓解管理者风险规避倾向,进而提升企业风险承担水平,但这种正相关关系只显著存在于非国有企业中;②当高管薪酬低于行业均值时,外部薪酬差距与企业风险承担水平具有正相关关系,说明低于行业均值的外部薪酬差距能激发管理者冒险决策以寻求变革,进而提升企业风险承担水平,而且这种正相关关系只在国有企业中显著存在。

进一步将行业垄断纳入分析框架,研究发现:①当高管薪酬高于行业均值时,外部薪酬差距对企业风险承担水平的正向激励作用只在垄断行业中才较为显著。在垄断行业高薪的诱惑下,薪酬高于行业均值越多的高管,对薪酬低于均值水平的警惕越小,也越有野心追求更好的薪酬水平,表现为更倾向于投资于高风险高收益项目。而竞争性行业中经理人市场与产品市场都存在激烈的竞争,管理者为了避免在竞争中被淘汰,对风险的态度都更为谨慎,外部薪酬差距对企业风险承担的提升作用便不再显著。②当高管薪酬低于行业均值时,高管外部薪酬差距对企业风险承担水平的正向作用同时显著存在于竞争性与垄断性行业中。无论对于垄断行业还是竞争性行业,过低的薪酬水平对管理者而言都伴随着社会比较损失状态与职位危机感,而改变低薪酬现状、维持职位未定的最直接途径就是提升个人业绩。由于风险性项目隐含了获利的可能性,因此在高管薪酬水平较低时,垄断行业和竞争性行业中的企业管理者都有动机寻求风险,进而企业风险承担水平得到提升。

基于上述研究结论,提出以下几点政策建议:

第一,企业董事会在高管薪酬设计过程中,不仅要考虑到薪酬激励的显性作用,还应将行业薪酬基准的参照点效应与高管的心理预期纳入决策因素。使高管薪酬所得与其付出相匹配,并且应及时根据本公司薪酬与同行业薪酬水平的对比情况来进行调整,从而增强外部公平性,通过良好的薪酬制度设计来提高激励效率。

第二,本书研究还发现,由于风险选择为高管带来收益的可能性,当高管薪酬低于行业薪酬基准时,外部薪酬差距越大越能激发高管的冒险行为,但这种冒险行为可能带有博彩情绪。为了避免过低的薪酬水平引发高管过度冒险行为,在基于企业规模与业绩等客观条件下,难以为高管提供行业内较高的薪酬水平时,企业应当尽可能地提高高管薪酬与其个人边际贡献的匹配,避免管理者的付出得不到相应回报,以减轻行业间过大的薪酬差距对高管的负面影响,即当企业高管薪酬制定向"外"看齐并非可行时,便要重视企业内部薪酬水平设置的公平性,防止管理者过度冒险损害企业价值。

第三,在薪酬水平充分与企业业绩和管理者个人表现挂钩的基础上,探索对国有企业高管进行多元化激励模式。"一刀切"的限薪方式虽然在一定程度上抑制了薪酬乱象,但同时也导致企业难以制定最优薪酬契约,弱化了薪酬激励的效果,这就需要充分利用其他隐性激励方式。一方面,在限薪的基础上适当拉开企业内外部高管薪酬差距,以发挥薪酬差距的锦标赛激励作用;另一方面,利用股权激励和政治晋升等多元化激励模式加以补充,使企业未来收益与管理者个人获益以及政治晋升前景相挂钩,缓解其风险规避倾向引发的代理问题。

第六章 高管—员工薪酬差距与企业风险承担的实证研究

受传统计划经济体制和平均主义分配方式的影响,在我国资本市场发展的起步阶段,上市公司高管与员工的薪酬差距尚在人们可接受范围之内。随着社会主义市场经济的不断发展,我国企业薪酬制度从平均主义分配方式逐渐转变为与业绩挂钩的绩效薪酬体系。逐渐涌现出的上市公司自定高管薪酬、年薪制以及股票期权激励等绩效型薪酬机制,特别是在市场化程度较高的地区中,市场化的薪酬制度开始逐渐成为我国企业薪酬制度的主体(方军雄,2009;辛清泉和谭伟强,2009)。绩效型薪酬的普及不但解决了平均主义造成的薪酬分配不公平问题,而且发挥着有效的激励作用,与此同时却进一步拉大了企业高管与普通员工之间的薪酬差距(常健,2016)。高管—员工薪酬差距已经引起社会各界的广泛关注,其对公司所带来的经济后果问题也已成为学术界和实务界关注的热点之一。

特别是近年来,我国政府部门针对上市公司(尤其是央企)出台了一系列政策,旨在规范市场经济下企业薪酬分配制度。2009年9月,六部委联合下发的《关于进一步规范中央企业负责人薪酬管理的指导意见》,规定央企高管薪酬上限不得超过上年度在岗职工平均工资的30倍。2013年2月,国务院办公厅又发布了《关于深化收入分配制度改革重点工作分工的通知》,明确要求高管人员薪酬增幅应低于企业职工平均工资增幅。2015年1月1日正式实施的《中央管理企业负责人薪酬制度改革方案》明确指出,要"统筹兼顾,形成中央管理企业负责人与企业职工之间的合理工资收入分配关系"。这些改革政策的出台在一定程度上反映了社会公众对薪酬公平分配的追求,以及政府旨在通过行政干预以缩小薪酬差距的意图,同时也说明了对高管—员工薪酬差距的研究具有重要的现实意义。

高管—员工薪酬差距作用于企业风险承担方面有何经济后果?究竟是发挥着

正向激励作用，还是引发了普通员工更强的不公平感从而对企业风险承担产生负面影响，这是本章要研究的重点问题。具体而言，本章试图通过考察管理层与员工间薪酬差距如何影响企业风险承担水平，并从产权性质的角度探索其内在影响机制，这一方面会有助于更好地理解管理层和普通员工在企业风险承担行为中发挥的作用；另一方面，本章的经验证据也具有明晰的政策含义，可以为"限薪令"等关注收入公平的政策和举措提供来自企业风险承担这个效率视角的实证检验，从而对政府和企业部门关于管理层与员工薪酬制定具有重要的参考意义。

第一节 理论分析与研究假设

企业高级管理层及普通员工人力资本都发挥着越来越重要的价值（夏宁、董艳，2014）。尤其是处于组织层级顶端、掌握现代管理技能，并且拥有经营决策能力的企业高级管理层，通过开展具有创造性、不确定性却难以度量的工作，对企业的战略决策和主要经营活动施加重要影响，从而对企业的生存与发展起到举足轻重的作用。贡献程度的差异决定了薪酬水平的差异性，因此担负着较重的工作任务和职责的管理层理所应当拥有着比普通员工更高的薪酬水平（王怀明、史晓明，2009）。高管员工间的薪酬差距则可以被看作是一种同时针对高管和员工两个群体的激励机制。或者说，当高管员工薪酬差距被设定在某个水平时，即意味着通过相应的业绩评价系统，组织对高管和员工确立了特定的、期望将他们的动机与业绩相联系的激励机制。在这种激励机制中，薪酬差距的设定是中心环节，这种对企业高管和员工进行有效的业绩评价和激励的目的就在于促进企业创造性产出并保持组织长期成功。

但是高管员工间的薪酬差距可能同时引发高管和员工的多种反应，这使薪酬差距对创造性产出的激励效应可能呈现出较为复杂的局面。适当的高管—员工薪酬差距强调的是资源分配的合理性，可以激发高管高涨的工作热情，进而达到提高企业绩效的效果。但是，如果高管与普通员工的薪酬差距过大则会使员工产生明显的不公平感，影响员工的工作满意度和工作绩效，反而对企业绩效有负面影响。

总的来看，高管—员工间的薪酬差距与企业风险承担的关系可能会呈现出两种不同方向。一方面，这种薪酬差距可以看作是员工升至高管后随职务晋升而获得的奖金，奖金越多，越容易吸引更多的普通员工参与锦标赛竞争，而为了在竞争中取得胜利，参与者将施加更多投入，于是企业层面的创造性产出将随之提高，从而使薪酬差距的激励目标得以实现。另一方面，薪酬差距也可能会引起员工的不公平感，当其感到不公平时，他可能会减少投入甚至实施反生产行为，从而可能导致企业创造性产出减少，妨碍组织目标实现。关于高管与普通员工的薪酬差距对企业风险承担的激励作用，可以从两种截然不同的基本理论出发进行进一步分析，即锦标赛理论和行为理论。

一、高管员工薪酬差距对企业风险承担的促进效应

锦标赛理论指出，组织内的晋升制度和与之相伴而来的奖励，好似一场连续排除对手的竞赛，最后的赢家将会获得职务晋升和相应的奖励。薪酬差距就可以被看作是参与晋升竞争比赛获胜的一笔额外的奖励，这使高薪往往成为一种刺激竞争的有效措施。在锦标赛理论框架下，高管与员工间的薪酬差距在一定程度上能引发员工为晋升至高管获得高薪而参与竞争，激励较低层级的员工提升工作积极性（Lazear and Rosen，1981）。此时，处于竞争中的员工在薪酬差距的激励下可能会增加自身投入，而高管为了保住既有的职务和高薪也不会减少投入并可能会继续增加投入，高管与员工增加的投入最终可能促进产出的增加。高管员工薪酬差距越大，意味着增加投入水平可能获得越高的奖励，高管和员工都可能会投身竞争中。

（1）就企业高管而言，其不仅被自身薪酬水平和高管团队内部薪酬差距所激励，而且高出普通员工薪酬水平的事实不但是股东或董事会对高管投入的一种肯定与奖励，还能为高管带来社会认同感，并起到激励管理层以企业价值最大化为目标的作用。高管为保有这种高额奖励，面对众多的竞争者，通常不会降低原有的努力水平，更多地会选择继续保持或增加投入。所以，在高管—员工薪酬差距的激励下，管理层有动机通过投资风险较高（同时收益更大）的项目来赢取盈利机会、改善企业业绩，从而提升企业风险承担水平。

（2）就企业普通员工而言，企业所有重要的生产经营决策最终都要落实到普通员工的行动中，代理理论认为企业员工同样倾向于规避风险。如果对员工施与适当的激励，其就有动力提高自身人力资本和工作的积极性，以及对企业的忠诚度。尽管员工薪酬低于高管薪酬水平，但薪酬差距作为员工争取不断晋升的强烈诱因，也能激励员工积极服从管理者的经营决策并激发其竞争主动性，促使他们将专有性人力资本投资于风险性较高的生产经营活动。这是因为，普通员工晋

升到经理的过程如同买彩票一样,对其给予的目标奖励额越高,其需要投入的也越多,当预期所获奖励超过其投入成本时,即当晋升能使普通员工获取超额的奖励时,员工就会产生足够动力谋求晋升以获取这种奖励。

可见,依据锦标赛理论,在高管—员工薪酬差距的晋升激励下,员工往往需要做出创造性较高的成果,而高管为保持现有高薪,也需不断增加投入并取得创造性较高的成果。高管—员工薪酬差距不但缓解了委托代理问题下的高管风险规避倾向,而且给予员工同样的激励以使其有效执行管理层的风险决策,最终达到提升企业风险承担水平的效果。

基于以上分析,提出以下假设:

H6-1a:高管—员工薪酬差距对企业风险承担水平有正向激励作用。

二、高管员工薪酬差距对企业风险承担的抑制作用

公平对于激励机制而言是一个重要的条件。行为理论主要基于公平原则探讨激励效应,同锦标赛理论一样也被广泛应用于解释个体对薪酬的反应。行为理论框架中的社会比较理论、公平理论以及相对剥削理论都普遍强调个体期望回报与其贡献对等,认为人们会通过与参照点的比较来评价公平性,如果自身投入—产出比低于其对照组,将产生不公平或者被剥削感(Festinger,1954;Adams,1963)。薪酬不公平对员工投入、工作态度和产出效率往往具有负面影响,会导致激励效率的低下甚至妨碍或破坏激励机制的运行。这也就意味着,当过大的薪酬差距引起员工不公平感爆发时,他们会通过偷懒懈怠行为、降低工作质量、降低与高管的团队协作力,影响他人工作情绪,或者要求更高的实际收益,甚至通过离职等不顾自身利益的手段来缓解不公平感带来的紧张情绪(Cowherd and Levine,1992;杨婵等,2017)。

究其原因,人普遍具有公平偏好,其在关注自身收入的同时也会关注他人的收入,并且厌恶不平等,尤其厌恶利他不平等。在企业里,员工出于公平偏好,可能会与雇主以及从事相似工作的同事进行收入比较(Charness and Kuhn,2004)。员工普遍具有的公平偏好可能会改变预定的激励效率甚至激励方向,特别是,我国传统文化中长期存在"不患寡而患不均"的思想,人们的公平偏好感较强,这导致随着薪酬差距越来越大,员工的不公平感可能会越来越强,而激励效率却日益低下。根据心理契约理论,被组织和雇主公平地对待是员工心理契约的重要内容,薪酬公平可以被看作是一种组织责任。当高管员工间的薪酬差距引起员工不公平感时,会导致心理契约的违背,而心理契约违背与员工的任务内绩效、组织公民行为、工作满意度等组织效果呈负相关（Rtobinson and Rousseau，1994；Robinson，1996）。

（1）就企业普通员工而言，普通员工作为企业生产经营活动的载体，不但决定着管理层风险决策能否被有效执行，而且组织的创造性产出主要源自员工绩效，员工的任务内绩效和组织公民行为水平往往直接决定其高低。以此，高管员工薪酬差距越大，不公平感可能越强，可能会导致员工的创造性产出降低。具体而言，当高管员工间薪酬差距被认为有失公平时，员工的不公平感可能会使其组织承诺以及对领导的信任程度降低，并使其投入减少，特别是自发性较强的组织公民行为会减少，内隐性强、难以监督的员工创造性活动强度可能降低或周期延长，进而导致企业创造性产出减少。其消极怠工或离职行为将严重破坏组织协作力，进而影响组织绩效。以往实证研究也发现，企业薪酬差距扩大会提高员工流失率、削弱团队合作、损害企业凝聚力、降低生产率和企业盈利能力（张正堂，2008；钱爱民等，2014）。

（2）就企业高管而言，高管也是企业创造性产出的缔造者之一，高管员工间较大的薪酬差距对其意味着利己不公平，有公平偏好的高管将可能会产生内疚和不安情绪，他们可能会通过增加投入来平复这种情绪，投入增加有可能会使其创造性活动增加，如加大对管理创新的推动。但考虑到高管人数远远少于员工人数，其创造性产出量会远远小于员工的创造性产出量，而且高管的创造性产出实现往往需要员工来具体实施或配合，所以高薪激励高管所增加的创造性产出量可能会小于高管员工薪酬差距不公平所导致的员工创造性产出的减少量。所以综合起来，高管员工的薪酬差距可能因为涉及不公平而对创造性产出产生抑制作用。

总之，行为理论则基于公平原则，认为过大的薪酬差距不利于企业高管与员工间的团队合作和企业风险承担水平的提高，而较小的薪酬差距能提高高管与员工协作效率，有助于管理层有关风险承担的决策被更好地执行。因此，在行为理论分析框架下，高管—员工薪酬差距过大引起的不公平感不利于企业风险承担的提升。基于以上分析，提出假设 H6 – 1a 的对立假设 H6 – 1b：

H6 – 1b：高管—员工薪酬差距对企业风险承担水平有负向抑制作用。

我国正处于经济转型时期，不同所有权性质的企业在薪酬制度安排与管理层权力配置方面存在一定差异性，必定会对薪酬差距与企业风险承担的关系产生不同影响。与非国有企业相比，我国国有企业高管薪酬制定相对受到更多的政策约束。2015 年 1 月 1 日正式实施的《中央管理企业负责人薪酬制度改革方案》首先针对来自 72 家国有企业的将近 200 名高管，把与员工薪酬差距的上限调整为 8

倍。受限的高管薪酬使高管实现职位晋升后获得的额外奖励减少，进而削弱了薪酬差距的晋升锦标赛作用。因此，在锦标赛理论框架下，国有企业高管—员工薪酬差距对企业风险承担的正向激励作用将被削弱。

受儒家文化的熏陶，"不患寡而患不均"的思想深入人心，尤其是处于"体制"内的国企来说，过去几十年间平均主义、大锅饭的烙印使国企员工更重视公平性。因此，在行为理论框架下，过大高管—员工薪酬差距更能激发员工的不公平感（常健，2016；张兴亮、夏成才，2016），使薪酬差距对企业风险承担的负向影响更显著。

因此，国有企业高管薪酬水平受到诸多管制以及国有企业普通员工更重视平均主义，都可能导致国企中高管—员工薪酬差距对企业风险承担并不存在正向激励作用，或者具有更强的负向影响。基于以上分析，提出以下假设：

H6-2a：在国有企业中，高管—员工薪酬差距对企业风险承担水平的正向激励作用不如非国有企业显著。

H6-2b：在国有企业中，高管—员工薪酬差距对企业风险承担水平的负向影响比非国有企业更显著。

第二节 研究设计

一、研究样本与数据来源

本章选取 2018~2015 年沪深两市 A 股上市公司为初始样本，根据样本企业的最终控制人性质来区分国有企业与非国有企业。在剔除 ST 和 *ST、金融类、最终控制人为外资或无法确定的公司以及相关数据缺失和异常值的公司之后，最终得到共 12373 个观测值，其中国有上市公司样本 6012 个，非国有上市公司样本 6361 个。样本数据均来自国泰安数据库（CSMAR），为避免极端值的影响，对所有连续变量进行了首尾 1% 的缩尾处理。

二、变量设计与检验模型

（一）被解释变量：企业风险承担

与第四、五章一致，本章继续延用企业盈利的纵向波动性来衡量企业风险承担水平,即观察时间段内的经行业 ROA 均值调整后的企业 ROA 标准差,用 RiskT1 表示,其具体计算方法采用式（6-1）和式（6-2）进行：

$$ROA_{in\_}ADJ = \frac{EBITDA_{in}}{ASSETS_{in}} - \frac{1}{X_n}\sum_{k=1}^{X}\frac{EBITDA_{kn}}{ASSETS_{kn}} \qquad \text{式（6-1）}$$

$$RiskT_{it} = \sqrt{\frac{1}{N-1}\sum_{n=1}^{N}\left(ROA_{in\_}ADJ - \frac{1}{N}\sum ROA_{in\_}ADJ\right)^2} \mid N=3 \qquad \text{式（6-2）}$$

式（6-1）表示经行业均值调整过的上市公司总资产收益率（$ROA_{in\_}ADJ$）；式（6-2）计算出上市公司在观测时间段内 $ROA_{in\_}ADJ$ 的标准差,即为企业风险承担水平。计算企业风险承担所选择的观察时间段为 3 年。上述公式涉及的变量及符号与第四、五章相同,在此不再赘述。

在稳健性检验部分,本章还使用以下两种方法衡量企业风险承担水平：①企业 3 年内经行业 ROA 均值调整后的企业 ROA 最大与最小值之差,记为 RiskT2；②企业横向风向承担水平,即对企业 ROA 决定模型分年度和行业进行 OLS 回归而得到的残差拟合值的绝对值,用 RiskT3 来表示。

（二）解释变量：高管—员工薪酬差距

参考刘春和孙亮（2010）的研究,本书以前三名高管平均薪酬作为高管薪酬的替代变量；以现金流量表中"支付给职工以及为职工所支付的现金"项目减去公司年报中所披露的"董事、监事及高管薪酬总额"来估算企业一般员工的年度总薪酬,除以员工人数（减去"董事、监事及高管总人数"）得到企业一般员工的年度平均薪酬。以高管个人平均薪酬与普通员工个人平均薪酬的差额来估算高管—员工绝对薪酬差距 Ex_EmGap,并在回归分析时对绝对薪酬差距取自然对数。具体地,高管—员工薪酬差距的计算过程如式（6-3）和式（6-4）所示：

$$PAY\_Employee = 支付给职工以及为职工所支付的现金 -$$
$$\qquad\qquad 董事、监事及高管薪酬总额 \qquad \text{式（6-3）}$$

$$Ex\_EmGap = \frac{前三名高管薪酬}{3} - \frac{PAY\_Employee}{员工人数 - 董监高总人数} \qquad \text{式（6-4）}$$

（三）控制变量

借鉴刘春和孙亮（2010）、何威风等（2016）的研究,本书选取以下控制变量：资产负债率（lev）、公司规模（size）、公司成长性（growth）、期初盈利水平（roa）、股权集中度（top1）、总经理是否担任董事长（dual）、管理者持股水平（mshare）、上市年限（listyears）,以及产权性质（SOE）。此外,还在回归分析中控制了年度和行业虚拟变量。主要变量的定义如表 6-1 所示。

第六章　高管—员工薪酬差距与企业风险承担的实证研究

表6-1　主要变量说明

变量名称	变量符号	变量定义
高管—员工薪酬差距	$LnEx\_EmGap$	对高管个人平均薪酬与普通员工个人平均薪酬的差额取自然对数
企业风险承担	$RiskT1_t$	上市公司3年内（$t-1$、t、$t+1$）经行业调整后的 ROA 的标准差
	$RiskT2_t$	上市公司3年内（$t-1$、t、$t+1$）经行业调整后的 ROA 最大值与最小值之差（稳健性检验）
	$RiskT3_t$	ROA 横向波动程度，具体使用 ROA 决定模型的残差绝对值表示（稳健性检验）
资产负债率	lev	年末债务账面总价值与资产账面总价值之比
公司规模	$size$	总资产的自然对数
公司成长性	$growth$	主营业务收入增长率
期初盈利水平	roa	期初总资产收益率
股权集中度	$top1$	公司第一大股东持股比例
总经理是否担任董事长	$dual$	两职兼任取1，否则取0
管理者持股水平	$mshare$	管理者持股总数与总股本的比值
公司上市年限	$listyears$	公司上市年限加1后取自然对数，即 $\ln(1+$企业上市年限$)$
产权性质	SOE	国有上市公司为1，非国有上市公司为0

（四）模型设计

与前几章实证研究一致，模型中均采用滞后一期的解释变量与控制变量，即解释变量及控制变量都选取企业进入相应观测时段的第一年的期末值（John et al. 2008；李文贵、余明桂，2012），这也在一定程度上控制了可能存在的反向因果等内生性问题。如果滞后一期的高管团队薪酬差距观测值以后期间不满3年，则将其剔除出回归。为检验本章提出的假设，设定如模型（6-1）所示：

$$RiskT1_t = \alpha_0 + \alpha_1 Ex\_Emgap1_{t-1}/Ex\_Emgap2_{t-1} + \alpha_2 lev_{t-1} + \alpha_3 size_{t-1} + \alpha_4 growth_{t-1} + \alpha_5 roa_{t-1} + \alpha_6 top1_{t-1} + \alpha_7 dual_{t-1} + \alpha_8 mshare_{t-1} + \alpha_9 listyears_{t-1} + \alpha_{10} SOE_{t-1} + \alpha_{11} \sum ind + \alpha_{12} \sum year + u$$

模型（6-1）

第三节　实证检验

一、描述性统计

表6-2是对主要变量进行首尾1%缩尾后的描述性统计结果。结果显示，样

本年度（2008～2015年）高管—员工绝对薪酬差距呈现出较大的差距。具体而言，2007～2016年上市公司内部高管—员工薪酬相对差距（Ex_EmGap）最大值达到近265万元，以此可以判断出现阶段我国上市公司高管和员工收入分配的不均衡现象十分显著。在财务控制变量方面，企业资产负债比均值为0.453，说明我国上市公司资产负债率平均水平适中，但较大的极差说明不同公司间负债水平差异很大；企业规模的中位数与其均值较接近，说明总体上我国上市公司规模符合正态分部特征；企业成长性即主营业务收入增长率均值为0.205，期初总资产收益率中位数为0.0380，表明我国上市公司大多具有较强的主营业务经营及获利能力，经营绩效较好。在公司治理控制方面，约1/4的上市公司总经理兼任董事长；第一大股东持股比例最小值只有2.197，而最大值达到89.41；管理层持股同样表现出明显差异。

表6-2　主要变量描述性统计

变量	观测值	均值	标准差	最小值	中位数	最大值
$RiskT1$	12373	0.0450	0.0580	0.00100	0.0290	0.455
Ex_EmGap	12373	460000	430000	22000	330000	2641911
$lnEx\_EmGap$	12373	12.58	0.888	9.927	12.62	14.68
lev	12373	0.453	0.212	0.0420	0.461	0.917
$size$	12373	21.79	1.214	19.28	21.63	25.60
$growth$	12373	0.205	0.471	-0.562	0.129	3.315
roa	12373	0.0410	0.0520	-0.165	0.0380	0.212
$top1$	12373	36.15	15.25	2.197	34.26	89.41
$mshare$	12373	0.0510	0.125	0	0	0.630
$dual$	12373	0.215	0.411	0	0	1
$listyears$	12373	2.046	0.755	0	2.303	3.219
SOE	12373	0.487	0.500	0	0	1

二、相关性分析

表6-3报告了主要变量的皮尔森（Pearson）检验系数。结果表明，企业高管—员工绝对薪酬差距的自然对数（$lnEx\_EmGap$）与3年期企业风险承担（$RiskT1$）相关系数为-0.052，且在统计上具有1%水平的显著性，初步检验了两者间的负相关关系，具体两者在不同产权性质企业中的相关性有待在回归检验

表6-3 主要变量皮尔森（Pearson）检验系数

变量	RiskT1	Ex_EmGap	lev	size	growth	roa	top1	mshare	dual	listyears
RiskT1	1									
lnEx_EmGap	-0.052***	1								
lev	0.062***	0.071***	1							
size	-0.073***	0.397***	0.441***	1						
growth	0.043***	0.058***	0.069***	0.052***	1					
roa	-0.041***	0.227***	-0.370***	0.018**	0.211***	1				
top1	-0.00200	0.022**	0.045***	0.263***	0.054***	0.089***	1			
mshare	-0.083***	-0.035***	-0.317***	-0.225***	0.029***	0.131***	-0.053***	1		
dual	-0.029***	0.00900	-0.170***	-0.168***	0.00600	0.046***	-0.056***	0.459***	1	
listyears	0.142***	0.095***	0.437***	0.290***	-0.020**	-0.182***	-0.074***	-0.477***	-0.237***	1

注：*、**、***分别表示在10%、5%、1%的显著性水平上显著。

中进一步探讨。在控制变量中，企业资产负债率（lev）、企业成长性（growth）、企业上市年限（listyears）与企业风险承担呈现显著正相关，企业规模（size）、总资产收益（roa）、两职合一（dual）、管理层持股（mshare）与企业风险承担呈现显著负相关。

三、多元回归分析

为检验我国上市公司高管—员工薪酬差距与企业风险承担的线性关系，本部分对全部样本上市公司、国有与非国有上市公司进行OLS多元线性回归，结果如表6-4所示。

表6-4 高管—员工薪酬差距与企业风险承担的回归结果

解释变量	被解释变量：$RiskT1$		
	（1）全样本	（2）国有	（3）非国有
$lnEx\_EmGap$	-0.00144**	-0.00329***	0.000819
	(-2.182)	(-3.576)	(0.855)
SOE	-0.00474***		
	(-3.927)		
lev	0.0176***	0.00413	0.0292***
	(5.552)	(0.928)	(6.374)
$size$	-0.00652***	-0.00254***	-0.0124***
	(-11.64)	(-3.600)	(-13.23)
$growth$	0.00280***	-0.00105	0.00586***
	(2.580)	(-0.676)	(3.867)
roa	-0.00959	-0.0406**	0.0146
	(-0.856)	(-2.503)	(0.935)
$top1$	0.000128***	$2.38e-05$	0.000204***
	(3.733)	(0.505)	(4.054)
$mshare$	-0.00822*	0.0439	-0.00933*
	(-1.664)	(0.826)	(-1.729)
$dual$	0.00170	0.00195	0.00141
	(1.273)	(0.855)	(0.842)
$listyears$	0.0116***	0.0103***	0.0125***
	(13.67)	(7.415)	(10.93)

续表

解释变量	被解释变量：RiskT1		
	（1）全样本	（2）国有	（3）非国有
Constant	0.176 ***	0.125 ***	0.257 ***
	(15.58)	(8.307)	(13.94)
行业和年度	控制	控制	控制
F	58.640	31.192	34.312
N	12373	6012	6361
R^2_adj	0.150	0.158	0.160

注：*、**、*** 分别表示在10%、5%、1%的显著性水平上显著，括号内为 t 值。

在控制了其他可能影响企业风险承担的因素之后，表6-4中的结果显示，高管—员工薪酬差距的自然对数 $lnEx\_EmGap$ 对企业风险承担 RiskT1 的影响显著为负，初步证明了高管—员工薪酬差距对企业风险承担的影响符合行为理论预期，而非锦标赛理论预期，即 H6-1b 成立。上述结果表明：高管—员工薪酬差距并不能起到以晋升激励的形式鼓励高管做出高风险投资决策的作用，同时对普通员工的激励作用也并不存在。相反，过大的薪酬差距对企业风险承担水平存在负向影响，一方面，可能由于较大的薪酬差距是管理层侵占普通员工利益的表现，不但对管理层的风险承担无激励作用，反而由于公司有关风险的运营决策实际掌握在高管手中，管理层出于自身利益的风险回避倾向更加明显；另一方面，可能表现为员工对自身薪酬的不公平待遇所做出的反抗，导致管理层的风险决策得不到有效执行，进而不利于企业风险承担的提升。

进一步依据产权性质将全样本分为国有与非国有子样本，分别检验高管—员工薪酬差距与企业风险承担间关系在不同产权性质的工资中有何差异。表6-4第（2）列结果显示，在国有上市公司样本中 $lnEx\_EmGap$ 对 RiskT1 的回归系数为-0.00329，且在1%水平上显著。这说明对国有上市公司样本而言，高管—员工薪酬差距对企业风险承担水平显著负相关，再次否定了锦标赛理论在解释两者关系中的适用性。相反，第（3）列的结果显示，在非国有上市公司样本中 $lnEx\_EmGap$ 对 RiskT1 的回归系数为0.000819，但不具有统计上的显著性，即 H6-2b 成立。说明在非国有上市公司中，高管—员工薪酬差距既不能起到促进企业风险承担的作用，又不会对风险承担产生显著负向影响，两者无明显线性关系。综合对产权性质、高管—员工薪酬差距与企业风险承担的回归结果可以发现，公司高管

—员工薪酬差距对企业风险承担水平具有负向影响,且这种负向影响在国有上市公司中更强烈。

四、进一步分析

(一)高管—员工薪酬差距与企业风险承担非线性效应检验

虽然本章主检验结果显示高管—员工薪酬差距抑制了企业风险承担水平,但这可能仅仅反映了两者之间的净效应。理论上,薪酬差距的经济后果依然存在竞争性解释。锦标赛理论认为企业设置薪酬等级,可以使部分员工获得高于其边际产出的工资,而其余员工工资则低于其边际产出。在这种薪酬制度下,高管与员工同时被自身所处等级的薪酬和更高等级的薪酬(即竞赛奖励)所激励(Rajgopal and Srinivasan,2006)。因此,较大的薪酬差距不仅能激励管理层,也能激励普通员工参与到诸如创新等风险承担活动上。然而,比较理论则认为,过大的薪酬差距会让员工产生被剥削或者不公平的感觉,使他们降低工作努力程度和合作意愿,导致离职率和缺勤率上升(Cowherd and Levine,1992),对企业创新不利。基于锦标赛理论和比较理论对竞争性的解释,本部分进一步对高管—员工薪酬差距与企业风险承担的抑制效应进行剖析。为了考察不同水平的高管—员工薪酬差距对企业风险承担的抑制作用是否存在差异,以下按照行业—年度对企业高管—员工薪酬差距进行排序,并将全样本平均分成三组,分别将薪酬差距较小、中间和较大的子样本分别对应于 $group=1$、$group=2$ 和 $group=3$ 进行模型(6-1)的回归,结果如表6-5所示:

表6-5 不同水平的高管—员工薪酬差距与企业风险承担的回归结果

解释变量	被解释变量:$RiskT1$		
	$group=1$	$group=2$	$group=3$
$lnEx\_EmGap$	0.000968	-0.000417	-0.00363**
	(0.635)	(-0.205)	(-2.564)
SOE	-0.00256	-0.00423**	-0.00651***
	(-1.089)	(-1.978)	(-3.656)
lev	0.0233***	0.0141***	0.0125**
	(4.107)	(2.614)	(2.294)
size	-0.00943***	-0.00575***	-0.00314***
	(-8.274)	(-5.768)	(-3.749)

第六章 高管—员工薪酬差距与企业风险承担的实证研究

续表

解释变量	被解释变量：RiskT1		
	group = 1	group = 2	group = 3
growth	-0.000106	0.00689 ***	0.00181
	(-0.0510)	(3.778)	(1.074)
roa	-0.00994	-0.0499 **	0.0588 ***
	(-0.493)	(-2.534)	(3.104)
top1	0.000127 *	0.000159 ***	7.05e-05
	(1.783)	(2.730)	(1.443)
mshare	-0.0125	-0.00604	-0.0106
	(-1.161)	(-0.797)	(-1.371)
dual	0.00170	0.00168	0.00211
	(0.638)	(0.722)	(1.083)
listyears	0.0144 ***	0.0110 ***	0.00794 ***
	(8.235)	(7.793)	(6.303)
Constant	0.189 ***	0.163 ***	0.141 ***
	(7.099)	(5.427)	(6.359)
F	21.912	23.349	17.702
Observations	4114	4122	4137
R-squared	0.166	0.175	0.135

注：*、**、*** 分别表示在 10%、5%、1% 的显著性水平上显著，括号内为 t 值。

表 6-5 中的分组回归结果显示，在 group = 1~3 组中，高管—员工薪酬差距的自然对数 $lnEx\_EmGap$ 的回归系数由正转为负，并且只在薪酬差距最大的 group = 3 组中才具有显著性。再次证明了过大的薪酬差距对企业风险承担水平存在负向影响，比较理论在薪酬差距对企业风险承担的影响中占支配地位，并且说明高管—员工薪酬差距与企业风险承担的线性关系是相对可靠的。

（二）影响机制探讨：高管—员工薪酬差距的分解

本部分将探索高管—员工薪酬差距影响企业风险承担的潜在机制。为识别高管—员工薪酬差距引发的企业风险承担负面效应的来源，本部分借鉴孔东民等（2017）将高管—员工薪酬中管理层薪酬和员工薪酬相分离。Kulik 和 Ambrose（1992）指出，薪酬的比较可能存在于同一企业的管理层和普通员工之间，也可能存在于同行业不同企业的管理层之间以及员工之间。因此，借鉴孔东明等

(2017) 的研究结果,将高管—员工薪酬差距按照如下等式进行分解:

$$Firm\ Pay\ Gap = \frac{Management\ Pay\ Premium}{Employee\ Pay\ Premium} \times Industry\ Pay\ Gap = \frac{MPP}{EPP} \times IPG$$

其中,MPP 表示管理层薪酬溢价,是样本上市公司管理层平均薪酬(AMP)与其所在行业—年度中位数的比值,反映了管理层薪酬水平在同行业不同企业之间的比较;EPP 表示员工薪酬溢价,是员工平均薪酬(AEP)与其所在行业—年度中位数的比值,反映了员工薪酬水平在同行业不同企业之间的比较;IPG 则表示行业薪酬差距,是管理层平均薪酬的行业—年度中位数与对应的员工平均薪酬的行业—年度中位数的比值。具体而言,这三个分解项的定义如下:

$$MPP = \frac{AMP}{Industry-yearmedian\ of\ AMP}$$

$$EPP = \frac{AEP}{Industry-yearmedian\ of\ AEP}$$

$$IGP = \frac{Industry-yearmedian\ of\ AMP}{Industry-yearmedian\ of\ AEP}$$

因此,高管—员工薪酬差距与企业风险承担检验的基准模型可以扩展为:

$$\begin{aligned}RiskT1_t =\ & \alpha_0 + \alpha_1 MPP + \alpha_2 AEP + \alpha_3 IGP + \alpha_4 lev_{t-1} + \alpha_5 size_{t-1} + \alpha_6 growth_{t-1} + \\ & \alpha_7 roa_{t-1} + \alpha_8 top1_{t-1} + \alpha_9 dual_{t-1} + \alpha_{10} mshare_{t-1} + \alpha_{11} listyears_{t-1} + \\ & \alpha_{12} SOE_{t-1} + \alpha_{13} \sum ind + \alpha_{14} \sum year + u \quad\quad 模型(6-2)\end{aligned}$$

对上述模型分产权性质的线性回归结果如表6-6所示:

表6-6 高管—员工薪酬差距的分解效应

解释变量	被解释变量:RiskT1		
	(1) 全样本	(2) 国有	(3) 非国有
MPP	-0.000609 (-1.054)	-0.00195*** (-2.615)	0.00115 (1.279)
AEP	2.83e-08*** (2.777)	2.48e-08* (1.944)	4.28e-08** (2.554)
IGP	0.000370*** (3.488)	0.000213 (1.545)	0.000569*** (3.409)
SOE	-0.00530*** (-4.366)		

续表

解释变量	被解释变量：$RiskT1$		
	（1）全样本	（2）国有	（3）非国有
lev	0.0198***	0.00476	0.0335***
	(6.283)	(1.084)	(7.298)
$size$	-0.00726***	-0.00289***	-0.0137***
	(-12.46)	(-3.941)	(-14.15)
$growth$	0.00328***	-0.000873	0.00657***
	(3.051)	(-0.574)	(4.351)
roa	-0.00952	-0.0493***	0.0214
	(-0.864)	(-3.149)	(1.374)
$top1$	0.000123***	1.70e-05	0.000201***
	(3.585)	(0.359)	(3.955)
$mshare$	-0.00909*	0.0356	-0.00976*
	(-1.834)	(0.676)	(-1.794)
$dual$	0.00158	0.00253	0.00121
	(1.184)	(1.118)	(0.724)
$listyears$	0.0115***	0.0102***	0.0125***
	(13.58)	(7.403)	(10.84)
$Constant$	0.148***	0.0812***	0.248***
	(10.78)	(4.579)	(10.85)
F	57.569	29.869	34.777
Observations	12500	6090	6410
R-squared	0.153	0.158	0.168

注：*、**、***分别表示在10%、5%、1%的显著性水平上显著，括号内为t值。

表6-6的回归结果显示，在第（1）列全样本与第（2）列国有企业样本中，管理层薪酬溢价变量 MPP 的系数均为负，同时在国有样本中表现为1%水平的显著性，说明管理层薪酬溢价对企业风险承担存在负面影响，而且这种负面效应在国有企业中表现更为显著。上文研究中发现，国有企业高管—员工薪酬差距对企业风险承担的负向抑制效应的原因可能是管理层薪酬溢价所导致的。管理层薪酬溢价衡量的是企业管理者相对于行业薪酬水平的溢价程度，管理层薪酬溢价

越高,说明超出行业中位数水平越多,此时高薪并不能带来风险承担的提升,反而由于较高的薪酬水平弱化了管理者风险投资的动机,进而抑制了企业风险承担水平。这一研究发现也进一步支持了关于高管外部薪酬差距对企业风险承担影响的研究结论。

第(1)~(3)列的结果显示员工薪酬溢价变量 AEP 的回归系数均显著为正,说明员工薪酬溢价对企业风险承担具有正向影响。MPP 与 AEP 两个变量的系数对比表明,管理层薪酬溢价是高管—员工薪酬差距抑制企业风险承担的主要原因,并且在国有企业样本中,管理层的主导作用更加显著;相反,员工薪酬溢价有助于提升员工积极性,其正向作用于风险承担这一经济后果。

与此同时,对于高管—员工行业薪酬差距变量 IGP 而言,其回归系数在第(1)列全样本与第(3)列非国有样本中显著为正,这说明较大的行业高管—员工薪酬差距反而有助于企业风险承担水平的提升。也就是说,行业内管理层与员工平均薪水相差较大,会促进该行业中上市公司风险承担意愿与水平。可能的解释是:行业薪酬差距为管理者提供一种行业内部、企业之间的锦标赛激励效应,管理者为了提升自身薪酬水平与社会认同感,有动力参与外部经理人市场中的锦标赛,在这种外部锦标赛激励效应下,管理者为提升个人业绩会相应做出风险决策,进而提升企业风险承担水平。

因此,通过以上将高管—员工薪酬差距分解为管理者薪酬溢价、员工薪酬溢价与行业薪酬溢价三部分,进而对高管—员工薪酬差距影响企业风险承担的机制进行探讨,认为高管—员工薪酬差距对企业风险承担的抑制作用主要归因于企业管理者薪酬溢价。相反,一定程度的员工薪酬溢价和行业薪酬溢价对企业风险承担均具有相应的促进作用。

(三)管理层权力的影响

有效的内部治理机制是促进企业风险承担的重要因素(苏坤,2016),权力配置作为企业内部治理的重要方面,对企业风险承担有着不可忽视的影响。在最优契约假设下,董事会设计高管报酬激励契约的目的是减少股东与经营者之间的代理问题。然而实际上,由于高管拥有较大的话语权和信息优势,在报酬契约谈判中往往具有很高的讨价还价能力,他们常常利用自己的权力干涉董事会或薪酬委员会的薪酬决策过程,从而获取对自己有利的报酬契约条款(Bebchuk et al.,2002)。当管理者权力较大甚至滥用权力,企业内部业绩评价和激励系统有失公允时,管理者可能会形成"自定薪酬"现象并导致较为严重的薪酬不公平局面。此时,高管员工间的薪酬差距往往较大(卢锐,2007;方军雄,2011)。这可能会使作为竞争基础的公平前提大部分甚至完全丧失，进而导致负激励，雇员的组织承诺以及对领导的信任程度会降低，其任务内绩效所受影响也许不太明显，但创造性活动的内隐性强，不易监督，此时可能会受到明显的影响，即员工创造性活动强度可能降低或周期延长，组织公民行为减少，企业创造性产出减少。

此外，核心高管还控制着公司的人力资源部门，决定着普通员工的薪资水平，会有意无意地压制普通员工的薪酬水平，高管与普通员工间的薪酬差距不可避免地被拉大。此时的薪酬差距很可能是管理者权力引起的"薪酬尺蠖"效应，这种机会主义行为不仅使薪酬差距的锦标赛激励有效性值得怀疑，甚至作为一种权力的象征有可能成为代理问题的一部分（卢锐，2008；方军雄，2011），进而对企业风险承担水平的促进作用相当有限。步丹璐和王晓燕（2014）研究得出高管会利用权力伪装业绩指标，利用政府补助增加自身薪酬，进而加大与员工间的薪酬差距，最终削弱了薪酬差距对公司未来业绩的正向影响。普通员工有可能出于对高管权力的反感而倾向于对组织目标漠不关心，或不积极执行高管决策来表达对企业薪酬分配结果不公的反抗。即便高管做出有利于提升企业风险承担的经营决策，也有可能遭到拥有主动选择权员工的抗议行为，最终难以得到有效的执行。基于以上分析，我们认为管理层权力加剧了高管—员工薪酬差距对企业风险承担水平的负向影响。

结合我国上市公司管理层特点和国内学者的研究，本部分从六个方面界定管理层权力，具体如表 6-7 所示。显然，单一指标无法准确地衡量管理层权力，而多指标又容易造成多重共线性问题。因此，本部分采取以下两种方式构建管理层权力指标：①借鉴权小锋和吴世农（2010）的做法，通过对上述六个指标进行主成分回归，进而构建一个综合指标（$Power1$）；②借鉴卢锐（2008）的衡量方法，通过对上述六个指标进行加总，得到连续积分变量（$Power2$）。

表 6-7 管理层权力指标及定义

CEO 权力指标符号	指标名称	指标定义
X_1	两职兼任	CEO 与董事长两职兼任时取 1，否则取 0
X_2	CEO 任期	CEO 任期超过行业均值时取 1，否则取 0
X_3	董事会规模	董事会规模超过行业均值时取 1，否则取 0
X_4	CEO 学历	CEO 具有硕士以上学历时取 1，否则取 0
X_5	CEO 是否持股	CEO 持有本公司股票时取 1，否则取 0
X_6	CEO 是否在外兼职	CEO 在外兼职时取 1，否则取 0

为检验管理层权力的调节作用，本部分分别将两个管理层权力指标与高管—员工薪酬差距的交乘项放入回归中，并观察其系数符号。如表6-8所示，在考虑管理层权力因素后，第（1）~（6）列中两个管理层权力指标与薪酬差距的四个交乘项都显著为负，说明管理层权力具有明显的负向调节作用，即管理层权力加剧了高管—员工薪酬差距对企业风险承担水平的负向影响。值得一提的是，第（1）列、第（4）列结果显示在全样本中，lnEx_ EmGap 的回归系数虽然都为负，但仅有一个具有1%的显著性，而在国有上市公司子样本中，lnEx_ Em-Gap 的回归系数均在10%水平上显著为负，进一步验证了上述所得结论，即高管—员工薪酬差距对企业风险承担水平具有负向影响，且这种负向影响在国有上市公司中更强烈。另外，第（6）列结果显示，在非国有上市公司子样本中，lnEx_ EmGap 的回归系数为正。究其原因，可能由于在经理人选聘制度、高管薪酬制定更为市场化的非国有企业中，高管—员工间的薪酬差距或许表现出锦标赛激励作用，刺激了企业风险承担水平的提升。但无论如何，高管—员工间的薪酬差距与管理层权力的交乘项系数都显著为负，一定程度上说明了过大的管理层权力的负面作用。

表6-8 管理层权力、高管—员工薪酬差距与企业风险承担

解释变量	被解释变量：RiskT1					
	（1）全样本	（2）国有	（3）非国有	（4）全样本	（5）国有	（6）非国有
lnEx_ EmGap	-0.00114* (-1.699)	-0.00306*** (-3.278)	0.00113 (1.159)	-0.000579 (-0.843)	-0.00265*** (-2.762)	0.00174* (1.759)
lnEx_ EmGap × Power1	-0.000657*** (-5.163)	-0.000447** (-2.486)	-0.000746*** (-4.148)			
lnEx_ EmGap × Power2				-0.000182*** (-5.037)	-0.000133*** (-2.578)	-0.000199*** (-3.922)
SOE	-0.00480*** (-3.934)			-0.00470*** (-3.857)		
lev	0.0176*** (5.485)	0.00364 (0.809)	0.0294*** (6.361)	0.0176*** (5.499)	0.00354 (0.787)	0.0297*** (6.410)
size	-0.00610*** (-10.68)	-0.00218*** (-3.038)	-0.0120*** (-12.48)	-0.00607*** (-10.61)	-0.00213*** (-2.966)	-0.0120*** (-12.47)
growth	0.00297*** (2.688)	-0.000607 (-0.385)	0.00587*** (3.784)	0.00298*** (2.698)	-0.000604 (-0.383)	0.00588*** (3.795)

续表

解释变量	被解释变量：RiskT1					
	(1) 全样本	(2) 国有	(3) 非国有	(4) 全样本	(5) 国有	(6) 非国有
roa	-0.0104	-0.0451***	0.0162	-0.0102	-0.0450***	0.0166
	(-0.920)	(-2.759)	(1.029)	(-0.902)	(-2.759)	(1.055)
$top1$	0.000109***	$1.38e-05$	0.000178***	0.000104***	$1.11e-05$	0.000173***
	(3.138)	(0.289)	(3.482)	(3.010)	(0.232)	(3.369)
$mshare$	-0.00626	0.0444	-0.00719	-0.00554	0.0466	-0.00647
	(-1.257)	(0.815)	(-1.315)	(-1.111)	(0.855)	(-1.178)
$dual$	0.00434***	0.00375	0.00428**	0.00445***	0.00403	0.00425**
	(2.989)	(1.527)	(2.331)	(3.036)	(1.623)	(2.300)
$listyears$	0.0113***	0.01000***	0.0122***	0.0113***	0.0100***	0.0122***
	(13.16)	(7.150)	(10.60)	(13.16)	(7.168)	(10.57)
Constant	0.171***	0.115***	0.244***	0.170***	0.113***	0.244***
	(14.58)	(7.422)	(12.87)	(14.43)	(7.301)	(12.81)
F	57.795	30.817	33.503	57.756	30.832	33.442
N	12147	5888	6259	12147	5888	6259
R-squared	0.154	0.163	0.162	0.153	0.163	0.162

注：*、**、***分别表示在10%、5%、1%的显著性水平上显著，括号内为t值。

五、稳健性检验

（一）更换被解释变量

本部分以企业3年内经行业ROA均值调整的ROA最大最小值之差（RiskT2）作为企业风险承担的替代变量进行稳健性检验，具体回归结果如表6-9所示。回归结果显示，以3年内ROA最大最小值之差作为风险承担变量作为被解释变量，高管—员工薪酬差距（lnEx_EmGap）在全样本回归中的系数为负但不显著，而在国有上市公司样本中则显著为负，这说明国有企业中高管与员工的薪酬差距对企业风险承担具有负向影响，支持了上文的主假设。与主回归结果略为不同的是，在非国有上市公司样本中，lnEx_EmGap对RiskT2的回归系数显著为正，某种程度上说明了非国有企业中高管—员工薪酬差距对企业风险承担还可能具有正向影响。

表 6-9 稳健性检验：更换被解释变量（一）

解释变量	被解释变量 RiskT2		
	（1）全样本	（2）国有	（3）非国有
$lnEx\_EmGap$	-0.00106	-0.00538***	0.00397***
	(-1.427)	(-4.872)	(3.902)
SOE	-0.00536***		
	(-3.940)		
lev	0.0157***	0.0116**	0.0162***
	(4.393)	(2.174)	(3.329)
size	-0.00876***	-0.00489***	-0.0150***
	(-13.88)	(-5.791)	(-14.99)
growth	-0.000799	-0.00285	0.000790
	(-0.653)	(-1.532)	(0.491)
roa	-0.117***	-0.137***	-0.101***
	(-9.241)	(-7.080)	(-6.076)
top1	-1.15e-05	-0.000121**	5.08e-05
	(-0.298)	(-2.147)	(0.948)
mshare	-0.00657	0.0506	-0.0125**
	(-1.180)	(0.797)	(-2.174)
dual	0.000703	-0.00357	0.00267
	(0.467)	(-1.306)	(1.504)
listyears	0.00669***	0.00656***	0.00719***
	(7.004)	(3.946)	(5.932)
Constant	0.291***	0.259***	0.364***
	(22.85)	(14.38)	(18.59)
F	62.972	34.887	35.919
Observations	12373	6012	6361
R-squared	0.159	0.174	0.166

注：*、**、***分别表示在10%、5%、1%的显著性水平上显著，括号内为t值。

（二）更换被解释变量

本章前文的企业风险承担在估计过程中使用的是企业3年内ROA的波动率，即纵向风险承担水平。与第四、第五章一致，本章同样采用企业横向风险承担水平作为因变量的替换，重新检验前文的研究结论。具体回归结果如表6-8所示。

表 6-8 的回归结果与表 6-10 结果相似,均显示高管—员工薪酬差距($lnEx\_EmGap$)在全样本回归中的系数为负但不显著,在国有上市公司样本中显著为负,而在非国有上市公司样本中则显著为正,一定程度上也说明了高管—员工薪酬差距对国有企业风险承担具有负向影响,而在非国有企业中高管—员工薪酬差距对企业风险承担还可能具有正向影响。

表 6-10 稳健性检验:更换被解释变量(二)

解释变量	被解释变量 RiskT3		
	(1) 全样本	(2) 国有	(3) 非国有
$lnEx\_EmGap$	-0.000129 (-0.327)	-0.00230*** (-4.154)	0.00194*** (3.423)
SOE	-0.00161** (-2.243)		
lev	-0.00379** (-2.010)	-0.00423 (-1.579)	-0.00507* (-1.869)
size	-0.00334*** (-10.02)	-0.00179*** (-4.225)	-0.00547*** (-9.831)
growth	-0.00195*** (-3.023)	-0.00255*** (-2.736)	-0.00156* (-1.742)
roa	0.0767*** (11.48)	0.0723*** (7.416)	0.0798*** (8.647)
top1	5.31e-05*** (2.607)	4.45e-06 (0.157)	0.000103*** (3.450)
mshare	-0.00442 (-1.502)	0.143*** (4.468)	-0.00610* (-1.908)
dual	0.000709 (0.891)	-0.00137 (-0.996)	0.00158 (1.596)
listyears	0.00482*** (9.556)	0.00378*** (4.524)	0.00603*** (8.930)
Constant	0.101*** (15.06)	0.0905*** (10.02)	0.122*** (11.19)
F	19.202	10.254	12.405
Observations	12373	6012	6361
R-squared	0.054	0.058	0.064

注:*、**、***分别表示在10%、5%、1%的显著性水平上显著,括号内为 t 值。

本章小结

　　高管是企业经营决策的灵魂和核心,普通员工是企业生产经营的基石,高管—员工间的薪酬差距不仅影响企业业绩,而且影响企业风险承担水平,是公司治理领域中一个颇为重要的问题。与已有研究企业风险承担文献不同,本书基于管理层权力与产权性质视角,运用锦标赛理论与行为理论,研究了高管—员工薪酬差距对企业风险承担的影响。结果发现:①企业内部高管—员工薪酬差距与企业风险承担水平呈负相关关系,说明行为理论在两者关系的解释中占据主导地位。②上述薪酬差距对企业风险承担水平的负向影响仅在我国国有企业中表现显著,一方面说明国有企业中高管—员工薪酬差距更纵容了管理层以权谋私、不作为不承担风险的倾向,另一方面则反映出国有企业中普通员工对薪酬差距更为敏感,也不利于企业风险承担决策的有效执行。③稳健性检验的结果支持了非国有企业中高管—员工薪酬差距对企业风险承担有利的一面。上述实证研究结论揭示出企业普通员工的重要性应该被正确认识与充分挖掘,企业员工薪酬制定应以提高员工对企业的忠诚度为目的,给予员工人力资本与劳动足够补偿。同时,还应控制高级管理层与普通员工之间过大的薪酬差距。特别是对于国有企业而言,更应该规范和约束高管薪酬激励机制,杜绝与管理层权力相关的超额薪酬,营造一个公平、公正、和谐的企业人文生态环境。

第七章　高管薪酬差距与企业风险承担关系中创新投入的中介效应

技术创新是宏观经济增长和企业生产率进步的主要源泉之一（Solow，1957），有助于优化宏观经济增长模式、促进宏观产业结构升级等（Porter，1992；Romer，1990；王玉民等，2016）。在微观层面，企业要增强长期竞争优势、构建或维持核心竞争力，就必须进行新产品、新技术开发以迎合不断提升的市场需求。然而企业创新与其他战略决策不同，具有不确定性、长期性、劳动密集性和异质性等风险特征。其风险性表现在，企业将关键资源投入到创新活动后，短期内很有可能面临净利润下滑，而长期创新收益也高度不确定。一旦创新活动以失败告终，前期投入的人力与资金成本便成为不可逆转的损失。因此，一般而言，企业较高的创新研发投入往往伴随着较高的风险承担水平（Hilary and Hui，2009）。

管理者的运营决策将影响并最终决定着企业资源的配置，其风险承担意愿也决定着企业对创新投入水平的选择。基于委托代理理论框架下的管理者风险规避假说，管理者出于私利考虑而呈现出保守的投资态度，其宁愿选择收益平平但风险较低的投资项目，也不愿选择预期净现值大于零但风险较高的项目。因此，风险规避的管理者很可能不愿进行风险较高的创新活动。本书第四章与第五章实证研究得出，企业高管薪酬差距会对管理者风险态度与风险决策产生一定程度的影响，继而对企业风险承担水平施加相应影响。那么，高管薪酬差距能否对具有风险特征的创新投入决策产生影响呢？已有研究发现，企业内部高管薪酬差距越大，也即职位晋升后的奖励越高，管理者越可能采取更高风险的公司财务与经营政策，包括更多的研发投入、更高的财务杠杆、较低的业务多元化等（Kini and Wiliams，2012）。Jia 等（2016）检验了非 CEO 高管晋升激励对企业创新的影响，研究发现，更大的薪酬差距可以带来更高水平的创新数量和质量。本章将延续上述研究思路，继续探讨高管内外部薪酬差距对我国企业创新投入与创新绩效可能产生的影响。

实际上，管理者决策影响企业治理行为均需要通过一定的传导机制或"中间桥梁"，诸如融资决策、投资决策、定价决策和多元化决策等（张兆国等，2013）。在研究高管内外部薪酬差距对企业风险承担的影响时，如果不考虑这些行为的传导作用，就难以揭示上述影响的途径和根源。那么，高管薪酬差距通过何种传导机制影响企业风险承担水平呢？是否通过激励高管进行创新投入，进而提升了企业风险承担水平呢？因此，本章还将在前文实证研究的基础上，拟通过分析高管内外部薪酬差距对企业创新投入的影响，进而探究创新投入是否在高管薪酬差距与企业风险承担的关系中起着中介传导作用。

第一节 理论分析与研究假设

技术创新与管理创新使企业有机会创造独特的技术与产品，这种具有企业自身特质的、不易被模仿的专业知识或信息，有助于企业在激烈的市场竞争中立于不败之地。然而，实务界与理论界均认为创新隐藏着巨大的潜在风险。正如Holmstrom（1989）所指出，由于市场未来走势的不可预期性，企业创新投入不像常规有形资产的投资，其失败率较高，而且短期内难以实现创新收益。

企业创新活动的风险性主要体现在两个方面：一方面，创新本身具有很强的不确定性。企业创新活动一般研究开发周期较长，新的管理工具或生产流程也存在较长的适应期。同时，由于市场瞬息万变、市场前景难以预测以及模仿无处不在等，创新成果面临着被竞争对手替代与超越的风险。另外，创新成果是否具有市场应用前景、能否弥补创新投入成本并获得创新效益也具有不确定性。另一方面，创新是企业管理与研发团队对未知事物的探索，受人才知识储备的限制，创新活动同样具有较大的风险性。创新参与者只能根据以往有限的知识和经验储备，对新事物进行经验性估计与判断，而判断的结果并不一定符合未来市场实际情况，从而在一定程度上也让创新具有较大的不确定性。因此，企业从事研发创新活动的风险远高于其从事一般经营活动。

虽然创新活动伴随着诸多风险，但不可忽视的是，通过拓展新市场、创造新需求，创新活动能为企业注入新的活力，隐含着创造巨大收益的可能性。不但如此，面对激烈的市场竞争，企业只有通过不断创新，才能维持核心竞争力与生命周期的延续。因此，激发管理者创新积极性、提升企业自主创新能力是企业面临的关键挑战。企业高级管理者拥有较高的人力资本，决定着企业战略的实施，是企业投资、并购、经营等行为的直接决策主体（吕文栋等，2015）。尤其是在进行研发创新决策时，管理层通常会将研发失败的风险纳入决策因素，可以说，企业的创新投入与高管的风险承担意愿息息相关。本书第四章与第五章理论分析认为，企业高管薪酬差距会对管理者风险态度与风险决策产生一定程度的影响，因此创新投入水平同样很有可能受到高管内外部薪酬差距的影响。

一、高管薪酬差距与企业创新投入

创新活动产生的创新绩效通常能为企业带来更多的利润回报，但大量研发支出以及相应较长的研发周期都意味着创新需要承担失败的风险。企业创新研发活动一旦在经历过前期高额的研发费用后无法创造收益，不但会引起企业竞争优势丧失，还有可能使管理者能力与声誉遭受负面影响。因此，出于职位与声誉的考虑，企业管理者通常不愿意承担风险进行创新活动。另外，在股东与管理者委托代理关系下，股东更重视企业长远发展，而作为代理人的管理者为了保证任期内业绩，更倾向于提升企业短期绩效，这种短视行为也成为阻碍管理者做出有利于企业创新决策的主要原因，甚至影响到企业整体层面的创新战略。Hambrick等（1984）认为，只有充分保证管理者的决策权，使其能够享受到风险项目的剩余收益，才能确保管理者将资源合理分配到创新项目中去，而非受制于其他制度原因和代理问题。在两权分离的公司治理背景下，适当的薪酬激励可以鼓励管理者去承担正确决策所带来的决策风险。

（一）高管团队内部薪酬差距与企业创新投入

薪酬水平的激励作用得到国内外研究的一致证实，而在锦标赛理论视角下，企业高管团队内部薪酬差距同样发挥着晋升激励作用，也能在一定程度上缓解股东—管理者委托代理问题。由第四章的理论分析可知，高管团队内部薪酬差距不但可以激励低层级高管为加薪和职位晋升而努力工作，同时也可使高薪高管避免被超越而产生忧患意识，从而持续努力工作。企业创新的投入与绩效作为高管业绩表现形式之一，锦标赛激励势必能激励管理者推进创新活动的开展。因此，在高管团队内部薪酬差距的激励下，管理者有动力提出管理或技术创新方案，或推动所负责的相关创新项目的进度，企业创新投入水平相应提升。由此，提出以下假设：

H7-1：高管团队内部薪酬差距对企业创新投入水平存在正向影响。

(二) 高管外部内部薪酬差距与企业创新投入

企业创新投入不仅受到企业高管团队内部薪酬差距的影响，还不可避免地受到同行业中不同企业高管间薪酬差距的影响。同一行业中企业高管薪酬的相互比较往往滋生管理者的优越感与不公平感，其心理感知难免会对包括创新投入在内的管理决策施加影响。

当企业高管薪酬水平高于行业均值时，管理者处于相对社会比较的"获益"状态，在"下行比较"中往往会提升薪酬满意度。因此，高于行业均值的薪酬水平相当于给予管理者适当的薪酬激励，能激发其为了维持既得高薪或向董事会提出加薪要求而加大努力投入程度。另外，管理者薪酬水平一般与企业业绩相挂钩，考虑到创新项目可能带来的潜在创新收益，管理者也有动机通过加大对研发创新活动的投入以此创造创新产出，实现企业业绩的飞跃，进而提升或维系其相对较高的薪酬水平。同时，较高水平的薪酬还能在一定程度上弥补由创新投入引起的短期业绩下滑给高管带来的收入损失。以上这些都能起到缓解高管在创新投资中的风险规避作用，使高管倾向于赞同董事会的创新决策，而且其自身通过提高研发创新活动投入而提升企业价值的动机也得到加强（Cheng，2004）。例如，唐清泉和甄丽明（2009）发现薪酬激励对管理层风险偏好与研发投入之间的关系存在正向调节作用。由此，提出以下假设：

H7-2a：当高管薪酬高于行业均值时，外部薪酬差距对企业创新投入水平存在正向影响。

由第五章的实证分析可知，当企业高管薪酬水平低于行业均值越多时，管理者越有动机通过冒险决策博取收益可能性，进而带动企业风险承担水平的提升。然而，管理者的这种风险意愿是否伴随着更多的创新投入呢？

企业创新产出与收益往往需要经过较长的研发周期后才能体现，相对于创新投入而言具有一定的滞后性。虽然创新项目一旦开始产生利润，将给企业带来持续增长的动力，有利于企业长期价值提升，但是企业管理与技术创新能力的培养需要长期的投入与培育，一朝一夕难以奏效。而且创新活动前期投入较大且失败率较高，很容易使企业面临高额研发费用而无法创造收益、丧失竞争优势地位、管理者社会声誉受到影响等一系列可能的后果。

对于位于行业均值以下且薪酬水平本身已经很低的管理者，其冒险倾向的目的更可能倾向于提升企业短期收益，进而改变其薪酬现状。然而此时若进行高风险的研发创新活动，一旦创新项目失败，对企业当期绩效及企业价值造成的损失则需要由管理者承担,其将面临被辞退或再次降薪的风险。管理者出于其自身收入以及职位安全的考虑,也难以做出符合股东长期利益最大化的创新决策。另外,为了迎合企业产品或项目创新,管理者还必须不断培养新的管理技能,这在一定程度上增加了管理者私人成本,进一步削弱了管理者承担创新战略的内在积极性(Wright et al.,1996)。但是又鉴于当高管薪酬水平低于行业均值时管理者风险寻求的动机,其一般会放弃创新而倾向于选择一些短期收益快的项目,以期提升市场对管理者与企业成长性的预期。因此本书认为,过低的高管薪酬促使管理者将短期收益置于优先地位,并不能起到激发其进行突破的创新决策;出于管理者自身职位安全的考虑,低于行业薪酬均值的外部薪酬差距反而抑制了企业创新投入。由此,提出以下假设:

H7 –2b:当高管薪酬低于行业薪酬均值时,外部薪酬差距抑制了企业创新投入。

二、企业创新投入的部分中介作用

本书第四章和第五章主要基于锦标赛理论与行为理论分析了不同产权性质下高管薪酬差距对企业风险承担的影响,实证研究结果表明:①高管团队内部薪酬差距对企业风险承担存在正向激励作用,但仅在非国有企业中显著存在。②关于高管外部薪酬差距与企业风险承担的关系:一方面,当高管薪酬高于行业薪酬均值时,高管外部薪酬差距对企业风险承担存在正向影响,但仅在非国有企业中显著存在;另一方面,当高管薪酬低于行业薪酬均值时,高管外部薪酬差距同样与企业风险承担存在正相关,且此时只在国有企业中显著存在。

管理者经营决策影响企业风险承担水平,必然由具体的经营策略作为中间桥梁发挥传导作用所导致。那么,企业高管薪酬差距影响企业风险承担水平,也必然由一定的中介传导机制来实现。结合前文关于高管薪酬差距与企业创新投入的理论分析,本书还将探讨上述情况下创新投入是否发挥着中介传导作用,即检验创新投入是否是高管薪酬差距提升企业风险承担水平效应中的中介变量。

本章前文理论分析认为,高管薪酬差距会对企业研发投入施加不同程度的影响,而创新投入本身具有周期长、不确定性程度大、收益风险高等特征,与企业风险承担水平具有必然联系。具体表现为:企业的研发创新投入对未来短期或长期的盈利影响都具有很强的不确定性,但创新项目的成功也不仅有助于企业把握风险带来的盈利机会,还能提升企业在产品市场中的核心竞争力。联系高管薪酬差距、创新投入与企业风险承担三者之间的关系,本书认为,在高管薪酬差距提升企业风险承担水平的路径中，创新投入可能发挥着部分中介效应，即高管薪酬差距在一定程度上通过影响企业创新投入，进而对企业风险承担水平施加影响。

另外，前文实证研究还发现，当高管薪酬低于行业均值时，外部薪酬差距与企业风险承担水平呈正相关，然而理论分析认为低于行业均值的外部薪酬差距与创新投入呈现负相关。因此本书认为，低于行业均值的外部薪酬差距虽然激发了管理者风险寻求以改变薪酬现状的动机，但此时的风险承担更可能表现为管理者的博彩行为。出于个人声誉和职位稳定的考虑，管理者在很大程度上会拒绝支持高成本、长周期的创新项目。取而代之的是为了在短期内提高企业效益，企业资源很有可能被分配到工厂扩张、兼并收购、广告宣传等能带来更快回报的项目，而这种以短期收益为目标进行冒险的行为极有可能造成企业短期盈利的波动。因此，当高管薪酬低于行业均值时，创新投入并未在外部薪酬差距与企业风险承担水平之间起到中介作用。

由此，提出以下假设：

H7-3：在非国有企业中，创新投入在高管团队内部薪酬差距与企业风险承担水平之间起到中介传导作用。

H7-4a：当高管薪酬高于行业薪酬均值时，创新投入在非国有企业高管外部薪酬差距与企业风险承担水平之间起到中介传导作用。

H7-4b：当高管薪酬低于行业薪酬均值时，创新投入并未在国有企业高管外部薪酬差距与企业风险承担水平间的正向关系中起到中介传导作用。

第二节 中介效应及其检验程序

一、中介变量和中介效应

当一个变量能够在某种程度上对解释变量和被解释变量之间的关系做出解释时，则认为该变量可能在两者间起到中介作用。中介效应是一种间接效应，中介变量的具体定义可根据 MacKinnon 等（1995）和温忠麟等（2004）的研究总结：如果解释变量 X 通过影响变量 M 来影响被解释变量 Y，则称 M 为 X 影响 Y 的中介变量。基于本书关于高管薪酬差距对风险承担、高管薪酬差距对企业创新投入影响的理论分析，本章主要研究创新投入是否是高管薪酬差距影响企业风险承担的中介变量。

二、中介效应的检验方法与程序

本书采用 Sobel（1982）提出、温忠麟等（2004，2014）总结的 Sobel 中介效应检验法对创新投入在高管薪酬差距对企业风险承担影响中可能存在的中介效应进行检验。温忠麟等（2004）的研究认为，建立模型（7-1）、模型（7-2）和模型（7-3）可用来描述并检验被解释变量 Y、解释变量 X 和中介变量 M 的关系：

$Y = \alpha + cX + e_1$ 　　　　　　　　　　　　　　　模型（7-1）

$M = \beta + aX + e_2$ 　　　　　　　　　　　　　　　模型（7-2）

$Y = \gamma + c'X + bM + e_3$ 　　　　　　　　　　　　模型（7-3）

其中，a、b、c、c'分别为上述各模型相应变量的回归系数；α、β、γ 是各模型的截距项；e_1、e_2、e_3 分别为各模型的随机扰动项。解释变量 X、被解释变量 Y 与中介变量 M 的关系如图 7-1 所示。

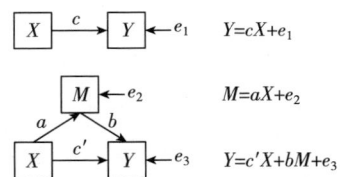

图 7-1　中介效应中变量间的关系

温忠麟等（2004）总结的中介效应检验程序认为，中介效应的前提条件应是被解释变量 Y 与解释变量 X 的总效应显著存在，即系数 c 应显著不为零，而如果 X 与 Y 的总效应不显著，则无须再进行中介效应检验。中介效应检验的具体方法与程序如图 7-2 所示。

结合图 7-2，中介效应检验的具体方法与程序可归纳为以下四个步骤：

第一步，检验 X 与 Y 的总效应，即检验模型（7-1）中变量 X 的回归系数 c 是否显著。若不显著，则说明解释变量 X 和被解释变量 Y 之间无显著相关关系，则无须再进行中介效应检验。若 X 对 Y 存在显著影响，则进入第二步。

第二步，检验部分中介效应，即检验模型（7-2）与模型（7-3）中变量 X 的回归系数 a、b。如果模型（7-2）中系数 a 显著异于 0，说明 X 对 M 存在显著影响。进一步地，如果模型（7-2）与模型（7-3）中系数 a、b 都显著不为

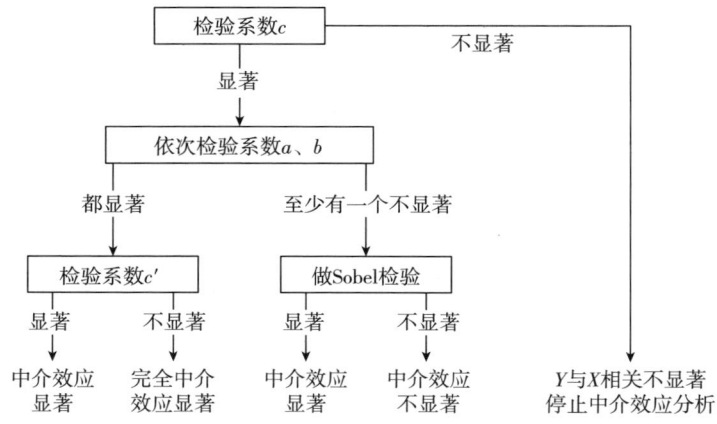

图 7-2 中介效应检验的方法与程序

0,则说明 X 对 Y 的影响至少有一部分是通过中介变量 M 实现的。此时进入第三步——完全中介效应检验。然而如果 a、b 至少有一个不显著,则进入第四步——Sobel 检验①。

第三步,检验完全中介效应,即检验模型 (7-3) 中变量 X 的回归系数 c' 是否显著。①如果 c' 不显著,但是中介变量 M 的回归系数 b 显著异于 0,则说明 X 对 Y 的影响全部经由 M 传导实现,中介变量 M 发挥着完全中介效应。②如果 c' 显著异于 0,则说明 X 对 Y 的影响只部分由 M 的传导而实现。若符合以上任一种情况,则中介效应检验结束。

第四步,Sobel 检验。检验 Sobel 统计量 $z = \hat{a} \times \hat{b}/S_{ab}$ 是否在 95% 的置信度下显著异于 0,即比较 z 值与对应临界值 0.97 的大小,若小于 0.97,则 Sobel 检验的结果显著,说明变量 M 的(部分)中介效应显著,否则无法说明变量 M 发挥了中介效应。

本书第四章及第五章的实证结果不仅说明高管薪酬差距能对企业风险承担施加一定程度影响,而且表明两者间的关系因产权性质而存在差异。就外部薪酬差距而言,当高管薪酬高于行业均值时,外部薪酬差距仅在非国有企业中显著提升

---

① Sobel 检验是一种"系数乘积项检验法"(Product of Coefficients Approach),这种方法用来检验模型 (7-2) 中变量 X 的回归系数 a 和模型 (7-3) 中变量 M 的回归系数 b 的乘积项是否显著异于 0,其原假设为 a 和 b 的乘积项不显著异于 0,即 $H_0: a \times b = 0$。Sobel 检验的统计量是 $z = \hat{a} \times \hat{b}/S_{ab}$,其中 $S_{ab} = \sqrt{a^2 \times S_b^2 + \hat{b}^2 \times S_a^2}$,而 $\hat{a}$ 和 $\hat{b}$ 分别是系数 a 和 b 的回归估计值,S_a 和 S_b 分别是对应的标准误。

企业风险承担水平；当高管薪酬低行业均值时，外部薪酬差距仅在国有企业中显著提升企业风险承担水平。根据温忠麟（2004）总结的中介效应检验程序第一步可知，如果自变量 X 和因变量 Y 没有显著关系，则无须再进行中介效应检验。因此，本章对创新投入中介效应的检验也只选取前两章实证检验中高管薪酬差距对企业风险承担有显著影响的样本。

第三节　研究设计

一、研究样本与数据来源

本章仍选取 2008~2015 年上市公司为初始样本，以实证分析高管内外部薪酬差距对企业创新投入的影响以及创新投入在高管内外部薪酬差距与企业风险承担关系中的中介效应。在剔除未披露研发支出、ST 和 *ST、金融类、最终控制人为外资或无法确定的公司以及相关数据缺失的上市公司样本后，最终得到有效观测值共 7201 个。高管薪酬的数据来源与第四章相同，其他数据均来自国泰安数据库或以此为基础进一步计算得来。为消除离群值的影响，同样对所有的连续变量进行了首尾（1%，99%）的缩尾处理。

二、变量设计与研究模型

（一）变量设计

企业创新投入（RD）。企业创新的根本是研究与开发活动，研发活动的"规模"和"强度"又能够在一定程度上反映其科技实力和核心竞争力，因此研发投入是企业创新投入的主要部分。鉴于此，本书用"研发投资强度"来衡量企业创新投入。企业研发活动依赖于研发资金投入与研发人员投入两个主要方面。由于企业研发人员数据不易获得，且对于研发人员的投入最终也体现在资金的投入，因此资金投入是研发投入的关键（梁莱歆、张焕凤，2005）。综上，本书以企业研发经费投入来衡量企业创新投入，具体为企业的研发支出与营业收入之比，用 RD 表示。

本章所涉及的被解释变量企业风险承担 $RiskT1$ 和解释变量高管团队内部薪酬差距 $Ingap1/Ingap2$、高管外部薪酬差距 $Exgap1/Exgap2$ 的界定与前文相同。此外，参考以往研究，本章使用了企业的负债水平（lev）、公司规模（$size$）、成长性（$growth$）、盈利水平（roa）、股权集中度（$top1$）、管理层持股比例（$mshare$）、两职合一（$dual$）、公司上市年限（$listyears$）、产权性质（SOE）以及行业与年度虚拟变量等控制变量。除中介变量企业创新投入（RD）外，其余变量定义同本书第四章与第五章，在此不再赘述。

（二）研究模型

从对中介效应检验方法的分析可知，现有研究主要以模型（7-1）、模型（7-2）、模型（7-3）为基础检验模型中回归系数的显著性，进而确定解释变量 X、被解释变量 Y 和中介变量 M 的关系。据此，本章建立模型（7-4）~（7-9）以检验高管内外部薪酬差距与企业创新投入的关系，以及企业创新投入的部分中介效应。同样考虑到企业管理者的风险态度作用与企业风险承担水平及企业创新决策具有一定的滞后性，以及可能存在的反向因果等内生性问题，本章在检验模型中仍将解释变量与控制变量滞后一期。

$$RiskT1_t = \alpha_1 + \beta_1 Ingap1_{t-1}/Ingap2_{t-1} + \sum \gamma_i X_{i,t-1} + \varepsilon \quad 模型（7-4）$$

$$RD_t = \alpha_2 + \beta_2 Ingap1_{t-1}/Ingap2_{t-1} + \sum \eta_i X_{i,t-1} + \varepsilon \quad 模型（7-5）$$

$$RiskT1_t = \alpha_3 + \beta_3 Ingap1_{t-1}/Ingap2_{t-1} + \beta_4 RD_t + \sum \lambda_i X_i + \varepsilon \quad 模型（7-6）$$

$$RiskT1_t = \alpha_1 + \beta_5 Exgap1_{t-1}/Exgap2_{t-1} + \sum \gamma_i X_{i,t-1} + \varepsilon \quad 模型（7-7）$$

$$RD_t = \alpha_2 + \beta_6 Exgap1_{t-1}/Exgap2_{t-1} + \sum \eta_i X_{i,t-1} + \varepsilon \quad 模型（7-8）$$

$$RiskT1_t = \alpha_3 + \beta_7 Exgap1_{t-1}/Exgap2_{t-1} + \beta_8 RD_t + \sum \lambda_i X_{i,t-1} + \varepsilon \quad 模型（7-9）$$

如果模型（7-5）中变量 $Ingap1_{t-1}/Ingap2_{t-1}$ 的回归系数估计值 β_2 显著为正，说明内部薪酬差距越大，企业的创新投入水平越高，从而支持了假设7-1；同理，模型（7-8）中变量 $Exgap1_{t-1}/Exgap2_{t-1}$ 的回归系数 β_6 的正负及统计显著性也反映出外部薪酬差距与企业风险承担水平的线性关系。

本书采用 Sobel 检验法以判别企业创新投入在高管内外部薪酬差距对企业风险承担影响的中介效应。根据 Sobel 检验的原理和程序，在模型（7-5）/模型（7-8）中 β_2/β_6 均显著异于 0 的基础上，如果模型（7-6）/模型（7-9）中 β_3/β_7 显著异于 0，而且变量 RD_t 的回归系数 β_4/β_8 也显著异于 0，说明创新投入是高管薪酬差距影响企业风险承担的部分中介变量；如果 β_3/β_7 不显著异于 0，但是 β_4/β_8 显著异于 0，则说明创新投入是高管薪酬差距影响企业风险承担的完全中介变量。

另外，如果模型（7-5）/模型（7-8）中 β_2/β_6 和模型（7-6）/模型（7-

9）中 β_4/β_8 至少有一个不显著，则需要进一步进行 Sobel 检验。如果 Sobel 检验的结果显著，说明创新投入的（部分）中介效应显著，其是薪酬差距影响企业风险承担的（部分）中介变量；否则，说明创新投入的（部分）中介效应不显著，其不是薪酬差距影响企业风险承担的（部分）中介变量。

综上，实施 Sobel 中介效应法检验投入 RD 的中介效应，即需要首先判断 β_1/β_3 的显著性，若显著，则判断 β_2/β_6、β_4/β_8 的显著性，若都显著，则存在部分中介效应；若 β_2/β_6、β_4/β_8 至少有一个不显著，则有必要进行 Sobel 的 z 值检验。

第四节　实证分析

一、描述性统计

本章检验模型中涉及的主要变量的描述性统计结果如表 7-1 所示：

表 7-1　主要变量描述性统计

变量	观测值	均值	标准差	最小值	中位数	最大值
RD_t	7201	4.199	4.190	0.030	3.360	25.73
$RiskT1_t$	7201	0.028	0.030	0	0.019	0.337
$Ingap1_{t-1}$	7201	11.92	1.032	8.461	11.94	14.43
$Ingap2_{t-1}$	7201	11.13	1.095	7.092	11.24	13.57
$Exgap1_{t-1}$	2243	1.720	0.909	1.005	1.418	6.295
$Exgap2_{t-1}$	3454	1.880	0.952	1.012	1.582	9.299
lev_{t-1}	7201	0.405	0.203	0.011	0.393	0.979
$size_{t-1}$	7201	21.91	1.195	19.09	21.72	28.50
$growth_{t-1}$	7201	0.261	4.947	-0.791	0.102	363.1
roa_{t-1}	7201	0.040	0.056	-0.646	0.036	0.390
$top1_{t-1}$	7201	34.79	14.31	2.197	33.30	89.09
$mshare_{t-1}$	7201	0.079	0.145	0	0.003	1.149
$dual_{t-1}$	7201	0.274	0.446	0	0	1
$listyears_{t-1}$	7201	1.988	0.684	0.693	1.792	3.258
SOE_{t-1}	7201	0.339	0.473	0	0	1

表 7-1 对主要变量的描述性统计结果显示，企业创新投入变量 RD_t 的均值和中位数分别为 4.199 和 3.360，标准差为 4.190，最小值和最大值分别为 0.030 和 25.73，极差很大，说明样本企业的创新投入水平总体上分布较为分散，相互之间差别很大，而且有一部分企业的创新投入水平在很大程度上超出均值，说明部分样本企业创新投入水平总体较高。样本企业风险承担水平 $RiskT1_t$、高管内部薪酬差距 $Ingap1_{t-1}/Ingap2_{t-1}$ 与 $Exgap1_{t-1}/Exgap2_{t-1}$ 等主要变量，以及负债水平（lev_{t-1}）、公司规模（$size_{t-1}$）、成长性（$growth_{t-1}$）、盈利水平（roa_{t-1}）、股权集中度（$top1_{t-1}$）、管理层持股比例（$mshare_{t-1}$）、两职合一（$dual_{t-1}$）、公司上市年限（$listyears_{t-1}$）、产权性质（SOE_{t-1}）等控制变量的各项统计量与本书第四章、第五章相比基本一致，只在个别统计量上存在细微差别。

二、多元回归分析

（一）高管内外部薪酬差距影响企业创新投入的经验证据

为验证假设 H7-1~H7-2，即检验高管团队内部薪酬差距、外部薪酬差距与企业创新投入的线性关系，本部分对模型（7-5）与模型（7-8）进行多元线性 OLS 回归，具体回归结果如表 7-2 所示。

表 7-2 高管内外部薪酬差距与企业创新投入的回归结果

解释变量	被解释变量：RD_t			
	（1）	（2）	（3）	（4）
$Ingap1_{t-1}$	0.139*** (3.019)			
$Ingap2_{t-1}$		0.204*** (4.715)		
$Exgap1_{t-1}$			0.253*** (2.779)	
$Exgap2_{t-1}$				-0.361*** (-6.005)
lev_{t-1}	-5.608*** (-17.36)	-5.581*** (-17.29)	-5.651*** (-9.476)	-5.307*** (-13.99)
$size_{t-1}$	-0.165*** (-2.936)	-0.194*** (-3.429)	-0.322*** (-3.439)	-0.397*** (-5.085)
$growth_{t-1}$	-0.0617 (-0.506)	-0.0588 (-0.483)	-0.0970 (-0.422)	-0.0101 (-0.0726)

续表

解释变量	被解释变量：RD_t			
	(1)	(2)	(3)	(4)
roa_{t-1}	0.347	0.287	-1.637	-1.577
	(0.312)	(0.260)	(-0.829)	(-1.157)
$top1_{t-1}$	-0.0224***	-0.0222***	-0.0232***	-0.0169***
	(-6.766)	(-6.729)	(-4.226)	(-4.143)
$mshare_{t-1}$	0.782**	0.714*	1.840***	0.321
	(2.040)	(1.867)	(2.801)	(0.696)
$dual_{t-1}$	0.206*	0.220*	0.186	0.0727
	(1.735)	(1.860)	(0.957)	(0.492)
$listyears_{t-1}$	-0.138*	-0.143*	-0.0697	-0.103
	(-1.725)	(-1.786)	(-0.528)	(-1.031)
SOE_{t-1}	0.222*	0.239**	0.563***	0.0502
	(1.838)	(1.978)	(2.832)	(0.333)
Constant	9.268***	9.330***	12.36***	17.02***
	(5.755)	(5.869)	(4.914)	(7.831)
行业和年度	控制	控制	控制	控制
F	84.351	84.900	43.993	47.534
Observations	7201	7201	2747	4444
Adj_R^2	0.355	0.357	0.418	0.334

注：*、**、***分别表示在10%、5%、1%的显著性水平上显著，括号内为t值。

表7-2中第（1）列和第（2）列报告了模型（7-5）的回归结果。在控制了其他相关因素以及行业和年度之后，CEO与非CEO高管间的薪酬差距 $Ingap1_{t-1}$、非CEO高管间薪酬差距 $Ingap2_{t-1}$ 对 RD_t 回归的系数分别为0.139、0.204，且都在1%的显著性水平上与 RD_t 呈正相关关系。此回归结果表明，高管团队内部薪酬差距有助于企业创新投入水平的提升，从而稳健地支持了本章的假设H7-1。

表7-2第（3）列和第（4）列报告了模型（7-8）的回归结果。根据此回归结果可知，在控制了其他相关因素以及行业和年度之后，外部薪酬差距 $Exgap1_{t-1}$ 与 $Exgap2_{t-1}$ 对 RD_t 的回归系数分别为0.253、-0.361，且都在1%的显著性水平上显著。此回归结果表明，当高管薪酬高于行业均值时，外部薪酬差距越大越能提升企业创新投入；当高管薪酬低于行业均值时，外部薪酬差距反而削弱

了企业创新投入水平。因此本章提出的假设 H7-2a 和 H7-2b 得到验证。

表 7-2 还显示了控制变量的回归结果，与现有研究基本一致。

(二) 创新投入在高管内外部薪酬差距与企业风险承担关系中的中介效应

1. 创新投入在高管团队内部薪酬差距影响企业风险承担关系中的中介效应

根据温忠麟（2004）总结的 Sobel 中介效应检验程序，一旦解释变量与被解释变量之间的总效应不显著，则检验程序应当中止，即总效应显著是后续中介效应检验程序的前提条件。本书第五章实证检验结果显示，高管团队内部薪酬差距正向影响企业风险承担的效应只在非国有企业中显著。因此，本部分对创新投入中介效应检验只选择非国有上市公司的样本。在本章所选 7201 个观测值的基础上，本部分共得到 4816 个非国有上市公司观测值，依次对模型 (7-4) 至模型 (7-6) 进行多元线性 OLS 回归，以此来检验创新投入在非国有企业高管内部薪酬差距影响企业风险承担关系中的中介效应，表 7-3 报告了模型 (7-4) 至模型 (7-6) 的回归结果。

表 7-3　创新投入在高管内部薪酬差距影响企业风险承担关系中的中介效应

变量	(1) $RiskT1_t$	(2) RD_t	(3) $RiskT1_t$	(4) $RiskT1_t$	(5) RD_t	(6) $RiskT1_t$
RD_t			0.000336*** (2.752)			0.000306** (2.501)
$lngap1_{t-1}$	0.00121*** (2.715)	0.107* (1.789)	0.00118*** (2.636)			
$lngap2_{t-1}$				0.00214*** (4.934)	0.246*** (4.231)	0.00207*** (4.753)
lev_{t-1}	-0.000774 (-0.237)	-7.410*** (-16.97)	0.00172 (0.508)	-0.000768 (-0.236)	-7.407*** (-17.00)	0.00150 (0.443)
$size_{t-1}$	-0.00407*** (-6.311)	-0.0589 (-0.683)	-0.00405*** (-6.285)	-0.00439*** (-6.800)	-0.104 (-1.208)	-0.00436*** (-6.754)
$growth_{t-1}$	0.00107 (0.893)	-0.156 (-0.968)	0.00113 (0.938)	0.00113 (0.938)	-0.150 (-0.933)	0.00117 (0.977)
roa_{t-1}	-0.0489*** (-4.438)	-0.857 (-0.581)	-0.0486*** (-4.416)	-0.0508*** (-4.642)	-1.192 (-0.814)	-0.0505*** (-4.611)
$top1_{t-1}$	1.31e-05 (0.395)	-0.0222*** (-4.997)	2.06e-05 (0.618)	1.08e-05 (0.325)	-0.0224*** (-5.059)	1.76e-05 (0.531)

第七章 高管薪酬差距与企业风险承担关系中创新投入的中介效应

续表

变量	(1) $RiskT1_t$	(2) RD_t	(3) $RiskT1_t$	(4) $RiskT1_t$	(5) RD_t	(6) $RiskT1_t$
$mshare_{t-1}$	-0.00801**	0.794*	-0.00828***	-0.00854***	0.747*	-0.00877***
	(-2.523)	(1.871)	(-2.608)	(-2.701)	(1.766)	(-2.774)
$dual_{t-1}$	0.00183*	0.160	0.00177*	0.00193*	0.162	0.00188*
	(1.722)	(1.126)	(1.673)	(1.834)	(1.154)	(1.788)
$listyears_{t-1}$	0.00434***	0.224**	0.00427***	0.00433***	0.221**	0.00426***
	(5.527)	(2.131)	(5.432)	(5.529)	(2.107)	(5.443)
Constant	0.124***	13.30***	0.120***	0.123***	12.93***	0.119***
	(6.060)	(4.843)	(5.829)	(6.025)	(4.739)	(5.817)
行业和年度	控制	控制	控制	控制	控制	控制
F	28.979	62.926	28.438	29.607	63.605	28.999
Observations	4816	4816	4816	4816	4816	4816
Adj_R^2	0.216	0.364	0.217	0.219	0.367	0.221

注：*、**、*** 分别表示在10%、5%、1%的显著性水平上显著，括号内为t值。

创新投入在非国有企业高管团队内部薪酬差距与企业风险承担之间中介效应的检验结果如表7-3所示，第（1）列和第（4）列报告了模型（7-4）即中介效应第一步总效应的检验结果：$Ingap1_{t-1}$与$Ingap2_{t-1}$对$RiskT1_t$的总效应回归系数β_1分别为0.00121、0.00214，且都在1%的显著性水平上与$RiskT1_t$呈正相关关系，这也与本书第四章的实证结果一致，即非国有企业高管团队内部薪酬差距显著提升了企业风险承担水平。进而实施中介效应第二步检验程序，结果如表7-3第（2）列和第（5）列所示，$Ingap1_{t-1}$与$Ingap2_{t-1}$对中介变量RD_t的回归的系数β_2分别为0.107、0.246，分别在10%与1%显著性水平上与RD_t呈正相关关系，这也与本章前文回归结果一致，即非国有企业高管团队内部薪酬差距提升了企业创新投入水平。随后，将解释变量$Ingap1_{t-1}$、$Ingap2_{t-1}$与中介变量RD_t同时作为自变量加入模型，其回归结果如表7-3第（3）和第（6）列所示：RD_t对$RiskT1_t$的回归系数β_4分别为0.000336、0.000306，且分别在1%与5%的显著性水平上与$RiskT_t$呈正相关关系。

总结上述表7-3第（1）~（6）列的回归结果，高管团队内部薪酬差距$Ingap1_{t-1}$、$Ingap2_{t-1}$与企业风险承担$RiskT_t$以及企业创新投入RD_t的正相关关系都显著，而且$Ingap1_{t-1}$、$Ingap2_{t-1}$与RD_t在同一个模型中与$RiskT1_t$的正相关关系仍存在。因此，根据本章中介效应检验的方法与程序，可以得出，创新投入是高管内部薪酬差距与企业风险承担的部分中介变量。不但如此，加入中介变量 RD_t 之后 $Ingap1_{t-1}$ 与 $Ingap2_{t-1}$ 对 $RiskT1_t$ 回归的系数较加入变量 RD_t 之前有所降低，此结果也符合 Mackinnon（1995）等的观点。而且，此中介效应也与人们的基本经济学认知以及上文实证发现基本一致：高管内部薪酬差距发挥着晋升激励效应，激励管理者以企业最大化为目标进行创新决策，加大了创新投入水平，使企业承担着创新项目成功或失败的不确定性，从而导致了其风险承担水平的升高。因此本章提出的假设 H7-3 得到了验证。

2. 创新投入在高管外部薪酬差距影响企业风险承担关系中的中介效应

本书第五章实证检验结果显示，当高管薪酬高于行业均值时，高管外部薪酬差距对企业风险承担的总效应只有在非国有企业中才显著存在；当高管薪酬低于行业均值时，高管外部薪酬差距对企业风险承担的总效应只有在国有企业中才显著存在。因此，借鉴温忠麟（2004）总结的中介效应检验程序，本部分对创新投入中介效应的检验只选择高管外部薪酬差距对企业风险承担的总效应显著的样本。剔除 RD 以及其他变量数据缺失值后，分别得到高于行业薪酬均值的 1787 个非国有上市公司和 1420 个国有上市公司样本。表 7-4 第（1）~（3）列与第（4）~（6）列分别显示的是 RD 在 $Exgap1/Exgap2$ 与 $RiskT1$ 间中介效应的检验程序的回归结果。

表 7-4 创新投入在高管外部薪酬差距影响企业风险承担关系中的中介效应

变量	非国有			国有		
	（1）	（2）	（3）	（4）	（5）	（6）
	$RiskT1_t$	RD_t	$RiskT1_t$	$RiskT1_t$	RD_t	$RiskT1_t$
RD			0.000142			0.000113
			(0.718)			(0.317)
$Exgap1_{t-1}$	0.00222**	0.297**	0.00218**			
	(2.401)	(2.375)	(2.350)			
$Exgap2_{t-1}$				0.00225**	-0.298***	0.00228**
				(2.523)	(-3.934)	(2.542)
lev_{t-1}	-0.000750	-7.217***	0.000273	-0.00344	-1.787***	-0.00324
	(-0.129)	(-9.172)	(0.0455)	(-0.587)	(-3.584)	(-0.549)
$size_{t-1}$	-0.00509***	-0.155	-0.00507***	-0.00351***	-0.535***	-0.00345***
	(-4.753)	(-1.075)	(-4.730)	(-3.233)	(-5.794)	(-3.129)

第七章　高管薪酬差距与企业风险承担关系中创新投入的中介效应

续表

变量	非国有			国有		
	(1)	(2)	(3)	(4)	(5)	(6)
	$RiskT1_t$	RD_t	$RiskT1_t$	$RiskT1_t$	RD_t	$RiskT1_t$
$growth_{t-1}$	-0.00206	-0.384	-0.00201	-0.00345*	0.0617	-0.00346*
	(-1.014)	(-1.402)	(-0.986)	(-1.724)	(0.363)	(-1.727)
roa_{t-1}	-0.0124	-2.808	-0.0120	-0.159***	-0.943	-0.159***
	(-0.668)	(-1.125)	(-0.646)	(-7.840)	(-0.546)	(-7.830)
$top1_{t-1}$	6.24e-05	-0.0175**	6.48e-05	7.22e-05	-0.00453	7.27e-05
	(1.138)	(-2.366)	(1.180)	(1.115)	(-0.824)	(1.122)
$mshare_{t-1}$	-0.00876	2.086***	-0.00905*	0.0512	14.91***	0.0496
	(-1.614)	(2.851)	(-1.663)	(0.927)	(3.173)	(0.892)
$dual_{t-1}$	0.00198	0.220	0.00195	-0.00588*	0.285	-0.00591*
	(1.126)	(0.927)	(1.108)	(-1.777)	(1.014)	(-1.785)
$listyears_{t-1}$	0.00445***	0.505***	0.00438***	0.00699***	-0.342**	0.00703***
	(3.352)	(2.824)	(3.289)	(3.656)	(-2.105)	(3.668)
Constant	0.160***	12.31**	0.158***	0.0849***	13.02***	0.0834***
	(4.409)	(2.514)	(4.350)	(2.875)	(5.191)	(2.790)
行业和年度	控制	控制	控制	控制	控制	控制
F	14.753	30.621	14.342	7.333	13.391	7.120
Observations	1787	1787	1787	1420	1420	1420
Adj_R^2	0.262	0.424	0.262	0.185	0.293	0.185

注：*、**、***分别表示在10%、5%、1%的显著性水平上显著，括号内为t值。

表7-4第（1）列和第（4）列报告了模型（7-7）即中介效应第一步总效应的检验结果：$Exgap1_{t-1}$和$Exgap2_{t-1}$对$RiskT1_t$的总效应回归系数β_5分别为0.00222、0.00225，且都在5%的显著性水平上与$RiskT1_t$呈正相关关系，这也与本书第五章的实证结果一致。进而实施中介效应第二步检验程序，由表7-4第（2）列和第（5）列结果可知，$Exgap1_{t-1}$与$Exgap2_{t-1}$对中介变量RD_t的回归系数β_6分别为0.297、-0.298，分别在5%与1%显著性水平上与RD_t呈正相关与负相关关系，这也与本章前述关于外部薪酬差距与企业创新投入的实证研究结果相一致，即高于行业薪酬均值的外部薪酬差距促进了企业创新投入水平，而低于行业均值的外部薪酬差距则对企业创新投入有着负面影响。

第（3）列和第（6）列列示了将解释变量 $Exgap1_{t-1}$ 和 $Exgap2_{t-1}$ 与中介变量 RD_t 同时作为自变量加入模型进行回归分析的结果：解释变量 $Exgap1_{t-1}$ 与 $Exgap2_{t-1}$ 的系数仍然显著，而中介变量 RD_t 的系数均不具有统计上的显著性。根据 Sobel 中介效应检验原理，由上述结果并不能简单判断此时创新投入为国有企业高管外部薪酬差距影响企业风险承担的中介变量，还需要进一步进行 Sobel 方法下的 z 检验。即：

$$z = \hat{\beta}_2 \hat{\beta}_4 / \sqrt{\hat{\beta}_2^2 s_{\beta_4}^2 + \hat{\beta}_4^2 s_{\beta_2}^2}$$

根据 Mac Kinnon 等（1995）给出的 95% 置信度下的临界值 0.97，可以判断若 z 值大于显著性水平 0.05 的临界值，即当 $|z| > 0.97$ 时，则可以判定创新投入为中介变量。否则，创新投入并非高管薪酬差距影响企业风险承担的中介变量。对 RD 在 $Exgap1_{t-1}$、$Exgap2_{t-1}$ 与 $RiskT1_t$ 间中介效应的 Sobel 检验结果如表 7-5 所示：

表 7-5　创新投入在高管外部薪酬差距与企业风险承担间中介效应 Sobel 检验的 z 值计算

	$\hat{\beta}_2$	$\hat{\beta}_4$	s_{β_2}	s_{β_4}	z 值
$Exgap1_{t-1}$	0.297	0.000142	0.1248847	0.0001974	0.689
$Exgap2_{t-1}$	-0.298	0.000113	0.0756704	0.0003549	-0.317

上述 Sobel 检验中的 z 值计算结果显示，无论当国有企业高管薪酬高于还是低于行业均值时，其 z 值（绝对值）未能大于显著性水平 0.05 下的临界值 0.97，因此判定高管薪酬低于行业均值，在国有企业外部薪酬差距与企业风险承担的正相关关系中，企业创新投入并未在两者间起到中介传导作用。因此本章提出的 H7-4a 未得到验证，而 H7-4b 得到了验证。

综合上述创新投入在高管外部薪酬差距与企业风险承担间的中介效应检验结果可知，创新投入并未在企业高管外部薪酬差距与企业风险承担的正相关关系中起到中介效应。究其原因，本书认为，当高管薪酬高于行业均值时，非国有企业高管较高水平的薪酬的确能激励管理者以企业价值最大化为目标进行决策、以增强企业在未来长期发展中的竞争力为出发点制定创新战略，相应地也就激发了管理者的创新投入决策。然而，一个企业能给管理者发放高于行业均值的薪酬水平，也侧面说明了该企业具有一定经济实力，具有支撑管理者创新策略的能力。因而，即便创新活动往往伴随着一定风险性，也未必会带来短期内盈利的波动，即风险承担水平的上升。

第七章 高管薪酬差距与企业风险承担关系中创新投入的中介效应

当高管薪酬低于行业均值时,高于企业高管外部薪酬差距虽然与企业风险承担水平呈正相关,但却与创新投入呈负相关。由此可直观判断出,此时外部薪酬差距并非通过创新投入提升企业风险承担水平,随后的中介效应分析也支持了上述推断。其可能原因是,一方面,低于行业均值的外部薪酬差距虽然激发了国有企业管理者风险寻求以改变薪酬现状的动机,但国有企业高管薪酬水平普遍受限于薪酬管制,管理者改变自身薪酬不公平状况的空间极小。这就可能使管理者期望改变薪酬水平的愿望可以用在职消费或职务晋升来替代,而非致力于通过研发创新活动来提升企业长期效益。另一方面,国有企业管理者风险寻求以改变薪酬现状的动机更可能表现为管理者的博彩行为。由于创新具有风险大、不可预测和周期长等特点,出于个人声誉和稳定股价的考虑,管理者很大程度上会拒绝支持高成本、长周期的创新项目。取而代之的是,为了在短期内提高企业效益,企业资源很有可能被分配到工厂扩张、兼并收购、广告宣传等能带来更快回报的项目,以提升市场对管理层和企业成长性的预期,而这种以短期收益为目标进行冒险的行为极有可能造成企业短期盈利的波动。

三、进一步分析

企业资源理论认为,创新投入所创造的无形资产,以及企业在研发过程中所积累和培养的创新经验及研发能力等是企业稀缺的异质性资源。这些难以模仿和难以替代的异质性资源使企业具有持续的竞争优势,有助于提升企业未来获利能力和成长机会。考虑到创新活动主要包括创新投入和创新产出两个方面,两者都是企业研发过程中的一环,创新投入高的企业不一定能够获得理想的创新绩效,创新投入能在多大程度上落实于创新绩效则反映了资源配置的效率。因此,十分有必要从不同维度来测度创新。一般而言,创新产出的数量与质量又是高管业绩的直接或间接表现,本书还选择用创新产出对薪酬差距进行回归。

在以往的文献中,大多研究都采用企业专利的申请数量来衡量创新绩效。我国《专利法》将专利分为发明专利、实用新型专利和外观设计专利三大类。一般专利申请年份能准确地刻画创新的产出时间,及时可靠地反映企业创新水平,而专利授予则需要不断检测和缴纳费用,具有不确定性。因此,本书参考 Tong 等(2014)以及黎文靖和郑曼妮(2016)等研究,采用专利申请年度作为创新产出年度,并以专利申请数量衡量企业创新绩效,构建如下模型以此检验高管薪酬差距与企业创新绩效间的线性关系。在检验模型中,仍使用滞后一期的解释变量与控制变量。

$$Patent_t = \alpha_0 + \alpha_1 Ingap1_{t-1}/Ingap2_{t-1} + \sum \alpha_i X_{i,t-1} + \varepsilon \qquad 模型（7-10）$$

$$Patent_t = \alpha_0 + \alpha_1 Exgap1_{t-1}/Exgap2_{t-1} + \sum \alpha_i X_{i,t-1} + \varepsilon \qquad 模型（7-11）$$

在模型（7-10）与模型（7-11）中 $Patent_t$ 为企业观测年度创新绩效，具体地，本书将各企业每年三种类型的专利（发明专利、实用新型专利和外观设计专利）申请数量加总得到创新总量 $Patent_t$，并依照原创性标准，以发明专利申请量 $Patent1_t$ 来测度专利质量，以实用新型专利与外观设计专利申请总量来测度专利数量，构造非发明专利申请量指标 $Patent23_t$。考虑到专利申请数据的右偏问题，本书将所有专利数值加 1 之后取自然对数，最终得到变量 $LnPatent_t$、$LnPatent1_t$ 和 $LnPatent23_t$，分别表示创新总量、创新质量以及创新数量。同时，模型还选取了负债水平（lev_{t-1}）、公司规模（$size_{t-1}$）、成长性（$growth_{t-1}$）、盈利水平（roa_{t-1}）、股权集中度（$top1_{t-1}$）、管理层持股比例（$mshare_{t-1}$）、两职合一（$dual_{t-1}$）、公司上市年限（$listyears_{t-1}$）、产权性质（SOE_{t-1}）以及行业与年度虚拟变量等控制变量。由于专利数据左断尾分布，本部分对高管薪酬差距与创新绩效的线性关系采用 Tobit 模型估计。高管内外部薪酬差距与企业创新绩效的回归结果如表 7-6 所示。

表 7-6 高管内部薪酬差距与企业创新绩效

变量	(1) $LnPatent_t$	(2) $LnPatent1_t$	(3) $LnPatent23_t$	(4) $LnPatent_t$	(5) $LnPatent1_t$	(6) $LnPatent23_t$
$Ingap1_{t-1}$	0.0634*** (4.264)	0.0787*** (4.615)	0.0355* (1.747)			
$Ingap2_{t-1}$				0.0397*** (2.909)	0.0508*** (3.259)	0.00617 (0.331)
lev_{t-1}	-0.149 (-1.408)	-0.217* (-1.798)	0.0717 (0.497)	-0.158 (-1.496)	-0.228* (-1.889)	0.0610 (0.422)
$size_{t-1}$	0.460*** (25.47)	0.499*** (24.17)	0.428*** (17.42)	0.465*** (25.63)	0.505*** (24.34)	0.436*** (17.67)
$growth_{t-1}$	-0.0409 (-0.926)	-0.0397 (-0.782)	-0.0463 (-0.770)	-0.0435 (-0.985)	-0.0430 (-0.846)	-0.0477 (-0.793)
roa_{t-1}	2.810*** (8.086)	2.559*** (7-413)	2.638*** (5.540)	2.920*** (8.435)	2.691*** (7-767)	2.763*** (5.828)
$top1_{t-1}$	0.00166 (1.549)	-0.00209* (-1.703)	0.00416*** (2.855)	0.00159 (1.481)	-0.00217* (-1.771)	0.00406*** (2.783)

续表

变量	(1) $LnPatent_t$	(2) $LnPatent1_t$	(3) $LnPatent23_t$	(4) $LnPatent_t$	(5) $LnPatent1_t$	(6) $LnPatent23_t$
$mshare_{t-1}$	0.395*** (2.931)	0.289* (1.870)	0.374** (2.029)	0.359*** (2.667)	0.242 (1.569)	0.352* (1.914)
$dual_{t-1}$	0.0917** (2.299)	0.158*** (3.475)	-0.00816 (-0.149)	0.110*** (2.768)	0.180*** (3.989)	0.00426 (0.0785)
$listyears_{t-1}$	0.0174 (0.648)	-0.0470 (-1.526)	0.0285 (0.778)	0.0179 (0.667)	-0.0465 (-1.510)	0.0298 (0.812)
SOE_{t-1}	-0.0208 (-0.537)	0.172*** (3.866)	-0.122** (-2.301)	-0.0256 (-0.659)	0.166*** (3.733)	-0.128** (-2.421)
Constant	-8.965*** (-22.86)	-10.44*** (-23.31)	-9.408*** (-17.38)	-8.765*** (-22.63)	-10.20*** (-23.04)	-9.245*** (-17.30)
行业和年度	控制	控制	控制	控制	控制	控制
Pseudo R^2	0.0858	0.0667	0.081	0.0853	0.0661	0.0809
Observations	5889	5889	5889	5889	5889	5889

注：*、**、***分别表示在10%、5%、1%的显著性水平上显著，括号内为t值。

表7-6报告了模型（7-10）的回归结果。在第（1）～（6）列中，除第（6）列 $Ingap2_{t-1}$ 对 $LnPatent23_t$ 的系数不显著外，其余各列中解释变量 $Ingap1_{t-1}$ 与 $Ingap2_{t-1}$ 的系数都呈正相关。从显著性水平来看，$Ingap1_{t-1}$ 与 $Ingap2_{t-1}$ 都在1%的水平上与 $LnPatent123_t$、$LnPatent1_t$ 呈正相关，$Ingap1_{t-1}$ 与 $LnPatent23_t$ 在5%显著性上呈正相关。这意味着扩大高管团队薪酬差距整体上能提高企业专利产出，并且主要体现在发明专利的产出上，说明了企业高管薪酬差距能够激发管理者的创新积极性，尤其是激发了管理者对创新质量的追求，锦标赛理论在一定程度上得到支持。上述回归结果也与以往文献关于企业内部薪酬差距对企业创新有正面影响的结论一致（孔东民等，2017）。控制变量系数表明，企业杠杆率越低、规模越大、资产收益率越高、管理层持股比率越高、企业上市年限越小，企业的创新产出越高。CEO与董事长两职合一也有利于创新。此外，国有企业的发明创新显著高于非国有企业，而非发明创新则不如非国有企业。

表7-7报告了模型（7-11）的回归结果。第（1）～（3）列显示了解释变量 $Exgap1_{t-1}$ 对三个创新绩效替代变量的回归结果，结果显示：$Exgap1_{t-1}$ 对 $LnPatent_t$、$LnPatent1_t$ 的回归系数分别为0.0880、0.104，且都在1%的显著性水平上与被解释变量呈正相关关系；$Exgap1_{t-1}$ 对 $LnPatent23_t$ 的回归系数则不具有统

计上的显著性。这说明高于行业均值的外部薪酬差距整体上能提高企业创新绩效，并且主要体现在发明专利的产出上。第（4）~（6）列显示了解释变量 $Exgap2_{t-1}$ 对三个创新绩效替代变量的回归结果，结果显示：$Exgap2_{t-1}$ 对 $LnPatent_t$、$LnPatent1_t$ 及 $LnPatent23_t$ 的回归系数分别为 -0.0894、-0.132 及 -0.0720，且都在1%的显著性水平上与被解释变量呈负相关关系。这意味着当企业高管薪酬低于行业均值时，高管薪酬水平越低，即外部薪酬差距越大时，企业创新绩效的表现越差。控制变量对企业创新绩效的影响与前文实证结果基本一致。

表7-7 高管外部薪酬差距与企业创新绩效

变量	(1) $LnPatent_t$	(2) $LnPatent1_t$	(3) $LnPatent23_t$	(4) $LnPatent_t$	(5) $LnPatent1_t$	(6) $LnPatent23_t$
$Exgap1_{t-1}$	0.0880*** (3.188)	0.104*** (3.320)	0.0149 (0.407)			
$Exgap2_{t-1}$				-0.0894*** (-5.038)	-0.132*** (-6.432)	-0.0720*** (-2.859)
lev_{t-1}	-0.237 (-1.251)	-0.455** (-2.125)	0.193 (0.762)	-0.0623 (-0.504)	-0.0360 (-0.256)	0.00950 (0.0546)
$size_{t-1}$	0.509*** (17.22)	0.532*** (15.85)	0.484*** (12.34)	0.334*** (13.09)	0.359*** (12.36)	0.329*** (9.192)
$growth_{t-1}$	0.0663 (0.843)	0.0653 (0.733)	0.0716 (0.689)	-0.0812 (-1.581)	-0.0775 (-1.315)	-0.109 (-1.511)
roa_{t-1}	2.652*** (4.299)	1.324* (1.893)	3.236*** (3.930)	2.317*** (5.492)	2.170*** (4.491)	2.379*** (3.998)
$top1_{t-1}$	0.00458*** (2.645)	0.000965 (0.491)	0.00711*** (3.088)	0.000617 (0.460)	-0.00260* (-1.699)	0.00245 (1.306)
$mshare_{t-1}$	0.923*** (3.884)	0.841*** (3.128)	0.919*** (2.900)	0.128 (0.810)	0.0123 (0.0680)	0.0285 (0.128)
$dual_{t-1}$	0.170*** (2.632)	0.208*** (2.837)	0.0424 (0.490)	0.0155 (0.314)	0.0842 (1.504)	-0.0486 (-0.701)
$listyears_{t-1}$	0.0895** (2.071)	0.0340 (0.692)	0.0825 (1.434)	-0.0143 (-0.420)	-0.0868** (-2.237)	0.0191 (0.400)
SOE_{t-1}	-0.0880 (-1.388)	0.0680 (0.946)	-0.101 (-1.188)	0.0336 (0.697)	0.264*** (4.807)	-0.139** (-2.053)

第七章 高管薪酬差距与企业风险承担关系中创新投入的中介效应

续表

变量	(1) $LnPatent_t$	(2) $LnPatent1_t$	(3) $LnPatent23_t$	(4) $LnPatent_t$	(5) $LnPatent1_t$	(6) $LnPatent23_t$
Constant	-10.25*** (-16.36)	-11.13*** (-15.61)	-11.60*** (-13.49)	-4.878*** (-8.772)	-5.937*** (-9.394)	-5.901*** (-7.530)
行业和年度	控制	控制	控制	控制	控制	控制
Pseudo R^2	0.1087	0.0802	0.110	0.0556	0.0448	0.0586
Observations	2421	2421	2421	3465	3465	3465

注：*、**、***分别表示在10%、5%、1%的显著性水平上显著，括号内为t值。

上述回归结果与前文关于高管薪酬差距与企业研发投入的实证结果相互呼应：高管团队内部薪酬差距的拉大，有助于晋升锦标赛效应的发挥，激发了高管创新积极性，进而达到提升企业研发投入水平与创新绩效的作用。同样，在与同产权性质同行业企业高管薪酬的比较中，高于行业均值的外部薪酬差距使管理者处于社会比较的"获益状态"，也能起到对管理者创新决策的激励作用。然而，当高管薪酬低于行业均值时，外部薪酬差距越大则越不利于企业创新，表现为与企业研发投入水平与创新绩效均呈负相关关系。如此也说明，高管内外部薪酬差距与企业创新之间的因果关系并不因企业创新的测度方法而改变。

四、稳健性检验

本章前文的实证检验使用了企业三年内企业经行业调整的ROA波动率作为企业风险承担水平的替代变量，本部分稳健性测试使用企业三年内ROA最大与最小值之差作为企业风险承担的替代变量（RiskT2），对研发投入在高管薪酬差距与企业风险承担间的中介效应进行稳健性检验。本部分依旧对模型（7-4）~模型（7-9）依次进行回归，以检验研发投入的中介效应，回归结果如表7-8所示。

表7-8 稳健性检验：创新投入在高管内部薪酬差距与
企业风险承担间的中介效应

变量	(1) $RiskT2_t$	(2) RD_t	(3) $RiskT2_t$	(4) $RiskT2_t$	(5) RD_t	(6) $RiskT2_t$
RD_t			0.000656*** (2.855)			0.000599*** (2.605)

续表

变量	(1) RiskT2$_t$	(2) RD$_t$	(3) RiskT2$_t$	(4) RiskT2$_t$	(5) RD$_t$	(6) RiskT2$_t$
lngap1$_{t-1}$	0.00231*** (2.745)	0.107* (1.789)	0.00224*** (2.663)			
lngap2$_{t-1}$				0.00404*** (4.947)	0.246*** (4.231)	0.00389*** (4.759)
lev$_{t-1}$	−0.00153 (−0.249)	−7.410*** (−16.97)	0.00334 (0.524)	−0.00152 (−0.248)	−7.407*** (−17.00)	0.00292 (0.459)
size$_{t-1}$	−0.00770*** (−6.343)	−0.0589 (−0.683)	−0.00766*** (−6.317)	−0.00830*** (−6.829)	−0.104 (−1.208)	−0.00824*** (−6.781)
growth$_{t-1}$	0.00222 (0.980)	−0.156 (−0.968)	0.00232 (1.027)	0.00231 (1.026)	−0.150 (−0.933)	0.00240 (1.066)
roa$_{t-1}$	−0.0928*** (−4.481)	−0.857 (−0.581)	−0.0923*** (−4.458)	−0.0964*** (−4.681)	−1.192 (−0.814)	−0.0957*** (−4.650)
top1$_{t-1}$	2.48e−05 (0.398)	−0.0222*** (−4.997)	3.94e−05 (0.630)	2.04e−05 (0.327)	−0.0224*** (−5.059)	3.38e−05 (0.541)
mshare$_{t-1}$	−0.0149** (−2.497)	0.794* (1.871)	−0.0154*** (−2.586)	−0.0159*** (−2.677)	0.747* (1.766)	−0.0164*** (−2.753)
dual$_{t-1}$	0.00360* (1.804)	0.160 (1.126)	0.00349* (1.753)	0.00380* (1.920)	0.162 (1.154)	0.00370* (1.872)
listyears$_{t-1}$	0.00816*** (5.527)	0.224** (2.131)	0.00802*** (5.429)	0.00815*** (5.529)	0.221** (2.107)	0.00802*** (5.441)
Constant	0.236*** (6.122)	13.30*** (4.843)	0.228*** (5.883)	0.234*** (6.090)	12.93*** (4.739)	0.226*** (5.875)
行业和年度	控制	控制	控制	控制	控制	控制
F	28.979	62.926	28.438	29.607	63.605	28.999
Observations	4816	4816	4816	4816	4816	4816
Adj_R^2	0.209	0.364	0.210	0.212	0.367	0.214

注：*、**、*** 分别表示在 10%、5%、1% 的显著性水平上显著，括号内为 t 值。

表 7−8 列示了以 RiskT2$_t$ 为被解释变量，创新投入在高管内部薪酬差距 lngap1$_{t-1}$/lngap2$_{t-1}$ 与企业风险承担 RiskT2$_t$ 之间中介效应的回归结果。将表 7−8 的稳健性回归结果与表 7−3 的主回归结果比较发现，解释变量 lngap1$_{t-1}$/lngap2$_{t-1}$ 与中介变量 RD$_t$ 的系数正负符号与显著性水平表现一致，说明了前文关于

创新投入在高管内部薪酬差距与企业风险承担之间表现为部分中介效应的回归结果较为稳健。

表7-9 稳健性检验：创新投入在高管外部薪酬差距与
企业风险承担间的中介效应

变量	(1) $RiskT2_t$	(2) RD_t	(3) $RiskT2_t$	(4) $RiskT2_t$	(5) RD_t	(6) $RiskT2_t$
RD_t			0.000283			0.000351
			(0.759)			(0.525)
$Exgap1_{t-1}$	0.00417**	0.297**	0.00409**			
	(2.385)	(2.375)	(2.332)			
$Exgap2_{t-1}$				0.00423**	-0.298***	0.00434**
				(2.522)	(-3.934)	(2.566)
lev_{t-1}	-0.00121	-7.217***	0.000830	-0.00621	-1.787***	-0.00558
	(-0.110)	(-9.172)	(0.0731)	(-0.562)	(-3.584)	(-0.502)
$size_{t-1}$	-0.00971***	-0.155	-0.00967***	-0.00669***	-0.535***	-0.00650***
	(-4.803)	(-1.075)	(-4.779)	(-3.268)	(-5.794)	(-3.128)
$growth_{t-1}$	-0.00328	-0.384	-0.00317	-0.00697*	0.0617	-0.00699*
	(-0.854)	(-1.402)	(-0.825)	(-1.848)	(0.363)	(-1.853)
roa_{t-1}	-0.0224	-2.808	-0.0216	-0.306***	-0.943	-0.305***
	(-0.641)	(-1.125)	(-0.618)	(-7.974)	(-0.546)	(-7.962)
$top1_{t-1}$	0.000120	-0.0175**	0.000125	0.000128	-0.00453	0.000130
	(1.157)	(-2.366)	(1.202)	(1.050)	(-0.824)	(1.063)
$mshare_{t-1}$	-0.0164	2.086***	-0.0170*	0.102	14.91***	0.0968
	(-1.604)	(2.851)	(-1.656)	(0.979)	(3.173)	(0.925)
$dual_{t-1}$	0.00384	0.220	0.00378	-0.0114*	0.285	-0.0115*
	(1.153)	(0.927)	(1.133)	(-1.827)	(1.014)	(-1.841)
$listyears_{t-1}$	0.00822***	0.505***	0.00808***	0.0131***	-0.342**	0.0132***
	(3.280)	(2.824)	(3.214)	(3.627)	(-2.105)	(3.652)
Constant	0.309***	12.31**	0.306***	0.164***	13.02***	0.159***
	(4.511)	(2.514)	(4.450)	(2.948)	(5.191)	(2.830)
行业和年度	控制	控制	控制	控制	控制	控制
F	14.256	30.621	13.861	7.553	13.391	7.340
Observations	1787	1787	1787	1420	1420	1420
Adj_R^2	0.255	0.424	0.256	0.189	0.293	0.189

注：*、**、***分别表示在10%、5%、1%的显著性水平上显著，括号内为t值。

表 7-9 列示了以 $RiskT2_t$ 为被解释变量，创新投入在高管外部薪酬差距 $Exgap1_{t-1}/Exgap2_{t-1}$ 与企业风险承担 $RiskT2_t$ 之间中介效应的回归结果。将表 7-9 的稳健性回归结果与表 7-4 的主回归结果比较发现，解释变量 $Exgap1_{t-1}/Exgap2_{t-1}$ 与中介变量 RD_t 的系数正负符号与显著性水平表现一致，由于第（3）与第（6）列显示中介变量 RD_t 的系数 β_4 均不显著，所以仍需要进行 Sobel 中介效应检验程序。如表 7-10 所示，Sobel 中介效应检验的 z 值的绝对值仍小于显著性水平 0.05 下的临界值 0.97，因此，可以判断中介变量 RD_t 在企业高管外部薪酬差距与企业风险承担的正相关关系中并未起到部分中介效应，这也与前文主回归结果保持一致，说明本章关于创新投入中介效应的检验结果较为稳健。

表 7-10 稳健性检验：创新投入中介效应 Sobel 检验的 z 值计算

	$\hat{\beta}_2$	$\hat{\beta}_4$	S_{β_2}	S_{β_4}	z 值
$Exgap1_{t-1}$	0.297	0.000283	0.1248847	0.0003729	0.723
$Exgap2_{t-1}$	-0.298	0.000351	0.0722506	0.0005452	-0.636

注：*、**、*** 分别表示在 10%、5%、1% 的显著性水平上显著。

本章小结

本章将研究视角拓展到企业创新层面，考察了高管薪酬差距对创新投入与创新绩效两方面的影响，并从创新投入视角探讨了高管薪酬差距对企业风险承担的作用机理。研究发现：①高管团队内部薪酬差距对企业创新投入水平有一定的促进作用。高管团队内部薪酬差距对管理者发挥着晋升锦标赛作用，能起到激励管理者以企业价值最大化为目标进行决策的作用，从而激发了管理者创新的积极性，企业创新投入水平相应得到提升。②当高管薪酬高于行业均值时，外部薪酬差距与企业创新投入水平呈正相关，其原因可能是：高于行业均值的薪酬水平相当于对管理者施加显性薪酬激励，而且有能力给高管发放高水平薪酬的企业，其本身也具有一定的经济实力支撑高水平的创新投入。然而当高管薪酬低于行业均值时，外部薪酬差距与企业创新投入水平呈负相关，即高管薪酬水平越低，企业创新投入水平也越低。这一方面说明了过低的薪酬水平无法激励企业高管进行创新投入,另一方面也可能由于受企业规模、经济实力等客观因素所限,创新项目的资金投入水平也受到限制。③创新投入在非国有企业高管内部薪酬差距与企业风险承担之间起到部分中介作用,即非国有企业高管内部薪酬差距对企业风险承担的影响部分是通过创新投入的中介传导作用实现的。然而,无论当高管薪酬高于还是低于行业均值时,在高管外部薪酬差距与企业风险承担的正相关关系中,创新投入却未表现出中介效应。其原因可能是:当高管薪酬高于行业均值时,企业给管理者发放的薪酬水平越高,也就意味着企业自身经济实力更为雄厚,因此即便加大对创新项目的投入,也不会对短期盈利波动造成太大的影响,而此时外部薪酬差距可能通过其他途径影响企业风险承担。然而当高管薪酬低于行业均值时,外部薪酬差距对企业风险承担的正向影响更可能是管理者在"博彩"心理下寻求冒险的行为,而非通过创新这一风险性投资活动来影响企业风险承担水平。

第八章 结论与建议

随着锦标赛理论和行为理论的提出与发展,越来越多的国内外学者开始关注企业高管薪酬差距对管理者决策行为及企业绩效的影响,并取得一系列研究成果。但是现有研究大多从企业高管团队内部薪酬差距与企业绩效等视角去观察薪酬差距的晋升激励效应。在风险规避假说下,企业管理者作为代理人普遍有着风险规避倾向,这很可能导致企业错失净现值大于零的投资项目。那么,薪酬差距是否能激励管理者风险承担意愿,进而提升企业风险承担水平呢?这正是本书的研究主题。同时,本书认为薪酬差距的晋升激励效应不但体现在企业高管团队内部,同样体现在同一行业内不同企业高管之间,即高管外部薪酬差距。基于此,本书从理论分析和实证研究两个角度全面考察了企业高管内外部薪酬差距对企业风险承担水平的影响,并探讨了创新投入在高管薪酬差距与企业风险承担之间的中介效应。本章总结了本书的主要研究结论和研究创新,并基于研究结论提出相应的政策建议;在对研究局限进行简要总结的基础上,提出未来研究展望。

第一节 研究结论

本书梳理和归纳了与企业内外部薪酬差距以及企业风险承担相关的文献,对中华人民共和国成立以来的薪酬制度改革及制度背景进行了系统梳理,并对我国2005~2019年的上市公司高管薪酬水平和企业薪酬差距进行了全行业和分行业、分产权性质的描述性统计分析。在理论和实证研究部分,以委托代理理论、管理层权力理论、锦标赛理论和行为理论等作为理论基础,阐述了企业高管内外部薪酬差距对企业风险承担的影响机理,并在此基础上提出研究假设、设计研究方案，确定了选择变量和检验模型，最后以筛选后的 2008~2015 年沪深 A 股上市公司的经验数据为样本进行实证分析。

一、我国企业薪酬制度改革围绕建立市场调节与政府监管相结合、兼顾效率性与公平性的薪酬体系展开

中华人民共和国成立 70 多年来，围绕经济发展不同时期的薪酬制度改革，国家相关部门制定了大量的法律法规和政策措施。改革经历了几个不同任务的阶段：①1949~1957 年，两次工资制度改革，初步建立社会主义企业薪酬制度。②1958~1977 年，工资制度局部调整，总体改革进展缓慢，主要特点是在计划经济体制下，我国企业薪酬制度长期处于行政工资阶段，导致企业经营能力水平不高、一直处于低效率状态。③1978~1984 年，初步建立市场经济体制下的工资制度体系，我国企业薪酬制度的修订与改革不断迈入正轨，逐步适应市场经济发展的需要。④1985 年至 21 世纪初期，基本建立现代企业薪酬制度。其间，经历了 1985 年全国性薪酬改革、承包经营责任制下企业薪酬制度、企业高管年薪制的推进与完善、股权激励制度的初步探索等。尤其是我国高管股权激励制度确立与发展，对于企业薪酬制度的改革和完善具有重大意义，这标志着我国企业高管薪酬制度已向现代薪酬制度看齐，并开始逐步与国际接轨。

在新时期下，随着国有企业负责人薪酬制度改革深入推进，其薪酬水平也一直备受争议。2009 年 9 月出台的社会称之为"限薪令2009"的《关于进步规范中央企业负责人薪酬管理的指导意见》中，明确了中央企业负责人薪酬中不同薪酬组成部分的确定基础和内容，从薪酬结构和水平、薪酬支付等方面对中央企业负责人薪酬管理做出了规范。党的十八届三中全会通过《中共中央关于全面深化改革若干重大问题的决定》，明确提出要"建立职业经理人制度，更好发挥企业家作用……建立长效激励约束机制"。之后，围绕薪酬激励问题制定政策的重点就是具体的操作规程。2014 年的《中央管理企业负责人薪酬制度改革方案》最核心的内容是：明确央企高管薪酬将采用差异化薪酬管控的办法，综合考虑国企高管当期业绩和中长期持续发展，重点对行政任命的央企高管人员以及部分垄断性的高收入行业的央企负责人薪酬水平实行限高；明确央企负责人薪酬将由过往基本年薪和绩效年薪两部分构成，调整为由基本年薪、绩效年薪、任期激励收入三部分构成。同年出台的《关于合理确定并严格规范中央企业负责人履职待遇、业务支出的意见》，实际取消了企业负责人"职务消费"，第一次将国有企业负责人履行工作职责过程中的工作保障和所发生的费用支出界定为企业负责人履职待遇、业务支出。2015年8月《关于深化国有企业改革的指导意见》明确提出实行与社会主义市场经济相适应的企业薪酬分配制度，对国有企业领导人员实行与选任方式相匹配、与企业功能性质相适应、与经营业绩相挂钩的差异化薪酬分配办法。国资委2016年12月印发的《中央企业负责人经营业绩考核办法》坚持"业绩升、薪酬升，业绩降、薪酬降"原则，强化了业绩考核与激励约束的紧密衔接，明确企业负责人薪酬构成由基本年薪、绩效年薪和任期激励收入三部分构成。2018年12月印发的《中央企业工资总额管理办法》则明确对中央企业工资总额实行分类管理和分级管理，规定中央企业工资总额预算主要按照效益决定、效率调整、水平调控三个环节决定。可以说，一系列针对国企高管的限薪政策相继出台，薪酬管制成为当前我国国有企业薪酬机制的主要特征，不仅凸显了市场调节与政府监管相结合，而且兼顾薪酬支付效率性与公平性。

自党的十九大以来，为了积极支持中央企业控股上市公司建立健全长效激励约束机制，国资委于2019年10月出台了《关于进一步做好中央企业控股上市公司股权激励工作有关事项的通知》，就股权激励计划的制定、完善股权激励业绩考核、支持科创板上市公司实施股权激励、健全股权激励管理体制等做出具体安排，这标志着中央企业控股上市公司实施股权激励的政策体系已经基本定型。党的十九届四中全会明确提出，要健全生产要素由市场评价贡献、按贡献决定报酬的机制，《关于构建更加完善的要素市场化配置体制机制的意见》提出要全面贯彻落实以增加知识价值为导向的收入分配政策，充分尊重科研、技术、管理人才，充分体现技术、知识、管理、数据等要素的价值。国资委于2020年4月制定并发布了《中央企业控股上市公司实施股权激励工作指引》，根据中央企业控股上市公司实施股权激励的各方面政策规定，从股权激励计划的内容要点、考核体系、管理办法和实施程序等方面，进行了政策梳理、系统集成，对上市公司股权激励实践规范逐一明确阐释。可以说，国资委和中央企业在上市公司股权激励实践方面共同努力、积极探索，结合国有企业实际情况和境内外市场实践经验，逐步形成了出资人指导下的适合中国国企特点的股权激励机制，有效发挥了股权激励作为市场化长期激励工具的积极作用。

二、企业高管和员工薪酬水平都有所增长，同时内部薪酬差距加大

为更直观、明确地了解我国上市公司高管薪酬与企业内部薪酬差距的总体情况，研究通过对我国上市公司2005~2019年从业者的薪酬水平及薪酬差距进行了描述性统计，并对各行业、不同产权性质之间的企业高管薪酬水平和薪酬差距

第八章 结论与建议

进行了对比。研究发现：

（1）近十几年来，我国上市公司的高层管理者的薪酬水平呈现逐年增长趋势，且 CEO 薪酬水平普遍高于副总薪酬水平。高管团队的绝对薪酬差距呈现出上涨趋势，而相对薪酬差距的变化呈现出"一波三折"，2010～2012 年上升较为显著，而 2012 年以后又有一波下降趋势，直到 2015 年以后才趋于稳定在 1.6 倍左右。可能的原因是，2009 年的限薪令政策存在滞后性，而 2014 年限薪令的出台则稳定了高管团队内部的相对薪酬差距，达到了很好的政策效果。另外，总经理两职兼任对高管团队薪酬差距变化趋势的影响分析显示，当总经理兼任董事长时，其上市公司高管团队薪酬差距整体上要高于不兼任下薪酬差距水平；就绝对薪酬差距而言，在两职兼任状态下，高管团队薪酬差距受 2009 年与 2012 年限薪令政策的影响较为敏感。就相对薪酬差距而言，其在两职兼任与不兼任状态下更是差异显著。

（2）我国上市公司的高层管理者和员工的薪酬水平虽然都有所增长，但两者增速存在明显差异，员工薪酬明显不如高管前三名整体薪酬水平的增加；高管团队薪酬水平的显著提升引起了高管团队与员工之间薪酬差距的逐渐拉大，就相对差距而言，限薪令的政策效果是显而易见的。

（3）金融业上市公司高管薪酬平均水平不但显著高于非金融业上市公司高管平均薪酬，而且变动趋势更为剧烈。据金融业与非金融业间的高管—员工薪酬差距的比较显示，两者的绝对薪酬差距存在显著差异，而金融业的高管—员工薪酬相对差距起伏较大。

（4）不同行业间的高管薪酬水平高低主要受到行业本身特性以及行业发展周期的影响。在 19 个行业门类中，2017～2019 年金融业上市公司高管与普通员工的薪酬均值均明显高于第二的房地产业与其他行业，位居第一；金融业、房地产业、租赁和商务服务业的高管薪酬水平占据了前三，而农林牧渔业、水利、环境和公共设施管理业，以及电力热力燃气及水的生产和供应业等的高管薪酬平均水平较低；占据国民经济一席之地的制造业的上市公司高管薪酬水平位于中下等水平。就普通员工薪酬水平而言，金融业和房地产业的员工薪酬均值水平仍位居前两名，农林牧渔业与住宿和餐饮业的员工薪酬水平位居最后两名，其余行业的普通员工薪酬水平差距并不明显。

（5）由于不同行业高管薪酬水平差距较大，而普通员工薪酬水平并无显著差异，这就必然导致了行业间较大的高管—员工薪酬差距。高管—员工绝对薪酬差距最大的是金融业，相对薪酬差距最大的是住宿和餐饮业；无论是绝对差距还是相对差距，房地产业的高管—员工薪酬差距则均位列第二。2017～2019年各行业上市公司高管团队薪酬差距的均值比较发现：高管团队薪酬绝对差距最高的是房地产行业，其相对薪酬差距也处于高位；相对薪酬差距较大的则是教育行业；高管与员工薪酬水平均排行第一的是金融业，其高管团队内部薪酬差距并不显著。

（6）分产权性质研究高管薪酬总额显示，无论是国有还是非国有上市公司，高管薪酬总额在逐年上升。最突出的是，国有上市公司高管平均薪酬总体水平高于非国有上市公司，但国有上市公司高管薪酬增长趋势并不如非国有上市公司平稳，其可能的原因是自2009年以后，政府部门频频颁发的针对国有企业的一系列限薪政策效果显现，其在一定程度上约束了国企高管薪酬的增长。

（7）国有上市公司的员工薪酬也普遍高于非国有上市公司。除2009年以外，国有上市公司高管—员工薪酬差距绝对值普遍高于非国有上市公司。就相对差距而言，则出现了相反的情形：除2015年以外，国有上市公司高管薪酬对于员工薪酬的倍数均低于非国有，说明国企"不患寡而患不均"的思想显著存在。2015年高管薪酬达到了员工薪酬的近10倍，也侧面验证了2015年《关于深化国有企业改革的指导意见》（以下简称《意见》）中对国企高管薪酬要求的必要性。值得注意的是：《意见》把高管薪酬"一刀切"地限制在在岗职工平均工资的8～9倍，从而正当化了高管薪酬与员工年薪之间的差距。但是，原本薪酬差距未达这一限制的国企，反而可能以此为依据为高管加薪。如此一来，《意见》便可能意外地促成更多"过高"和"过快增长"的国企高管薪酬的出现。

三、高管内部薪酬差距对企业风险承担发挥着正向激励作用

在企业高管团队薪酬差距与企业风险承担关系方面，实证研究初步发现：①企业高管团队薪酬差距（CEO与非CEO高管薪酬差距以及非CEO间高管薪酬差距）与企业风险承担水平呈正相关关系，体现出晋升激励效应。随着高管团队内部薪酬差距的扩大，较低层级的高管有动力采取更加激进和冒险的决策行为，以期取得相较于他人更为优异的业绩，从而增加晋升的可能性，而高管的这些"冒险"行为，有助于提升企业风险承担水平。②国有产权性质弱化了高管团队薪酬差距对企业风险承担水平的激励效应。一方面，国有企业高管普遍面临限薪政策以及承担的行政负担，使薪酬差距的晋升激励效应得不到有效发挥；另一方面，国有企业管理者更重视薪酬分配的公平性，高管团队薪酬差距的拉大不但滋生了薪酬水平较低高管的不满情绪和合作意愿，而且削弱了管理层承担风险的意

愿，从而不利于企业整体风险承担水平。进一步研究发现：财务弹性相对较高的企业普遍为管理层投融资等决策提供了一个相对较宽松的环境，为高管的风险决策提供了资金保障。依据财务弹性分组回归的结果说明，较高的企业财务弹性有助于高管团队内部薪酬差距对企业风险承担激励效应的发挥。

实证研究结果得出，我国上市公司中高管团队薪酬差距越大，企业承担风险水平越高，总体上为锦标赛理论在我国的适用性再添新的实证证据。为此，我国企业应该高度重视管理者在公司决策中的作用，避免高管由于地位稳固而不思进取，做出趋于保守来维持现状的经营决策。企业董事会应根据管理层职位级别高低与管理者边际贡献合理设置高管薪酬水平，适当拉开高管团队内部薪酬差距，鼓励管理者积极进行合理的风险投资，从而促进企业长远发展。总之，优化薪酬设计及其所提供的激励体系，既能够帮助公司更好地甄别和留住高层管理人才，也能够提高企业风险承担水平，从而促进企业未来可持续发展。

四、高管外部薪酬差距与企业风险承担的关系受行业薪酬均值影响

为研究企业高管外部薪酬差距与企业风险承担的关系，本书以同行业、同产权性质企业高管薪酬均值为分参照点，将企业高管薪酬分为高于与低于薪酬均值两类，分别研究外部薪酬差距对企业风险承担的影响。研究发现：①当高管薪酬高于薪酬均值时，外部薪酬差距对企业风险承担水平具有正向激励作用，说明高于行业均值的外部薪酬差距能缓解管理者风险规避倾向，进而提升企业风险承担水平，但这种正相关关系只显著存在于非国有企业中。②当高管薪酬低于行业均值时，外部薪酬差距与企业风险承担水平具有正相关关系，说明低于行业均值的外部薪酬差距能激发管理者冒险决策以寻求变革，进而提升企业风险承担水平，但是这种正相关关系只显著存在于国有产权性质的企业中。面对更强的社会监督，国有企业已经形成了基于经理人业绩的显性激励契约，因而十分注重高管绩效。同时，远低于行业均值的薪酬水平在一定程度上阻碍了国企高管政治晋升前景，出于政治前景的考虑，国企高管也更有动机放手一搏获取盈利机会、提升个人业绩。

进一步将全部样本分为垄断行业与竞争行业分组回归发现：①当高管薪酬高于行业均值时，只有在全样本与垄断行业中，高管外部薪酬差距才对企业风险承担水平存在正向激励作用。近些年来，我国垄断企业高管薪酬与薪酬增长率一直居高不下，使在垄断行业高薪的诱惑下，薪酬越高的管理者越有野心追求更高薪酬，也越倾向投资于高风险高收益项目。竞争性行业中经理人市场与产品市场都存在激烈竞争，企业高管为稳定自身职位与职业声誉，风险规避倾向更为突出，外部薪酬差距对竞争性行业中企业风险承担的提升作用不再显著。②当高管薪酬低于行业均值时，高管外部薪酬差距对企业风险承担水平的正向作用同时显著存在于竞争性与垄断性行业中。无论对于垄断行业还是竞争性行业，过低的薪酬水平对管理者而言都伴随着"社会比较损失状态"与职位危机感，而改变低薪酬现状、维持职位未定的最直接途径就是提升个人业绩。由于风险性项目隐含了获利的可能性，因此在高管薪酬水平较低时，垄断行业和竞争性行业中的企业管理者都有动机寻求风险以求获利，进而使企业风险承担水平得到提升。

根据上述实证研究结果，我们认为企业董事会在高管薪酬设计过程中，不仅要考虑到薪酬激励的显性作用，还应将行业薪酬基准的参照点效应与高管的心理预期纳入决策因素。使高管薪酬所得与其付出相匹配，并且应及时根据本公司薪酬与同行业薪酬水平的对比情况来进行调整，从而增强外部公平性，通过良好的薪酬制度设计来提高激励效率。同时，为了避免过低的薪酬水平引发高管过度冒险行为，在基于企业规模与业绩等客观条件下，难以为高管提供行业内较高的薪酬水平时，企业应当尽可能地提高高管薪酬与其个人边际贡献的匹配，避免管理者的付出得不到相应回报，以减轻行业间过大的薪酬差距对高管的负面影响，即当企业高管薪酬制定向"外"看齐并非可行时，便要重视企业内部薪酬水平设置的公平性，防止管理者过度冒险损害企业价值。

五、高管—员工薪酬差距负向影响企业风险承担水平

高管是企业经营决策的灵魂和核心，普通员工是企业生产经营的基石，高管—员工间的薪酬差距不仅影响企业业绩，而且影响企业风险承担水平，是公司治理领域中一个颇为重要的问题。为贯彻创造性产出组织目标并推进目标的实现，薪酬差距的制定应同时兼顾竞争性和公平性，不可偏废。

本书基于管理层权力与产权性质视角，运用锦标赛理论与行为理论，研究了高管—员工薪酬差距对企业风险承担的影响。结果发现：①企业内部高管—员工薪酬差距与企业风险承担水平呈负相关关系，说明行为理论在两者关系的解释中占据主导地位。②上述薪酬差距对企业风险承担水平的负向影响仅在我国国有企业中表现显著，一方面说明国有企业中高管—员工薪酬差距更纵容了管理层以权谋私、不作为不承担风险的倾向，另一方面则反映出国有企业中普通员工对薪酬差距更为敏感，也不利于企业风险承担决策的有效执行。③稳健性检验的结果支持了非国有企业中高管—员工薪酬差距对企业风险承担有利的一面。上述实证研究结论揭示出企业普通员工的重要性应该被正确认识与充分挖掘,企业员工薪酬制定应以提高员工对企业的忠诚度为目的,给予员工人力资本与劳动足够补偿。同时,还应控制高级管理层与普通员工之间过大的薪酬差距。特别是对于国有企业而言,更应该规范和约束高管薪酬激励机制,杜绝与管理层权力相关的超额薪酬,营造一个公平、公正、和谐的企业人文生态环境。

六、创新投入在高管薪酬差距与企业风险承担之间发挥着部分中介效应

本书还将研究视角拓展到企业创新层面,考察了企业高管薪酬差距对创新投入与创新绩效两方面的影响,并从创新投入的中介效应这一视角探讨了企业高管薪酬差距对企业风险承担的作用机理。研究发现:①企业高管内部薪酬差距对企业创新投入水平有一定促进作用。在解释企业创新投入方面,高管内部薪酬差距依旧对管理者发挥着晋升锦标赛作用,能起到激励管理者以企业长期价值最大化为目标进行决策的作用,从而激发了管理者创新积极性,企业创新投入水平相应提升。②当高管薪酬高于行业均值时,外部薪酬差距与企业创新投入水平具有正相关关系,一方面说明高于行业均值的外部薪酬差距相当于给予了管理者薪酬激励,另一方面也说明当高管薪酬处于同行业较高水平时,企业有能力支撑高水平的创新投入;当高管薪酬低于行业均值时,外部薪酬差距与企业创新投入水平呈负相关,即当高管薪酬水平越低时,企业创新投入水平也越低。③创新投入在非国有企业高管内部薪酬差距与企业风险承担之间起到部分中介作用,即高管内部薪酬差距对企业风险承担的影响部分是通过创新投入的中介传导作用实现的。然而,无论当高管薪酬高于还是低于行业均值时,在高管外部薪酬差距与企业风险承担的正相关关系中,创新投入都未表现出中介效应。

通过理论分析和四部分的实证检验,本书认为竞争性和公平性同是薪酬差距的两个重要方面。不过具体来看,公平性更多情形下可能是作为激励的前提条件而存在的,薪酬差距带来的不公平感可能会使激励效率低下、无效甚至负激励,但公平的薪酬(差距)本身通常还不足以对雇员产生增加投入的推动力,因为它只是一种保健因素。竞争性的薪酬差距才是激励机制的动力,是促进企业创造性产出和风险承担的源泉。在其他条件不变时,竞争性薪酬差距会随着薪酬差距总额的扩大而变大,这种较高的"奖金"会引发高管团队内部竞争,并最终促进企业整体风险承担水平的提升。然而当高管—员工间的薪酬差距过大时,相对公平的环境被破坏,虽然员工对促进创造性产出和风险承担这样的组织目标可能充分了解甚至认同,但是缺乏动力去实现,其任务内绩效可能所受影响不大,但组织公民行为可能会受到严重影响,企业创造性产出会减少。因此,更简单地说,从对企业风险承担的作用强度上看,薪酬差距竞争性的激励机制主要体现在高管团队内部的晋升激励中,而薪酬差距的公平性前提则更多地体现在企业整体内部的高管与普通员工之间。

第二节 政策建议

为促进我国企业高管薪酬机制激励效应的有效发挥,以更好地为企业发展提供动力,维护资本市场的良好运行,促进经济持续健康发展,本书提出以下政策建议:

一、建立科学的考评体系,将高管薪酬水平与个人业绩紧密挂钩

要想真正发挥薪酬差距的激励作用,就必须提升企业高管薪酬水平与个人绩效的匹配度,使高管团队薪酬排序与高管边际贡献的高低相匹配,以增强职位晋升机制的公平性。然而,目前我国企业并未完全真正建立起科学的高管业绩考评体系,而是侧重用企业整体盈利水平等财务指标来衡量高管个人业绩,这样容易使公司整体业绩与高管个人业绩混为一谈,难以客观真实地体现高管为企业创造的价值。不但如此,统一的、静态的考评体系可能无法全面、客观、动态地评估不同企业高管的个人业绩,从而带来诸如管理者经营行为短期化甚至财务舞弊等负面行为。显而易见,不科学、不公平、不透明的业绩评价体系难以使高管薪酬机制真正发挥激励作用。

本书认为企业高管业绩考核评价体系应该是动态的,不同产权性质、不同行业、不同规模、不同生命周期的企业应当有着不同的考评体系。企业应在政府和行业主管部门出台的原则性规定的基础上,把具体制定与执行薪酬制度的权力交给董事会或其下属的薪酬委员会。董事会或薪酬委员会在对企业高管进行考评时,要尽量将绩效考评指标量化,不能量化的则尽量细化,从而使高管薪酬变得有理可依、有据可循。薪酬委员会也应在考评高管业绩时适当引入资本市场中股票价格等信息,以避免使用经管理者操纵的会计信息。在实行动态考评过程中还应及时、有针对性地接受外部投资者和社会公众的监督与意见,并在下一循环中相应修正完善高管薪酬契约。只有严格将高管的薪酬水平与其绩效挂钩,才能发挥薪酬的激励效应。

二、加强企业高管薪酬信息披露的全面化和透明化

不全面和不透明的高管薪酬信息披露体系一方面会导致股东、投资者无法真正了解高管薪酬现状，难以真正将高管人力资本价值与企业绩效进行对比，也就无法发挥监督职能。而且还可能导致投资者对高管信息了解和理解存在偏误，进而引发投资者不满情绪。另一方面也可能会引发普通员工对高管薪酬的猜疑或误解，主观臆测高管享受大量的隐性收入、福利以及在职消费等，给员工带来被剥削感和不公平感等不必要的消极影响，从而影响企业员工的工作投入。透明化的薪酬披露制度，不但可以让普通员工成为高管薪酬的监督者，还可以及时发现违规操作的现象并及时反馈；同时也能增强员工的主人翁意识，有利于减轻薪酬差距引致的不公平感。因此，我国企业（尤其是上市公司）仍需进一步规范高管薪酬信息披露制度，充分披露高管薪酬水平、福利待遇、在职消费等方面的信息，实现高管薪酬信息披露的全面化和透明化。

需要特别强调的是，国有企业高管的薪酬披露制度更需进一步透明化。国有企业掌控着国民经济的命脉，承担着更大的社会责任，国企高管的薪酬信息也具有巨大的社会效益，而公开透明的薪酬披露制度将揭开国企高管薪酬的神秘面纱，让社会公众不再单方面地质疑国企高管收入的合理性，从而成为外部监督者。不但如此，全面透明的国企薪酬信息披露制度还有利于国资委制定关于国企负责人的考核指标，有利于我国相关政府部门针对企业发挥监督与调控职能。因此，薪酬信息披露制度的透明化应成为国有企业现代薪酬体系建设的一大趋势。

三、企业应慎重而有选择性地拉大高管内外部薪酬差距

本书研究发现高管团队内部与高管外部薪酬差距均对管理者风险承担意识施加影响，进而作用于企业风险承担水平。因此，一方面，企业在高管薪酬契约设计过程中，不仅要考虑薪酬激励的显性作用，还要将薪酬差距的晋升激励作用纳入决策因素，鼓励管理者进行合理风险投资的积极性，从而促进企业长远发展。另一方面，也要密切关注薪酬的内部公平和外部公平性，兼顾企业各层级高管和普通员工的感受。只有这样，薪酬差距所带来的锦标赛激励的正面作用，才有可能超过被剥削感、不公平感等造成的负面行为，从而有助于提升企业绩效。

（一）针对高管团队内部薪酬差距的建议

企业董事会在决定高管团队成员的薪酬时，不能对所有高管成员一视同仁，

不设置层级间薪酬差距,也不能简单地根据职位级别而采取百分比形式的简单薪酬等级,而应该根据管理者能力与贡献的差异确定薪酬排名,设置合理的薪酬差距。推出与高管贡献程度或相对业绩相匹配的薪酬排名,既能避免高管薪酬差距引发的不公平感及其负面影响,又有助于最大限度地发挥薪酬差距的锦标赛激励作用,激发较低层级高管的晋升欲望,进而提升其工作热情、缓解风险规避倾向。另外,差异化的薪酬还有利于吸引与甄别优秀人才,引发那些不作为高管被辞退的危机意识,从而完善企业内部人才竞争机制。

然而,高管团队成员之间的薪酬差距也不能过大,尤其是在国有企业内部。由于高管薪酬信息披露的限制以及现有研究的局限,对于高管团队内部究竟多大的薪酬差距是合理的,还需要进一步研究的支持。但可以预见的是,高管团队成员之间过大的薪酬差距,难免会使薪酬较低的管理者产生不公平感,尤其是在平均主义思想还较为强烈的国有企业中。因此,企业既要重视高管团队理性竞争与差别薪酬的合理性,同时也要出于公平因素的考虑,合理而循序渐进地拉大高管团队间薪酬差距。需要特别强调的是,薪酬管制导致高管货币薪酬降低的同时还可能引发高管隐性收入的增长,且隐性收入增长很可能超过薪酬管制降低的部分。企业董事会应在发挥对管理层监督职能的过程中,着重规范高管人员利用管理层权力谋取私利的行为。例如,攫取隐性收入、扩大在职消费等行为,真正使企业高管团队内部薪酬分配公平而有效。

(二) 针对高管外部薪酬差距的建议

企业董事会在设计高管薪酬过程中,不仅要考虑货币薪酬水平与内部薪酬差距的激励作用,还要考虑到高管行业平均薪酬可能对管理者心理认知的影响。与同行业其他企业高管薪酬的差距是导致行业内人才流动的重要因素之一。在经理人市场的作用下,高于行业薪酬基准的外部薪酬差距同样在企业外部人力资本市场中发挥着晋升激励作用。因此,企业为了吸引与留住高级管理人才,应将行业薪酬基准的参照点效应与高管的心理预期纳入薪酬决定模型,既要使薪酬与其贡献相匹配,又要及时根据行业薪酬基准进行调整,设计具有外部竞争性的高管薪酬契约。

另外,本书研究还发现,由于风险选择为高管带来收益的可能性,当高管薪酬低于行业薪酬基准时,外部薪酬差距越大越能激发高管的冒险行为,但这种冒险行为可能带有博彩情绪。为了避免过低的薪酬水平引发高管过度冒险行为,在基于企业规模与业绩等客观条件下,难以为高管提供行业内较高的薪酬水平时,企业应当尽可能地提高高管薪酬与其个人边际贡献的匹配,避免管理者的付出得不到相应回报，以减轻行业间过大的薪酬差距对高管的负面影响，即当企业高管薪酬制定向"外"看齐并非可行时，便要重视企业内部薪酬水平设置的公平性，防止管理者过度冒险损害企业价值。

四、针对国有企业高管薪酬的政策建议

本书的实证研究结果表明，国有企业高管内部薪酬差距未带来风险承担水平的提升，虽然低于行业均值的外部薪酬差距激发了管理者冒险倾向，但并未表现出对企业创新的促进作用，因此可以判断这种风险承担更可能是管理者博彩动机下冒险尝试的后果。联系近些年来国有企业高管过高的薪酬水平引发的社会分配不公问题，出台收入分配改革方案，限制国有企业高管薪酬过快增长，减少收入分配差距具有重要的现实意义。

2015年，国家相关部门根据《中央管理企业负责人薪酬制度改革方案》制定了央企高管限薪的相关规定，其核心是限制中央企业主要负责人薪酬总额（包括基本工资、绩效工资、股权激励三部分）。"一刀切"的限薪方式虽然在一定程度上抑制了薪酬乱象，但同时也导致企业难以制定最优薪酬契约，弱化了货币薪酬对管理者风险承担意愿的激励效果。因此，要发挥薪酬水平与薪酬差距的激励作用，对于国有企业的限薪对象、限薪标准以及如何限薪等方面问题还有进一步完善的空间。

（一）结合差异化薪酬改革，建立国企差异化薪酬分配办法

政府部门应结合国家积极发展差异化薪酬的相关薪酬改革政策，建立与国有企业负责人选任方式相匹配、与企业功能性质相适应的差异化薪酬分配办法。同时，限薪政策也应根据不同企业高管而差异化对待，而非"一刀切"。

由于企业所处行业、发展战略、管理人才稀缺度等因素，高管薪酬的确定本就因公司而异，无法在事前进行"一刀切"。如此，针对国企高管薪酬的法律规制应当完成从"一刀切"到"精准施策"的转变。一方面，各级国资委必须借助"股东会"和"董事会"等内部治理机制，而非"红头文件"对高管薪酬进行监管。借助内部治理和信息披露机制的完善，国资委反而可以依托其他制度资源更好地履行其出资人职责。另一方面，根据各行业的垄断程度及企业的获利能力，针对不同行业设置不同限薪上限。考虑到在一般竞争性行业中人力资本市场相对成熟，流动性较强，将限薪标准定得过低，反而可能使央企高管薪酬与市场价值脱节，导致大量人才从央企流失，削弱国有企业竞争力。那么，对竞争性行业内的企业高管则应该遵循市场化原则。

（二）以国有企业分类改革为基础，探索差异化薪酬对策

2014年底国资委、财政部、发改委联合印发了《关于国有企业功能界定与分类的指导意见》，将国有企业界定为商业类和公益类两类。商业类国有企业以增强国有经济活力、放大国有资本功能、实现国有资产保值增值为主要目标，按照市场化要求实行商业化运作；公益类国有企业以保障民生、服务社会、提供公共产品和服务为主要目标，积极引入市场机制，不断提高公共服务效率和能力。对国有企业高管薪酬分配制度改革方案的制定也应以国有企业分类为基础，实施差异化战略，对商业类、公益类国有企业分别主要赋予经济效率、社会公平职责，设计实施有针对性、差异化的政策措施，以应对国有企业效率与兼顾社会公平的"两难"挑战。

（三）积极推进国有企业内部分配制度改革

一是企业需要积极推进劳动、人事、分配三项制度改革，实现管理者能进能出、职位能高能低、薪酬能增能降。二是企业需要逐步建立体现岗位价值度大小、高管能力高低、业绩贡献多少，并与外部经理人市场价位紧密衔接的基本薪酬分配制度，实现薪酬分配内部公平性与外部竞争性的有效统一，积极发挥薪酬制度的杠杆作用，帮助企业有效吸引、留住高级人才，全面促进企业可持续发展。另外，在薪酬分配制度方面，企业需要结合自身效益和劳动生产率情况，根据企业发展需要和承受能力，制定企业整体薪酬分配策略和岗位薪酬竞争策略，全面支撑企业发展战略目标的实现。

（四）积极探索国企高管多元化激励模式

"一刀切"的限薪方式虽然在一定程度上抑制了薪酬乱象，但同时也导致企业难以制定最优薪酬契约，弱化了货币薪酬对企业风险承担的激励效果。

自20世纪70年代Jensen和Meckling提出公司治理的"代理成本"范式以来，以股票期权和限制性股权为典型形态的激励薪酬便被认为是一项可能的治理机制。尽管过去实践已充分暴露出其弊端，但其促成高管与公司利益连接、实现公司价值最大化的功能亦得到广泛认同。事实上，伴随内外部公司治理的不断完善，股权激励的优势可以得到最大限度的发挥。就现阶段而言，股权激励在国企中存在"低采用率"和"名不副实"的问题。因此，我国国企的股权激励尚需首先完成"广泛化"和"真实化"的制度创设工作。这一创设工作的总体方向自然应以"分类改革"为基础。至于股权激励在个别国企高管薪酬中的具体比例，则应交由该国企通过内部程序加以决定，并依托信息披露等制度设计接受监督。

不仅如此，国有企业还需要按照党的十八届三中全会提出的"允许混合所有制经济实行企业员工持股，形成资本所有者和劳动利益共同体"的决策部署，对部分具备条件的国有企业实行员工（包括国有企业高管）持股，加大国有企业薪酬分配中的市场化导向和中长期激励力度。例如，充分利用企业内部晋升或外部政治晋升等多元化激励模式对薪酬激励加以补充，使企业未来收益与管理者个人政治晋升前景相挂钩，以此缓解其风险规避倾向引发的代理问题。

另外，还应针对国有企业建立内外部薪酬监督机制。在国有企业内部，应尽快完善职代会、经理办公会、董事会三会制度，建立薪酬专业委员会，加强内部审计和内部监督。在企业外部应建立由人力资源、财政、审计、检查等部门组成联合办公机构，明确工作规程和各部门的工作职责，定期监督检查工作。监督检查结果作为对国有企业负责人奖惩考核和国有企业工资总额管理的总要依据。

五、其他方面的建议

（一）兼顾企业短期成长与长期发展，优化短期薪酬激励与中长期激励组合

只有着眼于将管理层与股东利益相统一，才能兼顾企业的短期成长与长期发展，这就要求企业对高管薪酬体系中短期与中长期激励进行优化组合。不同企业应根据自身发展阶段及发展战略等因素，在一定的薪酬支付水平下，对薪酬结构不断地进行动态调整，以改善激励效果，提高激励效率。例如，作为一种中长期的激励机制，有效的股权激励能够调动管理人员的积极性和创造性、推动企业自主创新。因此，我国企业应合理利用股权激励等多元化中长期激励模式对薪酬激励加以补充，使企业未来收益与管理者个人获益相挂钩，以缓解管理者风险规避倾向所引发的代理问题。

（二）建立以企业为主导的创新驱动机制，激励管理层风险承担意愿

创新活动是国家经济发展的原动力，对微观企业发展和宏观经济转型都起着举足轻重的作用。企业作为创新的主体，其创新绩效可以为宏观经济增长奠定坚实的微观基础。然而，创新通常伴随着风险与不确定性，企业进行创新并进而获取创新绩效就需要相应的风险承担水平。考虑到创新型项目具有投入多、风险高、周期长、难度大等特点，企业还要从自身的实际出发，以提升创新能力、创新绩效为目标，建立起以市场为基础、以企业为主导的创新驱动机制，激励管理层风险承担意愿，助推宏观经济增长从要素驱动、投资驱动向创新驱动的转变。

（三）投资者应妥善使用企业风险承担相关信息

对于资本市场中上市公司的信息使用者来说，企业风险承担的信息可以作为

了解管理层风险决策、企业运营状况、分析股价变动趋势、监督市场运行状况等的工具。投资者应摒弃谈风险色变的一贯态度，而应从更深层次、更广角度来分析企业风险的成因，深度挖掘风险背后的管理层战略规划与盈利可能性。同样，政策制定者也可以将企业风险承担信息纳入决策因素，从而针对企业薪酬激励机制、创新激励机制、股权激励方案等问题积极制定相应的政策措施，以缓解管理者风险规避倾向引发的间接代理问题，为企业长远发展注入新的活力，也为宏观经济增长提供动力与源泉。

第三节 研究局限与未来展望

一、研究局限

本书尝试将企业高管内外部薪酬差距的经济后果拓展至企业风险承担领域，以加深对薪酬差距激励作用与不公平性的认识。但是由于主观能力与客观条件的限制，本书的研究在以下两个方面还存在不足：

一方面，企业风险承担水平的测算是研究的重点，本书借鉴 John 等（2008）、Boubakri 等（2011）的方法，利用观察时间段内企业盈利的波动性来衡量企业风险承担水平。尽管国内近年来也有不少学者借鉴该方法研究企业风险承担，同时取得了不少研究成果，但是目前尚无文献验证该测算方法在中国特殊的制度背景下的适用性和有效性。另外，还有部分学者借鉴 Chen 等（2006）、Baixauli – Soler 等（2014）、Bova 等（2015）的研究方法，试图采用股票收益率的波动衡量公司风险承担。因此，本书对企业风险承担水平较为单一的测算方法可能对研究结论产生一定的影响。

另一方面，由于 2015 年针对国有企业高管的"限薪令"实施时间短，未考虑"限薪令"的政策效应也是本书研究局限性之一。针对国有企业高管的"限薪令"势必会影响到国有企业高管薪酬上限。截至本书初稿完成前，CSMAR 数据库中仅披露了"限薪令"颁发后的 2015 年与 2016 年两个会计年度的上市公司高管薪酬数据。一是政策的核心思想自上而下逐级传达到企业董事会需要一段时间；二是企业董事会一般在上年末就决定了下一会计年度发放给管理层的薪酬水平，再根据限薪政策对薪酬契约进行调整也需要一定期限。更何况政策的传导机制本身就需要一定的时间才能显现出效应。因而,"限薪令"颁发年限不长在一定程度上限制了本书对政策效应的研究。

二、研究展望

针对研究的局限性和不足,未来研究可以从以下几个方面继续探讨和完善:第一,尽可能寻求多元化的测算方法衡量企业风险承担水平;第二,随着企业薪酬信息披露制度的进一步完善,未来可以使用除企业董监高外,不同层级间的普通员工薪酬数据来细化企业内部晋升激励的经济后果;第三,企业内部高级管理层与普通员工之间的薪酬差距会对企业创新及风险承担水平产生何种影响,也有值得后续研究;第四,由于国有企业高管的政商双重身份,因此政治晋升的激励作用也不可忽视,在后续研究中还应将高管政治动机与政治晋升纳入分析框架,从多方面探索国有企业高管激励机制的有效性;第五,本书只从企业创新这一个切入点挖掘了高管薪酬差距与企业风险承担之间的传导机制,已有研究认为管理者的诸如多元化经营、企业并购、负债水平等其他决策同样提升了企业风险承担水平,而高管薪酬差距是否还通过其他传导机制影响企业风险承担水平,也值得后续研究进一步探索。

参考文献

[1] 步丹璐, 白晓丹. 员工薪酬、薪酬差距和员工离职 [J]. 中国经济问题, 2013 (1): 100-108.

[2] 步丹璐, 蔡春, 叶建明. 高管薪酬公平性问题研究——基于综合理论分析的量化方法思考 [J]. 会计研究, 2010 (5): 39-46.

[3] 步丹璐, 王晓艳. 政府补助、软约束与薪酬差距 [J]. 南开管理评论, 2014, 17 (2): 23-33.

[4] 步丹璐, 张晨宇. 产权性质、风险业绩和薪酬粘性 [J]. 中国会计评论, 2012, 10 (3): 325-346.

[5] 步丹璐, 张晨宇, 林腾. 晋升预期降低了国有企业薪酬差距吗？[J]. 会计研究, 2017 (1): 82-88+96.

[6] 常健. 内部薪酬差距与公司绩效——基于上市公司的实证研究 [J]. 南方经济, 2014 (8): 71-90.

[7] 常健. 外部薪酬不公平性与公司绩效——基于上市公司的实证研究 [J]. 软科学, 2016, 30 (6): 66-70.

[8] 陈冬华, 陈信元, 万华林. 国有企业中的薪酬管制与在职消费 [J]. 经济研究, 2005 (2): 92-101.

[9] 陈丁, 张顺. 薪酬差距与企业绩效的"倒 U 形"关系研究——理论模型与实证探索 [J]. 南开经济研究, 2010 (5): 35-45.

[10] 陈冬华, 梁上坤, 蒋德权. 不同市场化进程下高管激励契约的成本与选择：货币薪酬与在职消费 [J]. 会计研究, 2010 (11): 56-64+97.

[11] 陈汉文, 黄轩昊. 内部控制、薪酬差距与企业价值 [J]. 厦门大学学报（哲学社会科学版）, 2019 (2): 60-69.

[12] 陈胜军, 王宇迪, 郑清萍. 团队薪酬差距与工作绩效的关系研究——

以企业文化为调节变量［J］. 经济与管理研究, 2017, 38（10）: 54 - 60.

［13］陈信元, 陈冬华, 万华林, 等. 地区差异、薪酬管制与高管腐败［J］. 管理世界, 2009（11）: 130 - 143 + 188.

［14］陈彦玲, 陈首丽. 国有垄断行业职工收入水平基本分析［J］. 统计研究, 2002（8）: 76 - 77.

［15］陈震, 张鸣. 高管层内部的级差报酬研究［J］. 中国会计评论, 2006（01）: 15 - 28.

［16］程博, 熊婷, 潘飞. 信任文化、薪酬差距与公司创新［J］. 科研管理, 2020, 41（2）: 239 - 247.

［17］董维维, 潘金晶. 高管薪酬差距、产权性质与企业风险承担关系研究［J］. 预测, 2020, 39（6）: 25 - 31.

［18］丁鸿雁, 李蔚蓝, 宋涛. 垄断国企高管薪酬现状及改进对策［J］. 经济与管理评论, 2016, 32（3）: 89 - 95.

［19］方芳, 李实. 中国企业高管薪酬差距研究［J］. 中国社会科学, 2015（8）: 47 - 67 + 205.

［20］方军雄. 高管权力与企业薪酬变动的非对称性［J］. 经济研究, 2011, 46（4）: 107 - 120.

［21］方军雄. 我国上市公司高管的薪酬存在粘性吗?［J］. 经济研究, 2009, 44（3）: 110 - 124.

［22］傅颀, 汪祥耀. 所有权性质、高管货币薪酬与在职消费——基于管理层权力的视角［J］. 中国工业经济, 2013（12）: 104 - 116.

［23］关伯明, 邓荣霖. 董事会结构特征与公司风险承担关系实证研究［J］. 现代管理科学, 2015（1）: 9 - 11.

［24］顾乃康, 万小勇, 陈辉. 财务弹性与企业投资的关系研究［J］. 管理评论, 2011, 23（6）: 115 - 121.

［25］郭新华, 刘辉. 家族企业薪酬差距与企业成长——内部公平与外部公平哪个更重要?［J］. 财经论丛, 2018（10）: 57 - 67.

［26］蒲勇健, 郭心毅, 陈斌. 基于公平偏好理论的激励机制研究［J］. 预测, 2010, 29（3）: 6 - 11.

［27］黄辉. 高管薪酬的外部不公平、内部差距与企业绩效［J］. 经济管理, 2012, 34（7）: 81 - 92.

［28］何威风, 刘巍, 黄凯莉. 管理者能力与企业风险承担［J］. 中国软科

学，2016（5）：107-118.

[29] 侯静茹，黎文靖. 高管团队薪酬差距激励了企业创新吗？——基于产权性质和融资约束的视角［J］. 财务研究，2017（5）：13-21.

[30] 姜付秀，黄继承. 经理激励、负债与企业价值［J］. 经济研究，2011，46（5）：46-60.

[31] 姜付秀，朱冰，王运通. 国有企业的经理激励契约更不看重绩效吗？［J］. 管理世界，2014（9）：143-159.

[32] 解维敏. 锦标赛激励促进还是抑制企业创新？［J］. 中国软科学，2017（10）：104-113.

[33] 解维敏，唐清泉，陆姗姗. 政府R&D资助，企业R&D支出与自主创新——来自中国上市公司的经验证据［J］. 金融研究，2009（6）：86-99.

[34] 江伟. 行业薪酬基准与管理者薪酬增长——基于中国上市公司的实证分析［J］. 金融研究，2010（4）：144-159.

[35] 康华，程成，朱文璟. 高管内部薪酬差距、经营风险与企业研发投入［J］. 预测，2020，39（1）：51-58.

[36] 康进军，孙文广，陈昭旭，等. 权益性超额薪酬、CEO权力强度与真实盈余管理［J］. 南京审计大学学报，2020，17（4）：29-39.

[37] 孔东民，徐茗丽，孔高文. 企业内部薪酬差距与创新［J］. 经济研究，2017，52（10）：144-157.

[38] 黎文靖，岑永嗣，胡玉明. 外部薪酬差距激励了高管吗——基于中国上市公司经理人市场与产权性质的经验研究［J］. 南开管理评论，2014，17（4）：24-35.

[39] 黎文靖，胡玉明. 国企内部薪酬差距激励了谁？［J］. 经济研究，2012，47（12）：125-136.

[40] 黎文靖，郑曼妮. 实质性创新还是策略性创新？——宏观产业政策对微观企业创新的影响［J］. 经济研究，2016，51（4）：60-73.

[41] 李冬昕，宋乐. 媒体的治理效应、投资者保护与企业风险承担［J］. 审计与经济研究，2016，31（3）：83-91.

[42] 李绍龙，龙立荣，贺伟. 高管团队薪酬差异与企业绩效关系研究：行业特征的跨层调节作用［J］. 南开管理评论，2012，15（4）：55-65.

[43] 李春涛，宋敏. 中国制造业企业的创新活动：所有制和CEO激励的作用［J］. 经济研究，2010，45（5）：55-67.

[44] 李海霞,王振山.CEO权力与公司风险承担——基于投资者保护的调节效应研究[J].经济管理,2015,37(8):76-87.

[45] 李维安,刘绪光,陈靖涵.经理才能、公司治理与契约参照点——中国上市公司高管薪酬决定因素的理论与实证分析[J].南开管理评论,2010,13(2):4-15.

[46] 李文贵,余明桂.民营化企业的股权结构与企业创新[J].管理世界,2015(4):112-125.

[47] 李文贵,余明桂.所有权性质、市场化进程与企业风险承担[J].中国工业经济,2012(12):115-127.

[48] 李小荣,张瑞君.股权激励影响风险承担:代理成本还是风险规避?[J].会计研究,2014(1):57-63+95.

[49] 李亚鹏.卖空压力、企业风险承担与高管薪酬激励[J].山西财经大学学报,2020,42(6):99-111.

[50] 李禹桥,陈林.国有企业分类改革与高管薪酬[J].暨南大学学报(哲学社会科学版),2020,42(4):14-25.

[51] 李子彪,刘磊磊,WeihuaH.高管薪酬差距对公司绩效的影响——以CEO是否薪酬最高者的分析为例[J].西安财经学院学报,2016,29(3):75-80.

[52] 廖理,廖冠民,沈红波.经营风险、晋升激励与公司绩效[J].中国工业经济,2009(8):119-130.

[53] 廖冠民,沈红波.国有企业的政策性负担:动因、后果及治理[J].中国工业经济,2014(6):96-108.

[54] 林浚清,黄祖辉,孙永祥.高管团队内薪酬差距、公司绩效和治理结构[J].经济研究,2003(4):31-40+92.

[55] 刘春,孙亮.薪酬差距与企业绩效:来自国企上市公司的经验证据[J].南开管理评论,2010,13(2):30-39+51.

[56] 刘汉民,薛丽娜,齐宇.独董薪酬激励对经理人超额薪酬的影响:促进或抑制[J].现代财经(天津财经大学学报),2020,40(6):32-46.

[57] 刘红霞,孙雅男.企业历史亏损会影响高管薪酬水平吗?[J].经济管理,2019,41(12):105-122.

[58] 刘华,杨汉明.风险承担与创新绩效——基于股权激励调节作用的考察[J].现代财经(天津财经大学学报),2018,38(1):98-113.

[59] 刘美玉, 王帅, 南晖. 高管薪酬差距、管理层权力与公司业绩波动——基于中小板上市公司的实证研究 [J]. 预测, 2015, 34 (1): 48-53.

[60] 刘美玉, 姜磊. 高管内部薪酬差距、股权激励与投资效率 [J]. 经济问题, 2019 (6): 90-96.

[61] 刘张发, 田存志. 所有权性质、在职消费与企业创新 [J]. 山西财经大学学报, 2017, 39 (9): 72-88.

[62] 刘张发, 田存志, 张潇. 国有企业内部薪酬差距影响生产效率吗 [J]. 经济学动态, 2017 (11): 46-57.

[63] 刘张发. 在职消费、过度投资与国有企业创新投入 [J]. 财经论丛, 2020 (8): 63-72.

[64] 刘张发. 高管在职消费、公司治理与企业创新投入——基于面板门槛效应的研究 [J]. 经济体制改革, 2020 (4): 129-134.

[65] 刘张发. 基于案例比较的核心员工股权激励与企业创新数量和质量 [J]. 郑州航空工业管理学院学报, 2020, 38 (5): 55-64.

[66] 刘思彤, 张启銮, 李延喜. 高管内部薪酬差距能否抑制企业风险承担? [J]. 科研管理, 2018, 39 (S1): 189-199+225.

[67] 刘鑫, 薛有志. CEO 接班人遴选机制与 CEO 变更后公司风险承担研究——基于 CEO 接班人年龄的视角 [J]. 管理评论, 2016, 28 (5): 137-149.

[68] 刘青松, 肖星. 国有企业高管的晋升激励和薪酬激励——基于高管双重身份的视角 [J]. 技术经济, 2015, 34 (2): 93-100.

[69] 刘万丽. 高管短期薪酬、风险承担与研发投资 [J]. 中国软科学, 2020 (7): 178-186.

[70] 刘巍, 何威风. 最低工资影响企业风险承担吗? [J]. 管理评论, 2020, 32 (11): 196-207.

[71] 刘维奇, 张燕. 外部薪酬攀比与企业绩效——基于管理层和普通员工双视角 [J]. 中国软科学, 2020 (5): 104-117.

[72] 刘星, 徐光伟. 政府管制、管理层权力与国企高管薪酬刚性 [J]. 经济科学, 2012 (1): 86-102.

[73] 刘亚伟, 郑宝红, 吴伟荣. 管理者任期、晋升激励与多元化决策研究 [J]. 投资研究, 2015, 34 (9): 61-75.

[74] 刘志远, 王存峰, 彭涛, 等. 政策不确定性与企业风险承担: 机遇预期效应还是损失规避效应 [J]. 南开管理评论, 2017, 20 (6): 15-27.

[75] 楼秋然．国企高管薪酬：个性特征、中国问题与规制路径 [J]．证券市场导报，2020 (6)：2-11．

[76] 卢锐．企业创新投资与高管薪酬业绩敏感性 [J]．会计研究，2014 (10)：36-42+96．

[77] 卢锐．管理层权力、薪酬差距与绩效 [J]．南方经济，2007 (7)：60-70．

[78] 卢锐，魏明海，黎文靖．管理层权力、在职消费与产权效率——来自中国上市公司的证据 [J]．南开管理评论，2008 (5)：85-92+112．

[79] 卢馨，何雨晴，吴婷．国企高管政治晋升激励是长久之计吗？[J]．经济管理，2016，38 (7)：94-106．

[80] 鲁海帆．风险环境中的高管层内薪酬差距激励 [J]．现代国企研究，2012 (5)：64-67．

[81] 鲁海帆．高管团队内薪酬差距、风险与公司业绩——基于锦标赛理论的实证研究 [J]．经济管理，2011，33 (12)：93-99．

[82] 鲁海帆．高管层内薪酬差距、CEO 内部继任机会与公司业绩研究——基于锦标赛理论的实证分析 [J]．南方经济，2010 (5)：23-32+10．

[83] 罗宏，秦际栋．高管薪酬攀比与企业并购 [J]．财贸研究，2020，31 (11)：97-110．

[84] 罗华伟，宋侃，干胜道．高管薪酬外部公平性与企业绩效关联性研究——来自中国 A 股上市房地产公司的证据 [J]．软科学，2015，29 (1)：6-10．

[85] 吕巍，张书恺．高管薪酬差距对企业研发强度的影响——基于锦标赛理论的视角 [J]．软科学，2015，29 (1)：1-5+10．

[86] 吕文栋，林琳，赵杨．名人 CEO 与企业战略风险承担 [J]．中国软科学，2020 (1)：112-127．

[87] 吕文栋，刘巍，何威风．管理者异质性与企业风险承担 [J]．中国软科学，2015 (12)：120-133．

[88] 梁莱歆，张焕凤．高科技上市公司 R&D 投入绩效的实证研究 [J]．中南大学学报（社会科学版），2005，11 (2)：232-236．

[89] 梁上坤，张宇，王彦超．内部薪酬差距与公司价值——基于生命周期理论的新探索 [J]．金融研究，2019 (4)：188-206．

[90] 梁上坤，李烜博，陈玥．公司董事联结与薪酬契约参照——中国情境

下的分析框架和经验证据 [J]. 中国工业经济, 2019 (6): 154 - 172.

[91] 梁国萍, 潘细香, 刘文琦. 垄断性国有企业高管薪酬分析与制度完善 [J]. 金融与经济, 2012 (11): 50 - 53.

[92] 缪毅, 胡奕明. 产权性质、薪酬差距与晋升激励 [J]. 南开管理评论, 2014, 17 (4): 4 - 12.

[93] 马晨, 李晨溪, 敬舒贻. CEO 与 CFO 的薪酬契约安排、权力配置对会计错报的影响研究——基于 CEO、CFO 制衡的视角 [J]. 中央财经大学学报, 2020 (10): 54 - 69 + 114.

[94] 马永强, 邱煜. CEO 贫困出身、薪酬激励与企业风险承担 [J]. 经济与管理研究, 2019, 40 (1): 97 - 114.

[95] 潘敏, 刘希曦. "限薪令"对企业内部薪酬差距激励效果的影响研究 [J]. 武汉大学学报 (哲学社会科学版), 2016, 69 (3): 65 - 72.

[96] 潘攀, 邓超, 邱煜. 经济政策不确定性、银行风险承担与企业投资 [J]. 财经研究, 2020, 46 (2): 67 - 81.

[97] 潘飞, 石美娟, 童卫华. 高级管理人员激励契约研究 [J]. 中国工业经济, 2006 (03): 68 - 74.

[98] 彭镇, 陈修德, 许慧. 外部薪酬差距对企业创新效率的影响研究 [J]. 证券市场导报, 2020 (12): 20 - 28.

[99] 祁怀锦, 邹燕. 高管薪酬外部公平性对代理人行为激励效应的实证研究 [J]. 会计研究, 2014 (3): 26 - 32 + 95.

[100] 钱爱民, 郁智, 步丹璐. 结果公平还是过程公平?——基于薪酬激励对员工离职的实证分析 [J]. 经济与管理研究, 2014 (9): 101 - 109.

[101] 权小锋, 吴世农. CEO 权力强度、信息披露质量与公司业绩的波动性——基于深交所上市公司的实证研究 [J]. 南开管理评论, 2010, 13 (4): 142 - 153.

[102] 盛明泉, 郭倩梅, 张春强. 高管团队内部薪酬差距对企业竞争力的影响——基于锦标赛视角下的实证研究 [J]. 云南财经大学学报, 2017, 33 (5): 150 - 160.

[103] 石永拴, 杨红芬. 高管团队内外部薪酬差距对公司未来绩效影响的实证研究 [J]. 经济经纬, 2013 (1): 104 - 108.

[104] 苏坤. 国有金字塔层级对公司风险承担的影响——基于政府控制级别差异的分析 [J]. 中国工业经济, 2016 (6): 127 - 143.

[105] 孙慧, 任鸽. 高管团队垂直薪酬差距、国际化战略与企业创新绩效——组织惯性的调节作用 [J]. 经济与管理评论, 2020, 36 (2): 44-55.

[106] 孙凯, 刘祥, 谢波. 高管团队特征、薪酬差距与创业企业绩效 [J]. 科研管理, 2019, 40 (2): 116-125.

[107] 覃予. 公平偏好、企业内部薪酬不公平与企业业绩 [D]. 厦门大学, 2009.

[108] 覃予, 傅元略, 杨隽萍. 高管薪酬激励是否应兼顾分配公平？ [J]. 财经研究, 2013, 39 (8): 110-121.

[109] 覃予, 靳毓. 经济波动、薪酬外部公平性与公司业绩 [J]. 中南财经政法大学学报, 2015 (3): 94-102+160.

[110] 唐清泉, 甄丽明. 管理层风险偏爱、薪酬激励与企业R&D投入——基于我国上市公司的经验研究 [J]. 经济管理, 2009, 31 (5): 56-64.

[111] 佟爱琴, 陈蔚. 产权性质、管理层权力与薪酬差距激励效应——基于政府补助的中介作用 [J]. 管理科学, 2017, 30 (2): 106-118.

[112] 温忠麟. 张雷, 侯杰泰, 刘红云. 中介效应检验程序及其应用 [J]. 心理学报, 2004 (5): 614-620.

[113] 温忠麟, 叶宝娟. 中介效应分析：方法和模型发展 [J]. 心理科学进展, 2014, 22 (5): 731-745.

[114] 温忠麟, 叶宝娟. 有调节的中介模型检验方法：竞争还是替补？ [J]. 心理学报, 2014, 46 (5): 714-726.

[115] 王浩, 向显湖, 尹飘扬. 高管权力、外部薪酬差距与公司业绩预告行为——基于中国证券市场的经验证据 [J]. 华中科技大学学报（社会科学版）, 2015, 29 (6): 92-104.

[116] 王菁华, 茅宁. 企业风险承担研究述评及展望 [J]. 外国经济与管理, 2015, 37 (12): 44-58.

[117] 王晓田, 王鹏. 决策的三参照点理论：从原理到应用 [J]. 心理科学进展, 2013, 21 (8): 1331-1346.

[118] 王雄元, 何捷, 彭旋, 王鹏. 权力型国有企业高管支付了更高的职工薪酬吗？ [J]. 会计研究, 2014 (1): 49-56+95.

[119] 王玉民, 刘海波, 靳宗振, 梁立赫. 创新驱动发展战略的实施策略研究 [J]. 中国软科学, 2016 (4): 1-12.

[120] 王振山, 石大林. 机构投资者、财务弹性与公司风险承担——基于动

态面板 SystemGMM 模型的实证研究 [J]. 中央财经大学学报, 2014 (9): 64-72.

[121] 王振山, 石大林. 股权结构与公司风险承担间的动态关系——基于动态内生性的经验研究 [J]. 金融经济学研究, 2014, 29 (3): 44-56.

[122] 王永乐, 吴继忠. 中华文化背景下薪酬差距对我国企业绩效的影响——兼对锦标赛理论和行为理论适用对象的确认 [J]. 当代财经, 2010 (9): 59-64.

[123] 王燕妮. 高管激励对研发投入的影响研究——基于我国制造业上市公司的实证检验 [J]. 科学学研究, 2011, 29 (7): 1071-1078.

[124] 王怀明, 史晓明. 高管—员工薪酬差距对企业绩效影响的实证分析 [J]. 经济与管理研究, 2009 (8): 23-27.

[125] 魏芳, 耿修林. 高管团队垂直薪酬差距与企业违规行为——基于管理层行为视角的研究 [J]. 中国经济问题, 2020 (2): 63-75.

[126] 吴联生, 林景艺, 王亚平. 薪酬外部公平性、股权性质与公司业绩 [J]. 管理世界, 2010 (3): 117-126+188.

[127] 薛有志, 刘鑫. 所有权性质、现金流权与控制权分离和公司风险承担——基于第二层代理问题的视角 [J]. 山西财经大学学报, 2014, 36 (2): 93-103.

[128] 夏宁, 董艳. 高管薪酬、员工薪酬与公司的成长性——基于中国中小上市公司的经验数据 [J]. 会计研究, 2014 (9): 89-95+97.

[129] 谢晓非, 陆静怡. 风险决策中的双参照点效应 [J]. 心理科学进展, 2014, 22 (4): 571-579.

[130] 辛清泉, 谭伟强. 市场化改革、企业业绩与国有企业经理薪酬 [J]. 经济研究, 2009, 44 (11): 68-81.

[131] 徐莉萍, 辛宇, 陈工孟. 股权集中度和股权制衡及其对公司经营绩效的影响 [J]. 经济研究, 2006 (1): 90-100.

[132] 徐细雄. 晋升与薪酬的治理效应: 产权性质的影响 [J]. 经济科学, 2012 (2): 102-116.

[133] 徐细雄. 企业高管腐败研究前沿探析 [J]. 外国经济与管理, 2012, 34 (4): 73-80.

[134] 徐细雄, 刘星. 放权改革、薪酬管制与企业高管腐败 [J]. 管理世界, 2013 (3): 119-132.

[135] 徐细雄,谭瑾. 高管薪酬契约、参照点效应及其治理效果:基于行为经济学的理论解释与经验证据[J]. 南开管理评论,2014,17(4):36-45.

[136] 徐高彦,曹俊颖,陶颜,李佳馨. 高管—员工薪酬差距、资产紧缩策略与危机企业反转[J]. 会计研究,2018(10):58-65.

[137] 胥佚萱. 企业内部薪酬差距、经营业绩与公司治理——来自中国上市公司的经验证据[J]. 山西财经大学学报,2010,32(7):86-93.

[138] 杨坚. 薪酬外部公平性与企业研发创新[J]. 财经问题研究,2017(10):139-145.

[139] 杨瑞龙,王元,聂辉华. "准官员"的晋升机制:来自中国央企的证据[J]. 管理世界,2013(3):23-33.

[140] 杨薇,孔东民. 企业内部薪酬差距与人力资本结构调整[J]. 金融研究,2019(6):150-168.

[141] 杨志强,王华. 公司内部薪酬差距、股权集中度与盈余管理行为——基于高管团队内和高管与员工之间薪酬的比较分析[J]. 会计研究,2014(6):57-65+97.

[142] 杨婵,贺小刚,朱丽娜,王博霖. 垂直薪酬差距与新创企业的创新精神[J]. 财经研究,2017,43(7):32-44+69.

[143] 余明桂,李文贵,潘红波. 民营化、产权保护与企业风险承担[J]. 经济研究,2013,48(9):112-124.

[144] 余明桂,李文贵,潘红波. 管理者过度自信与企业风险承担[J]. 金融研究,2013(1):149-163.

[145] 袁卓群,秦海英,杨汇潮. 不完全契约中的决策:公平偏好及多重参照点的影响[J]. 世界经济,2015,38(8):168-192.

[146] 叶康涛,王春飞,祝继高. 提高劳动者工资损害公司价值吗?[J]. 财经研究,2013,39(6):133-144.

[147] 岳希明,李实,史泰丽. 垄断行业高收入问题探讨[J]. 中国社会科学,2010(3):77-93+221-222.

[148] 张敦力,江新峰. 管理者能力与企业投资羊群行为:基于薪酬公平的调节作用[J]. 会计研究,2015(8):41-48+96.

[149] 张洪辉,章琳一. 产权差异、晋升激励与企业风险承担[J]. 经济管理,2016,38(5):110-121.

[150] 张丽华,杨付. 薪酬公平感对我国女性管理者责任心影响的实证研究

[J]．商业经济与管理，2011（10）：33－42.

[151] 张丽平，杨兴全．管理者权力、外部薪酬差距与公司业绩［J］．财经科学，2013（4）：66－75.

[152] 张丽平，杨兴全，陈旭东．管理者权力、内部薪酬差距与公司价值［J］．经济与管理研究，2013（5）：5－17.

[153] 张敏，姜付秀．机构投资者、企业产权与薪酬契约［J］．世界经济，2010，33（8）：43－58.

[154] 张蕊，管考磊．高管薪酬差距会诱发侵占型职务犯罪吗？——来自中国上市公司的经验证据［J］．会计研究，2016（9）：47－54.

[155] 张瑞君，李小荣，许年行．货币薪酬能激励高管承担风险吗［J］．经济理论与经济管理，2013（8）：84－100.

[156] 张三保，张志学．区域制度差异、CEO管理自主权与企业风险承担——中国30省高技术产业的证据［J］．管理世界，2012（4）：101－114+188.

[157] 张兴亮，夏成才．非CEO高管患寡还是患不均［J］．中国工业经济，2016（9）：144－160.

[158] 张兆国，韩晓宇．董事长社会知名度与企业风险承担能力［J］．中国软科学，2020（8）：101－109.

[159] 张兆国，刘亚伟，亓小林．管理者背景特征、晋升激励与过度投资研究［J］．南开管理评论，2013，16（4）：32－42.

[160] 张兆国，刘亚伟，杨清香．管理者任期、晋升激励与研发投资研究［J］．会计研究，2014（9）：81－88+97.

[161] 张正堂．企业内部薪酬差距对组织未来绩效影响的实证研究［J］．会计研究，2008（9）：81－87.

[162] 张正堂，李欣．高层管理团队核心成员薪酬差距与企业绩效的关系［J］．经济管理，2007（2）：16－25.

[163] 赵睿．高管—员工薪酬差距与企业绩效——基于中国制造业上市公司面板数据的实证研究［J］．经济管理，2012，34（5）：96－104.

[164] 赵湜．企业技术创新的风险补偿机制研究［D］．武汉：武汉理工大学，2013.

[165] 郑晓倩．董事会特征与企业风险承担实证研究［J］．金融经济学研究，2015，30（3）：107－118.

[166] 周冬华，黄佳，赵玉洁．员工持股计划与企业创新［J］．会计研究，

2019 (3): 63 – 70.

[167] 周蕾, 周萍华, 方岳. 高管薪酬结构调整与股价崩盘风险: "利益趋同"还是"堑壕防御"? [J]. 财贸研究, 2020, 31 (8): 87 – 98.

[168] 周权雄, 朱卫平. 国企锦标赛激励效应与制约因素研究 [J]. 经济学 (季刊), 2010, 9 (2): 571 – 596.

[169] 朱芳芳. 利益一致和利益冲突——高管团队薪酬差距的激励效应研究 [J]. 经济与管理评论, 2017, 33 (4): 153 – 161.

[170] 朱卫东, 许赛. 融资约束视角下终极控股股东对企业风险承担的影响 [J]. 工业技术经济, 2016, 35 (3): 78 – 87.

[171] 朱晓琳, 方拥军. CEO 权力、高管团队薪酬差距与企业风险承担 [J]. 经济经纬, 2018, 35 (1): 100 – 107.

[172] Acharya V., Subramanian K. V. Bankeuptcy Codes and Innovation: A Model [J]. Online Appendix Available, 2009, 22 (12): 4948 – 4949.

[173] Adams R. B., Almeida H., Ferreira D. Powerful CEOs and Their Impact on Corporate Performance [J]. Review of Financial Studies, 2005, 18 (4): 1403 – 1432.

[174] Adams Stacy J. Towards an Understanding of Inequity [J]. Journal of Abnormal Psychology, 1963, 67 (5): 422 – 436.

[175] Aemstrong C. S., Vashishtha R. Executive Stock Options, Differential Risk – Taking Incentives, and Firm Value [J]. Journal of Financial Economics, 2012, 104 (1): 70 – 88.

[176] Aggarwal R. K., Samwick A. A. Performance Incentives within Firms: The Effect of Managerial Responsibility [J]. The Journal of Finance, 2003, 58 (4): 1613 – 1650.

[177] Akerlof G. A., J. L. Yellen. The Fair Wage Effort Hypothesis and Unemployment [J]. Quarterly Journal of Economics, 1990, 105 (2): 255 – 283.

[178] Amanuel G. T., Kathryn M. B., Wei L. Is It Pay Levels or Pay Raises That Matter to Fairness and Turnover? [J]. Journal of Organizational Behavior, 2005, 26 (8): 899 – 921.

[179] Ambrose M. L., L. K. Harland, C. T. Kulik. Influence of Social Comparisons on Perceptions of Organizational Fairness [J]. Journal of Applied Psychology, 1991, 76 (2): 239 – 246.

[180] Amihud Y., Lev B. Risk Reduction as a Managerial Motive for Conglomer-

ate Mergers [J]. Bell Journal of Economics, 1981, 12 (2): 605 – 617.

[181] Anderson R. C., Reeb D. M. Founding – Family Ownership, Corporate Diversification, and Firm Leverage [J]. Journal of Law and Economics, 2003, 46 (2): 653 – 684.

[182] Arif S., Lee CMC. Aggregate Investment and Investor Sentiment [J]. Review of Financial Studies, 2014, 2017 (11): 3241 – 3279.

[183] Arslan – Ayaydin Ö., Florackis C., Ozkan A. Financial Flexibility, Corporate Investment and Performance: Evidence from Financial Crises [J]. Review of Quantitative Finance and Accounting, 2014, 42 (2): 211 – 250.

[184] Attig N., Ghoul S. E., Guedhami O., et al. The Governance Role of Multiple Large Shareholders: Evidence from the Valuation of Cash Holdings [J]. Journal of Management & Governance, 2013, 17 (2): 419 – 451.

[185] Baker M., Jeffrey W. Behavioral Corporate Finance: An Updated Survey [J]. Handbook of the Economics of Finance, 2013 (2): 357 – 424.

[186] Baker M., Wurgler J., Yuan Y. Global, Local, and Contagious Investor Sentiment [J]. Journal of Financial Economics, 2012, 104 (2): 37.

[187] Banker R. D., Darrough M. N., Huang R., et al. The Relation between CEO Compensation and Past Performance [J]. The Accounting Review, 2013, 88 (1): 1 – 30.

[188] Bargeron L. L., Lehn K. M., Zutter C. J. Sarbanes – Oxley and Corporate Risk – Taking [J]. Journal of Accounting and Economics, 2009, 49 (1): 34 – 52.

[189] Bebchuk L., Fried J, Pay Without Performance: The Unfulfilled Promise of Executive Compensation [J]. Harvard Business Review, 2005, 83 (3): 28.

[190] Bebchuk L. A., Fried J. M. Executive Compensation as an Agency Problem [J]. The Journal of Economic Perspectives, 2003, 17 (3): 71 – 92.

[191] Bebchuk L. A., Cohen A., Spamann H. The Wages of Failure: Executive Compensation at Bear Stearns and Lehman 2000 – 2008 [J]. Social Science Electronic Publishing, 2010, 27 (2): 145 – 151.

[192] Bebchuk L. A., Fried J. M., Walker D. I. Managerial Power and Rent Extraction in the Design of Executive Compensation [J]. The University of Chicago Law Review, 2002, 69 (3): 751 – 846.

[193] Belloc F. Corporate Governance and Innovation: A Survey [J]. Journal

of Economic Surveys, 2012, 26 (5) 835 – 864.

[194] Bhagat Sanjai, Carey Dennis C., Elson Charles M. Director Ownership, Corporate Performance, and Management Turnover [J]. Corporate Governance Advisor, 1999, 7 (5): 10.

[195] Bizjak J., Lemmon M., Naveen L. Does The Use of Peer Groups Contribute to Higher Pay and Less Efficient Compensation? [J]. Journal of Financial Economics, 2008, 90 (2): 152 – 168.

[196] Boubakri N., Cosset J. C., Saffar W. The Role of State and Foreign Owners in Corporate Risk – Taking: Evidence from Privatization [J]. Journal of Financial Economics, 2013, 108 (3): 641 – 658.

[197] Boubakri N., Cosset J. C., Saffar W. Corporate Risk – Taking in Privatized Firms: International Evidence on the Role of State and Foreign Owners [J]. Cirpee Working Papers, 2011: 43.

[198] Bowman E. H. A Risk/Return Paradox for Strategic Management [J]. Sloan Management Review, 1980, 21 (3): 17 – 31.

[199] Cappelli P. Technology and Skill Requirements: Implications for Establishment Wage Structures [J]. New England Economic Review, 1996, 72 (5): 139 – 156.

[200] Carol T. K., Maureen L. Ambrose. Personal and Situational Determinants of Referent ChoicePersonal and Situational Determinants of Referent Choice [J]. The Academy of Management Review, 1992, 17 (2): 212 – 237.

[201] Chave S., Roverts M. R. How does Financing Impact Investment? The Role of Debt Covenants [J]. The Journal of Finance, 2008, 63 (5): 2085 – 2121.

[202] Chen N. C., Hsiao E. N. Insider Ownership and Financial Flexibility [J]. Applied Economics, 2014, 46 (29): 3609 – 3629.

[203] Cheng S. Board Size and the Variability of Corporate Performance [J]. Journal of Financial Economics, 2008, 87 (1): 157 – 176.

[204] Cheng S. R&D Expenditures and CEO Compensation [J]. The Accounting Review, 2004, 79 (2): 305 – 328.

[205] Chintrakarn P., Jiraporn P., Singh M. Powerful CEOs and Capital Structure Decisions: Evidence From the CEO Pay Slice (CPS) [J]. Applied Economics Letters, 2014, 21 (8): 564 – 568.

[206] Cole R. C., Macpherson D. A., Maroney P. F., et al. The Use of

Postloss Financing of Catastrophic Risk [J]. Risk Management and Insurance Review, 2011, 14 (2): 265 – 298.

[207] Core J. E., Holthausen R. W., Larcker D. F. Corporate Governance, Chief Executive Officer Compensation, and Firm Performance [J]. 1999, 51 (2): 141 – 152.

[208] Covin J. G., Slevin D. P. A Conceptual Model of Entrepreneurship as Firm Behavior [J]. Entrepredneuship Theory & Practice, 1991, 16 (1): 7 – 25.

[209] Cowherd D. M., Levine D. I. Product Quality and Pay Xecuequity Between Lower – Level Employees and Top Management: An Investigation of Distributive Justice Theory [J]. Administrative Science Quarterly, 1992, 37 (3): 524 – 524.

[210] Cropanzano R., Rupp D. E, Byrne Z. S. The Relationship of Emotional Exhaustion to Work Attitudes, Job Performance, and Organizational Citizenship Behaviors [J]. Journal of Applied Psychology, 2003, 88 (1): 160 – 169.

[211] Crosby F. Relative Deprivation in Organizational Settings [J]. Research in Organizational Behavior, 1984, 6: 51 – 93.

[212] Daniel J. W. Is Embodied Technology the Result of Upstream R&D? Industry – Level Evidence [J]. Review of Economic Dynamics, 2002, 5 (2): 285 – 317.

[213] Deconinck J. B., Stilwell C. D. Incorporating Organizational Justice, Role States, Pay Satisfaction and Supervisor Satisfaction in a Model of Turnover Intentions [J]. Journal of Business Research, 2004, 57 (3): 225 – 231.

[214] Dess Gregory G., Lumpkin G. T. The Role of Entrepreneurial Orientation in Stimulating Effectiev Corporate Entrepreneurship [J]. The Academy of Management Perspectives, 2005, 19 (1): 147 – 156.

[215] Dev R. Mishra. Multiple Large Shareholders and Corporate Risk Taking: Evidence from East Asia [J]. Corporate Governance – An International Review, 2011, 19 (6): 507 – 528.

[216] Dur R., Glazer A. Optimal Contracts When a Worker Envies His Boss [J]. Journal of Law, Economics & Organization, 2008, 24 (1): 120 – 137.

[217] Durnev A., Morck R., Yeung B. Value – Enhancing Capital Budgeting and Firm – Specific Stock Return Variation [J]. The Journal of Finance, 2004, 59 (1): 65 – 105.

[218] Eisenmann T. R. The Effects of CEO Equity Ownership and Firm Diversification on Risk Taking [J]. Strategic Management Journal, 2002, 23 (6): 513 – 534.

[219] Eriksson T. Executive Compensation and Tournament Theory: Empirical Tests on Danish Data [J]. Journal of Labor Economics, 1999, 17 (2): 262 – 280.

[220] Eriksson T. The Managerial Power Impact on Compensation – some Further Evidence [J]. Corporate Ownership & Control, 2005, 2 (3): 87 – 93.

[221] Faccio M., Marchica M. T., Mura R. Large Shareholder Diversification and Corporate Risk – Taking [J]. The Review of Financial Studies, 2011, 24 (11): 3601 – 3641.

[222] Faccio M., Marchica M. T., Mura R. CEO Gender and Corporate Risk – taking [J]. Journal of Corporate Finance, 2016 (39): 193 – 209.

[223] Fama E. F., Jensen M. L. Seperation of Ownership and Control [J]. Journal of Law and Economics, 1983, 26 (2): 301 – 325.

[224] Faulkender M., Yang J. Inside the Black Box: The Role and Composition of Compensation Peer Groups [J]. Journal of Financial Economics, 2010, 96 (2): 257 – 270.

[225] Fehr E., Gachter S. Altruistic Punishment in Humans. [J]. Nature, 2002, 415 (6868): 136 – 140.

[226] Festinger L. A Theory of Social Comparison Processes [J]. Human Relations, 1954, 7 (2): 117 – 140.

[227] Fiegenbaum A., Toman H. Attitude Toward Risk and the Risk – Return Paradox: Prospect Theory Explanation [J]. The Academy of Management Journal, 1988, 31 (1): 85 – 106.

[228] Firth M., Fung P. M. Y., Rui O. M. Corporate Performance and CEO Compensation in China [J]. Journal of Corporate Finance, 2006, 12 (4): 693 – 714.

[229] George P. Baker, Jensen M. C., Murphy K. J. Compensation and Incentives: Practice versus Theory [J]. The Journal of Finance, 1988, 63 (3): 593 – 616.

[230] Gibbons R., Murphy K. J. Relative Performance Evaluations For Chief Executive Office [J]. Industrial and Labor Relations Review, 1990, 43 (3): 30 – 51.

[231] Goel A. M., Thakor A. V. Overconfidence, CEO Selection, and Corporate Governance [J]. The Journal of Finance, 2008, 63 (6): 2737 – 2784.

[232] Green J. R., Stokey N. L. A Comparison of Tournaments and Contracts

[J]. Journal of Political Economy, 1983, 91 (3): 349 – 364.

[233] Habib A., Hasan M. Firm Life Cycle, Corporate Risk Taking and Investor Sentiment [J]. Accounting and Finance, 2017, 57 (2): 465 – 497.

[234] Hambrick D. C., Mason P. A. Upper Echelons: The Organization as a Reflection of It's Top Managers [J]. Academy of Management Review, 1984, 9 (2): 193 – 206.

[235] Hart O., Moore J. Contracts as Reference Points [J]. Quarterly Journal of Financial Economics, 2008, 123 (1): 1 – 48.

[236] Hayes R., Schaefer S. CEO Pay and the Lake Wobegon Effect [J]. Journal of Financial Economics, 2009, 94 (2): 280 – 290.

[237] Hayes R. M., Lemmon M., Qiu M. Stock Options and Managerial Incentives for Risk Taking: Evidence from FAS 123R [J]. Journal of Financial Economics, 2012, 105 (1): 174 – 190.

[238] Henderson Andrew D., Fredrickson James W. Top Management Team Coordination Needs and the CEO Pay Gap: A Competitive Test of Economic and Behavioral Views [J]. Academy of Management Journal, 2001, 44 (1): 96 – 117.

[239] Henderson B., Weisbach M. Endogenously Chosen Boards of Directors and Their Monitoring of the CEO [J]. American Economiac Review, 1998, 88 (1): 96 – 118.

[240] Hilary G., Hui K. W. Does Religion Matter in Corporate Decision Making in America? [J]. Journal of Financial Economics, 2009, 93 (3): 455 – 473.

[241] Hill S. E., Buss D. M. Risk and Relative Social Rank: Positional Concerns and Risky Shifts in Probabilistic Decision – Making [J]. Evolution and Human Behavior, 2010, 31 (3): 219 – 226.

[242] Holmstrom B. Agency Costs and Innovation [J]. Journal of Economic Behavior and Organization, 1989, 12 (3): 305 – 327.

[243] Jensen M. C., Meckling W. H. Theory of the Firm: Managerial Behavior, Agency Costs and Ownership Structure [J]. Journal of Financial Economics, 1976, 3 (4): 305 – 360.

[244] Jensen M. C., Murphy K. J. Performance Pay and Top – Management Incentives [J]. Journal of Political Economy, 1990, 98 (2): 225 – 264.

[245] Jia N., Tian X., Zhang W. The Real Effects of Tournament Incentives:

The Case of Firm Innovation [R/OL]. Kelley School of Business Research Paper No. 16 – 21, PBCSF – NIFR Research Paper, Available at SSRN: https://ssrn.com/abstract =2732911 or http://dx.doi.org/10.2139/ssrn.2732911, 2016 – 2 – 15.

[246] John K., Litov L., Yeung B. Corporate Governance and Risk – Taking [J]. The Journal of Finance, 2008, 63 (4): 1679 – 1728.

[247] Kahneman D., Tversky A. Prospect Theory: An Analysis of Decision Under Risk [J]. Econometrica, 1979, 47 (2): 263 – 291.

[248] Kaplan S. N., Reishus D. Outside Directorships and Corporate Performance [J]. Journal of Financial Economics, 1990, 27 (2): 389 – 410.

[249] Kim E. H., Lu Y. CEO Ownership, External Governance, and Risk – Taking [J]. Journal of Finance and Economics, 2011, 102 (2): 272 – 292.

[250] Kim K. H., Buchanan R. CEO Duality Leadership and Firm Risk – taking Propensity [J]. Journal of Applied Business Research, 2011, 24 (1): 27 – 42.

[251] King T. H. D., Wen M. M. Shareholder Governance, Bondholder Governance and Managerial Risk – Taking [J]. Journal of Banking & Finance, 2011, 35 (3): 512 – 531.

[252] Kini O., Williams R. Tournament Incentives, Firm Risk, and Corporate Policies [J]. Journal of Financial Economics, 2012, 103 (2): 350 – 376.

[253] Koerniadi H., Krishnamurti C., Tourani – Rad A. Corporate Governance and Risk – Taking in New Zealand [J]. Australian Journal of Management, 2014, 39 (2): 227 – 245.

[254] Kulik T., Ambrose L. Personal and Situational Determinants of Referent ChoicePersonal and Situational Determinants of Referent Choice [J]. The Academy of Management Review, 1992, 17 (2): 212 – 237.

[255] Lazear E., Rosen S. Rank – order Tournaments as Optimum Labor Contracts [J]. Journal of Political Economy, 1981, 89 (5): 841 – 864.

[256] Lazonick W. The Theory of the Market Economy and the Social Foundations of Innovative Enterprise [J]. Economic and Industrial Democracy, 2003, 24 (1): 9 – 44.

[257] Lee K. W., Lev B., Yeo G. H. Executive Pay Dispersion, Corporate Governance, and Firm Performance [J]. Review of Quantitative Finance & Accounting, 2008, 30 (3): 315 – 338.

[258] Levine D. I. Cohesiveness, Productivity, and Wage Dispersion [J]. Jour-

nal of Economic Behavior and Organization, 1991, 15 (2): 237 – 255.

[259] Lewellyn K. B. CEO Power and Risk Taking: Evidence from the Subprime Lending Industry [J]. Corporate Governance: An International Review, 2012, 20 (3): 289 – 307.

[260] Li J. T., Tang Y. CEO Hubris and Firm Risk Taking in China: The Moderating Role of Managerial Discretion [J]. The Academy of Management Journal, 2010, 53 (1): 45 – 68.

[261] Lin C., Lin P., Song F. M., et al. Managerial Incentives, CEO Characteristics and Corporate Innovation in China's Private Sector [J]. Journal of Comparative Economics, 2011, 39 (2): 176 – 190.

[262] Lopes L. L. Between Hope and Fear: The Psychology of Risk [J]. Advances in Experimental Social Psychology, 1987 (20): 255 – 295.

[263] MacKinnon D. P., Waris G., Dwyer J. H. A Simulation Study of Mediated Effect Measures': Erratum. [J]. Multivariate Behavioral Research, 1995, 30 (3): ii.

[264] Main B. G., O'Reilly C., WadeJ. Top Executive Pay: Tournament or Teamwork? [J]. Journal of Labor Economics, 1993, 11 (4): 606 – 628.

[265] Malcomson J. M. Work Incentives, Hierarchy, and Internal Labor Markets [J]. Journal of Political Economy, 1984, 92 (3): 486 – 507.

[266] March J. G., Shapira Z. Variable Risk Preferences and the Focus of Attention [J]. Psychological Review, 1992, 99 (1): 172 – 183.

[267] March J. G. Variable Risk Preferences and Adaptive Aspirations [J]. Journal of Economic Behavior and Organization, 1988, 9 (1): 5 – 24.

[268] Martin J. Relative Deprivation: A Theory of Distributive Injustice For an Era of Shrinking Resources [J]. Research in Organizational Behavior, 1981, 3: 53 – 107.

[269] Mason A. Carpenter, Timothy G. Pollock, Myleen M. Leary. Testing a Model of Reasoned Risk – Taking: Governance, the Experience of Principals and Agents, and Global Strategy in High – Technology IPO Firms [J]. Strategic Management Journal, 2003, 24 (9): 803 – 820.

[270] Mason A. Carpenter, Wm Gerard Sanders. The Effects of Top Management Team Pay and Firm Internationalization on MNC Performance [J]. Journal of Management, 2004, 30 (4): 509 – 528.

[271] McLean R. D., Zhao M. X. The Business Cycle, Investor Sentiment, and Costly External Finance [J]. The Journal of Fiance, 2014, 69 (3): 1377-1409.

[272] Messick, Sentis. Estimating Social and Nonsocial Utility Functions from Ordinal Data. [J]. European Journal of Social Psychology, 1985, 15 (4): 389-399.

[273] Milgrom P., Roberts J. An Economic Approach to Influence Activities in Organizations [J]. The American Journal of Sociology, 1988, 94: S154-S179.

[274] Minow N., Bingham K. The Ideal Board. [J]. Corporate Board, 1993, 14 (81): 11.

[275] Mishra D. R. Large Shareholders and Corporate Risk Taking: Evidence from East Asia [J] Corporate Governance: An International Review, 2011, 19 (6): 507-528.

[276] Nakano M., Nguyen P. Board Size and Corporate Risk Taking: Further Evidence from Japan [J]. Corporate Governance: An International Review, 2012, 20 (4): 369-387.

[277] Nguyen P. Corporate Governance and Risk-Taking: Evidence from Japanese Firms [J]. Pacific-Basin Finance Journal, 2011, 19 (3): 278-297.

[278] Nini G. Creditor Control Rights and Firm Investment Policy [J]. Journal of Financial Economics, 2009, 92 (3): 400-420.

[279] O'Reilly C. A., Main B. G., Crystal G. S. CEO Compensation as Tournament and Social Comparison: A Tale of Two Theories [J]. Administrative Science Quarterly, 1988, 33 (2): 257-274.

[280] O'Reilly C. A, Main B. G. Setting the CEO's Pay: Economic and Psychological Perspectives [M]. Social Science Electronic Publishing, 2005.

[281] Omesh K., Ryan W. Tournament Incentives, Firm Risk and Corporate Policies [J]. Journal of Financial Economics, 2012, 103 (2): 350-376.

[282] Ordóñez L. D., Connolly T., Coughlan R. Multiple Reference Points in Satisfaction and Fairness Assessment [J]. Journal of Behavioral Decision Making, 2000, 13 (3): 329-344.

[283] Paligorova T. Agency Conflicts in the Process of Securitization [J]. Bank of Canada Review, 2009: 33-48.

[284] Peltomäki J., et al. Age, Gender and Risk-Taking: Evidence from the S&P 1500 Executives and Firm Riskiness. Meeting of the Eastern Finance

Association, 2015.

[285] Porter M. A Note on Culture and Competitive Advantage: Response to Van Den Bosch and Van Prooijen [J]. European Management Journal, 1992, 10 (2): 178.

[286] Romer. Endogenous Technological Change [J]. Journal of Political Economy, 1990, 98 (8): 32 – 36.

[287] Roussanov N., Savor P. Marriage and managers' attitudes to risk [J]. Management Science, 2014, 60 (10): 2496 – 2508.

[288] Rosen S. Prizes and Incentives in Elimination Tournaments Prizes and Incentives in Elimination Tournaments [J]. The American Economic Review, 1986, 76 (4): 701 – 715.

[289] Serfling M. A. CEO Age and the Riskiness of Corporate Policies [J]. Journal of Corporate Finance, 2014, 25: 251 – 273.

[290] Shleifer A. Establishing Property Rights [J]. The World Bank Research Observer, 1994, 8 (Suppl 1): 93 – 117.

[291] Siegle P. A., Hambrick D. C. Pay Disparities Within Top Management Groups: Evidence of Harmful Effects on Performance of High – Technology Firms [J]. Academy of Management Annual Meeting Proceedings, 2005, 16 (3): 259 – 274.

[292] Sobel M. E. Asymptotic Confidence Intervals for Indirect Effects in Structural Equation Models [J]. Sociological Methodology, 1982: 290 – 312.

[293] Solow R. M. Technical Change and the Aggregate Production Function [J]. The Review of Economics and Statistics, 1957, 39 (3): 312 – 320.

[294] Sudheer Chava, Michael R. Roberts. How Does Financing Impact Investment? The Role of Debt Covenants [J]. The Journal of Finance, 2008, 63 (5): 2085 – 2121.

[295] Sweeney P. D., Marquette U. and McFarlin, D. B. Workers' Evaluations of the "Ends" and the "means": An Examination of Four Models of Distributive and Procedural Justice [J]. Organizational Behavior and Human Decision Processes, 1993, 55 (1): 23 – 40.

[296] Tekleab A. G., Bartol K. M., Liu W. Cheung Kong Graduate School of Business, Beijing, China. Is It Pay Levels or Pay Rises that Matter to Fairness and Turnover? [J]. Journal of Organizational Behavior, 2005, 26 (8): 899 – 921.

[297] Tong T. W., He W., He Z. L., Lu J. Patent Regime Shift and Firm Innovation: Evidence from the Second Amendment to China's Patent Law [J]. Academy of Management Annual Meeting Proceedings, 2014, 2014 (1): 1.

[298] Wang C. J. Board Size and Firm Risk – Taking [J]. Review of Quantitative Finance and Accounting, 2012, 38 (4): 519 – 542

[299] Wang X. T., Johnson, G. J. A Tri – Reference Point Theory of Decision Making under Risk [J]. Journal of Experimental Psychology: General, 2012, 141 (4): 743 – 756.

[300] Wiseman R. M., Gomez – Mejia L. R. A Behavioral Agency Model of Managerial Risk Taking [J]. Academy of Management Review, 1998, 23 (1) 133 – 153.

[301] Wright P. Impact of Corporate Insider, Blockholder and Institutional Equity Ownership on Firm Risk Taking [J]. The Academy of Management Journal, 1996, 39 (2): 441 – 463.

后　记

　　本书是我以博士论文为基础完成的，是对博士阶段的研究工作和毕业两年多来的后续研究做出的总结。特别感谢河南省科技厅 2019 年度"科技发展计划"软科学项目的支持，使本书在博士论文的基础上，进行了关于"管理层权力、高管团队薪酬差距与企业风险承担研究"的后续探索与拓展研究。在此也特别感谢经济管理出版社及胡茜老师给予的机会与帮助！

　　2015 年秋，我进入中南财经政法大学会计学院攻读财务管理博士学位，师从张志宏教授。早在入学前的暑假，张老师便提醒我提前进入博士学习科研状态。在博士求学初期，张老师更是鼓励我克服畏难情绪，系统学习计量经济学基础及 Stata 软件应用等研究方法与工具；提醒与督促我及早进行博士论文选题，不定期地组织同门进行讨论交流。经过几轮选题后，将研究方向聚焦于高管薪酬激励，并关注到企业风险承担作为近些年来涌现出的热点话题，最终确定博士论文选题——高管薪酬差距与企业风险承担研究。感谢张老师对我的教导和帮助，在校期间张老师以他宽阔的科研视野、饱满的学术热情、严谨的科研作风和细致的人文关怀感染着我，使我有信心有动力、坚持不懈、克服困难，顺利地完成博士论文开题和答辩程序。在博士毕业离开中南财经政法大学之后，张老师仍旧时不时提醒我保持科研热情，在教学工作精益求精的基础上不要放弃科研上的追求。老师的教诲于我一生受益。同时还十分感谢我的同门研究团队，在我实施本书主题的研究中，我们经常一起探讨学术问题，交流研究方法，并互相鼓励、共同进步。

　　时光飞逝，转眼间我已博士毕业两年有余，自 2018 年博士毕业后，我进入了郑州航空工业管理学院任教。两年多来，在繁忙的日常教学工作之余，我也不断推进着博士阶段已确立的研究主题。河南省软科学会计专题项目的完成和本书的出版，得益于学校青年英才计划的支持，学校政策激发了年轻博士投入科研的热情，并给予了保障条件。同时，郑州航空工业管理学院商学院领导的关怀和督促给予了我相对宽松和积极的教学和科研环境，在本书的出版方面也给予了极大的帮助。另外，在河南省科技厅软科学项目的研究与结项过程中，团队成员一起分工协作，使得项目得以顺利推进，在此对项目成员表示感谢！

最后还要感谢父母一直以来的支持与理解，硕士毕业后本可以在家乡城市找一份安稳的工作陪伴父母身边，但当我毅然决定读博时，父母还是尊重了我的决定，并给予巨大的精神支持。博士期间的一系列研究成果以及工作以来的成长都离不开父母无言的付出与支持。六年来的学术研究生涯，要感谢的人太多，岁月漫漫，愿大家诸事顺意、平安喜乐！